Andreas Pittler

SCHATTEN AUS STEIN

Andreas Pittler

SCHATTEN AUS STEIN

Ein Fall für Paul Zedlnitzky

ueberreuter

Mit freundlicher Unterstützung durch das

Bundeskanzleramt

Danke, dass Sie sich für unser Buch entschieden haben.
Wir freuen uns, wenn wir Sie auch weiterhin über unsere Neuerscheinungen informieren dürfen und laden Sie ein unseren Newsletter unter www.ueberreuter-sachbuch.at zu abonnieren. Sie erreichen uns auch direkt unter office@ueberreuter-sachbuch.at.

Alle Personen, Namen und Handlungen – außer historisch belegten – sind frei erfunden. Ähnlichkeiten mit lebenden Personen sind zufällig und nicht beabsichtigt.

1. Auflage 2020

ISBN 978-3-8000-8002-1

Covergestaltung: Saskia Beck, s-stern.com
Umschlagfoto: privat
Umschlag Innenseite: shutterstock
Satz: Hannes Strobl, Satz·Grafik·Design, Neunkirchen
Druck und Bindung: Finidr s. r. o.

www.ueberreuter-sachbuch.at

Prolog

Camp Marcus W. Orr, 29. September 1946

„Du wirst leben, auch wenn Deutschland sterben musste."

Dieser Satz ging ihm nicht aus dem Sinn, als er in geduckter Haltung hinter dem Mauervorsprung darauf wartete, dass der Lichtkegel des Suchscheinwerfers weiterwanderte. Dabei hatte er schon jede Hoffnung aufgegeben, als er plötzlich diesen Zettel in dem matschigen Brei, den man ihnen hier vorsetzte, aufgetaucht war. Bis zuletzt war es ihm denkunmöglich erschienen, dass ihn irgendein Gericht, und stehe es auch unter der Fuchtel der Siegermächte, verurteilen würde. Er war ein simpler Rottenführer gewesen, mit kaum einem halben Dutzend Männern unter sich, da konnte doch kein Mensch annehmen, dass er irgendwelche Entscheidungsbefugnisse gehabt hätte. Doch das Tribunal des neuen Österreich war anderer Meinung gewesen und hatte ihn zum Tode durch den Strang verurteilt, weil es zur Ansicht gekommen war, dass es ihm möglich gewesen wäre, die neun Zivilisten nicht einen Tag nach der Kapitulation der Wehrmacht zu exekutieren. Als ob Keitels Unterschrift in Karlshorst den direkten Befehl eines Hauptsturmführers aufheben könnte! Aber was wollte man auch von irgendwelchen Lakaien der Alliierten anderes erwarten.

Er hockte immer noch hinter der Ecke, um den Rhythmus des Scheinwerfers besser studieren zu können. Jedes Mal, wenn die nähere Umgebung wieder der Dunkelheit anheimfiel, fing er an, langsam zu zählen. „21, 22, 23 …" Nach einigen Minuten war er sich sicher. Er hatte genau 40 Sekunden Zeit, den Vorplatz zu überwinden, auf die Mauer zu springen und dann auf die andere Seite zu kommen, ehe der Lichtschein wieder auf genau diesen Bereich fallen würde. Zwei Phasen würde er noch abwarten, dann galt es, so schnell wie nur irgend möglich zu sein.

Nie hätte er sich gedacht, dass die Amis sich als genauso niederträchtig erweisen würden wie der Iwan. Deutlich erinnerte er sich daran, wie froh er gewesen war, als er irgendwo hinter Vöcklabruck auf eine Kolonne amerikanischer Soldaten stieß. Beinahe freudig hatte er sein Gewehr von sich geworfen und die Arme gehoben. Ein paar Wochen Kriegsgefangenschaft, hatte er damals gemeint, dann würde er wieder zu Hause sein, während jene, die in die Hände der Sowjets fallen würden, eher früher als später in Sibirien krepierten.

Doch dann fand er sich plötzlich in Glasenbach, Compound I, wieder, und die Yankees nannten ihn einen Kriegsverbrecher. Dabei war er nicht einmal Parteimitglied gewesen. Und dann dieses Urteil. Mit einem Mal war ihm Sibirien direkt attraktiv erschienen. Er hatte einige Tage gebraucht, um wirklich verstehen zu können, was da vor seinen eigenen Augen geschehen war. Irgendwelche Bauern aus dem Kaff, in dem er die neun Geiseln justifiziert hatte, sagten gegen ihn aus. Einer tat das sogar überaus melodramatisch und berichtete von diesem Feigling, der sich vor ihm auf die Knie geworfen und mit gefalteten Händen um sein Leben gebettelt hatte. Na und? Er hatte trotzdem abgedrückt. Befehl ist schließlich Befehl. Klar aber auch, dass eine solch rührselige Darstellung das Gericht gegen ihn einnehmen musste. Und dann plötzlich diese Worte, die ihm auch jetzt, da er darauf wartete, über den Vorplatz zu hasten, in den Ohren dröhnten: Tod durch den Strang!

Er war sofort in Compound IV überstellt worden, das Straflager mit verschärfter Bewachung. Doch zum Glück bestand die Wachmannschaft, und dies mit vollem Wissen der Amerikaner und der österreichischen Regierung, fast ausnahmslos aus ehemaligen Nationalsozialisten, und so hatte man ihm, buchstäblich im letzten Augenblick, ehe er nach Wien ins Landesgericht überstellt werden sollte, damit man ihm dort den Hals langzog, diesen Zettel zukommen lassen. Und tatsächlich vergaß der Schließer am Abend, seine Zellentür zu versperren.

Der Rest war ein Kinderspiel gewesen. Durch den langen Barrackengang kam er zum Haupttor des Blocks. Dort öffnete er das Oberlichtfenster und zwängte sich hindurch. Dann hechtete er an die Ecke, wo er nun wartete.

„Jetzt aber los", sagte er sich und sprintete los. Die Mauer, die das Lager von der Salzach trennte, war etwa zweieinhalb bis drei Meter hoch. Er kannte sie von den Hofgängen in- und auswendig. Auf halber Höhe befand sich ein loser Ziegel. Den riss er heraus, um anschließend das so entstandene Loch als Steigbügel zu benützen. Seine Hände bekamen den Mauerkranz zu fassen. Er nahm Schwung und schaffte es auf Anhieb, seinen Körper auf den Abschluss der Wand zu ziehen. Einen Moment blieb er flach liegen, dann ließ er sich auf der anderen Seite sachte hinuntergleiten. Als er das Gefühl hatte, sein eigenes Körpergewicht nicht länger halten zu können, ließ er los und sprang auf den Boden.

Er ging in die Hocke und hielt den Atem an. Nichts tat sich. Noch schien niemand seine Flucht bemerkt zu haben. So leise wie möglich legte er die paar Meter zum Flussufer zurück, dann nahm er all seinen Mut zusammen und tauchte in die Fluten. Das Wasser war angesichts der Jahreszeit unangenehm kalt, und seine Kleider schienen ihn sofort auf den Grund ziehen zu wollen, doch er wusste, dass die Salzach an dieser Stelle nicht besonders breit war. Er biss die Zähne zusammen und kraulte mit aller Kraft gegen die Strömung an. Dennoch wurde er fast bis zum Rechenwirt abgetrieben, ehe er endlich, völlig erschöpft, das andere Ufer erreichte.

Schnaufend ließ er sich ins Gras fallen und wartete darauf, bis sein Atem sich beruhigt haben würde.

Er keuchte immer noch, als er sich mühsam erhob. Sein ganzer Körper zitterte vor Kälte, und es war nichts gewonnen, wenn ihm zwar die Flucht aus dem Lager gelungen war, er aber am Weg in die Freiheit erfror. Knappe zwei Kilometer westlich lag der Schlosspark von Hellbrunn. Dort mochte er sich über Nacht verstecken können, sagte er sich. Aus Erzählungen wusste er, dass der Park gerne von den Salzburgern für kleinere Ausflüge genutzt wurde. Er würde sich einfach am nächsten Morgen unter die Spaziergänger mischen, um anschließend unauffällig in der Stadt unterzutauchen.

Die Kälte hielt ihn unerbittlich in ihren Klauen. Er klapperte mit den Zähnen und versuchte sich damit zu wärmen, dass er beständig die Arme an die jeweils gegenüber befindliche Schulter warf, als wollte er sich selbst umarmen. Wie gern hätte er ein Feuer gemacht, doch dann hätte er gleich selbst Alarm schlagen können. Mit letzter Kraft überwand er die Parkmauer und fand in einem abgelegenen Stück des Areals einen fein säuberlich zusammengerechten Laubhaufen. Kurz hielt er inne und lächelte. Dann ging er auf die Knie und kroch wie ein Tier mitten in den Haufen hinein. Er legte sich seitwärts, zog die Beine an und schob mit der freien Hand alle Blätter, derer er habhaft werden konnte, auf seinen Körper. Tatsächlich begann er sich nach einer Weile wärmer zu fühlen. Dennoch war er sich nicht sicher, ob es ihm gelingen würde, die Nacht zu überleben. Wenigstens, so dachte er sich, würde er als freier Mann sterben. Und erfrieren war allemal angenehmer als langsam und qualvoll zu ersticken.

Am nächsten Morgen gab es keinen einzigen Körperteil, der ihn nicht schmerzte. Wie ein uralter Greis schälte er sich aus seiner Liegestatt und richtete sich umständlich auf. Hinter einem dicken Baum hielt er Ausschau nach Wanderlustigen. Eine gute Weile gelang es ihm, Hunger und Durst auszublenden, doch mit Fortdauer des Tages begann er sich zu fragen, ob er es nicht doch riskieren sollte, einfach so und ganz allein aus dem Park zu schlendern. Eben, als er bereit war, dieses Risiko einzugehen, hielt eine Gruppe auf ihn zu. Er zählte acht Personen unterschiedlichen Alters, die allesamt recht vertraulich miteinander umgingen, was ihn zu dem Schluss führte, es mit einer Familie zu tun zu haben. Er wartete, bis sie seinen Baum passiert hatten, dann hängte er sich einfach mit einem gewissen Respektabstand an.

Gute 40 Minuten später strebten die Leute wieder dem Ausgang zu. Schon aus weiter Ferne erkannte er, dass niemand die Passanten kontrollierte. Dennoch klopfte ihm das Herz bis zum Hals, als er durch das Tor schritt. Er sah sich um, doch kein Mensch beachtete ihn. Er strebte der Hellbrunner Allee zu, auf der er sich nach Norden wandte. Drei Kilometer später erreichte er den Rudolfskai, umrundete gleichsam den Kapuzinerberg und tauchte schließlich in die Salzburger Altstadt ein.

Zehn Minuten später hatte er das Schloss Mirabell hinter sich gelassen und stand an den Gleisen der Westbahn. Keine 500 Meter rechts von ihm machte er die Umrisse des Salzburger Bahnhofs aus. Kurz überlegte er, ob er sich in der Lage fühlte, jemandem unbemerkt die Brieftasche zu entwenden, damit er an genügend Geld kam, um ganz offiziell die Bahn benützen zu können. Doch rasch verwarf er diesen Plan wieder. Es würde ihm nicht erspart bleiben, bis zum Einbruch der Dunkelheit zu warten. Dann standen die Chancen, wie er meinte, nicht schlecht, sich in einen Güterwaggon zu schleichen und als blinder Passagier eines Zuges diesen unseligen Ort zu verlassen. Ob nach Bayern oder nach Linz, es war ihm einerlei. Hauptsache, er befand sich nicht länger in Salzburg.

29. April 1986

Gruppeninspektor Paul Zedlnitzky erwachte mit einem unguten Gefühl. Er war um Mitternacht zu Bett gegangen, doch er hatte lange keinen Schlaf gefunden. „Hätt' ich bloß nicht mehr die Nachrichten ang'hört", sagte er sich, denn eine Meldung hatte ihn eine schiere Ewigkeit wach gehalten. Irgendwo in der UdSSR gab es offenbar ein ernst zu nehmendes Problem mit einem Kernkraftwerk. An den Namen konnte er sich nicht mehr erinnern, irgendetwas mit „Tscherno" am Anfang. Automatisch blickte er auf seinen Wecker. Punkt 7 Uhr. Ohne zu zögern machte er das Radio an.

Fünf Minuten später saß er immer noch im Bett. Doch sein Befinden hatte sich keineswegs gebessert. Ob Aufstehen überhaupt noch lohnte? Wenn es wahr war, was er da eben gehört hatte, dann ging man besser nicht mehr vor die Tür. Zumindest nicht ohne Geigerzähler.

Zedlnitzky drehte sich zu seiner Frau um, die noch tief und fest zu schlafen schien. Das war ungewöhnlich. Normalerweise stand sie noch vor ihm auf, allein schon, um den beiden Rangen Frühstück zu machen. Peter, der Stammhalter, ging in die zweite Klasse des Gymnasiums in der Ettenreichgasse, während die kleine Jacqueline noch die Volksschule unsicher machte. Zedlnitzky seufzte. Dann war eben er mit Frühstück machen dran. Er schwang die Beine aus dem Bett und suchte tapsend nach seinen Hausschuhen. Als er diese endlich gefunden und über die Füße gestreift hatte, erhob er sich und schlurfte in auffallender Langsamkeit Richtung Küche.

Dort angekommen stellte er erst einmal Kaffee zu. Dann holte er den gestaubten Wecken aus der Brotdose und begann lustlos, einige Scheiben davon mit dem Brotmesser herunterzusäbeln. War dies erfolgreich bewerkstelligt, hatte zwangsläufig das Öffnen des Kühlschranks zu erfolgen, den er aus unerfindlichen Gründen immer noch Eiskasten zu nennen pflegte. Er entnahm selbigem die Margarine und schmierte diese fingerdick auf jede Brotscheibe. Dezentes Gurgeln der Kaffeemaschine signalisierte, dass es bald etwas zu trinken geben würde. Doch damit war nur ihm und seiner Frau gedient. Für die Kinder hatte es Kakao zu sein. Tonlos fluchte Zedlnitzky. Er hatte vergessen, die Milch heiß zu machen. Das war ja direkt ein logistisches Großunterfangen, so ein Frühstück, stöhnte er.

Während er darauf wartete, dass die Milch warm genug war, trug er noch eine Schicht Nutella auf die Brote von Jackie und Peter auf. Die „Mama" bekam wie gewohnt ihren geliebten Edamer, dafür durfte er sich zwei, drei Räder Braunschweiger genehmigen. Endlich dampfte auch die Milch. Er schnappte das Gefäß mit der „Ovomaltine" und fügte, nachdem er die Milch in zwei Gläser geschüttet hatte, jeweils drei Esslöffel von den brauen Körnern hinzu. Dann rührte er kräftig um, bis die Flüssigkeit durchgehend schokoladenfarben geworden war. Nun fehlte noch ein Tablett, und schon konnte er seine Leistung unter den Seinen verteilen.

„Aber das wär' doch nicht notwendig gewesen, Pauli. Ich hätt's doch selber eh g'macht." Leicht verschlafen stand seine Frau hinter ihm und gähnte ihm ein „Guten Morgen" entgegen.

Er lächelte und zuckte dabei entschuldigend mit den Schultern. „Nutzt's nix, schad't's nix", schmunzelte er. Seine Frau nahm ihm das Tablett ab. „Ich geh' mal die Kinder wecken", sagte sie. Er nickte nur und setzte sich, Luft ausblasend, an den Küchentisch.

Drei Minuten später saß ihm seine Frau gegenüber. Wie er nippte sie zaghaft am Kaffee, ehe sie herzhaft in das Käsebrot biss. Zedlnitzky kaute versonnen an seiner Wurst. „Hast das mitg'kriegt? Das mit dem Atomkraftwerk in Russland?"

Seine Frau sah ihn mit großen Augen an. „Nein! Was denn?"

„Schaut so aus, als wär' dem Iwan irgendwo eines hochgegangen. Genaueres weiß man aber anscheinend noch nicht."

„Jesusmarandana", entfuhr es Frau Zedlnitzky, „und was heißt das?"

Zedlnitzky zuckte abermals mit den Schultern. Diesmal aber ohne jegliches Lächeln. „Was weiß ich", murrte er. Und nach einer kleinen Pause. „Zum Dienst muss ich wohl trotzdem."

Als wäre das ein Stichwort gewesen, blickte er auf die Wand oberhalb der Küchentür. Die große Uhr zeigte 7 Uhr 25. Eine schnelle Zigarette, so folgerte er aus dieser Uhrzeit, ging sich noch aus. Er griff nach der Packung „Smart Export" und holte einen Glimmstängel hervor, was seine Frau zum Anlass nahm, ihrerseits nach ihren „Dames" zu fingern. „Es ist so ruhig", konstatierte Zedlnitzky, „ob die zwei Rabenbraten wieder eingeschlafen sind?"

Es war seiner Frau deutlich anzusehen, dass zwei Seelen in ihrer Brust kämpften. Die Lust auf Nikotin und das Pflichtbewusstsein, nach dem Nachwuchs zu sehen.

„Geben wir ihnen noch fünf Minuten. Aber dann kommt die Kavallerie", erlöste Zedlnitzky seine Frau aus ihrem Konflikt.

Am Weg zurück ins Schlafzimmer, trommelte er mit aller Wucht gegen die Kinderzimmertüren. „Ich geh' in drei Minuten aus dem Haus. Bis dahin steht ihr zwei fix und fertig in der Tür. Haben wir uns verstanden?" So militärisch-zackig sein Befehl auch erfolgt war, er erntete kaum mehr als ein leises Gemaule. Eigentlich war er ja schon ein paar Schritte weiter, doch dieser Mangel an Respekt war nicht tolerabel. Er legte den Retourgang ein und riss Peters Tür auf. „Ich red' da nicht zum Spaß, junger Mann. Zack, zack, gemma, gemma!" Der Jüngling wusste, dass der Papa es ernst meinte und verfügte sich mit angewiderter Miene ins Badezimmer. Zedlnitzky strebte nun seiner Garderobe zu, wo er eilig die erforderlichen Kleidungsstücke aus dem Kasten fischte. Kaum waren diese angelegt, schnappte er, neben dem Sohnemann im Badezimmer zu stehen kommend, seine Zahnbürste und schrubbte noch eine kleine Weile lustlos herum, ehe er den Mund ausspülte. Er gab seiner Frau noch einen schnellen Kuss, verbunden mit einem Hinweis, er sei spät dran, und verließ sodann eilends die Wohnung.

Direkt vor der Haustür parkte sein Dienstfahrzeug. Er sperrte die Fahrertür des VW Käfer auf und ließ sich in den Sitz plumpsen. Einmal atmete er noch tief durch, dann startete er den Motor. Die Uhr zeigte dreiviertel acht. „Na, da müss' ma heute wieder auf Niki Lauda machen", sagte er zu sich selbst, ehe er aus der Parklücke ausscherte und sich auf der Triesterstraße in den Verkehr, der Richtung Matzleinsdorfer Platz unterwegs war, einreihte. Und obwohl er jede Lücke ausnützte, kam er nur recht langsam voran. In der Wiedner Hauptstraße bremste ihn auch noch eine Garnitur der Linie 65 ein, sodass sich Zedlnitzky mit der Tatsache anzufreunden hatte, dass er zu spät ins Büro kommen würde.

Allerdings war es auffallend, dass niemand von der Nuklearkatastrophe Notiz zu nehmen schien. Alles war wie gewohnt, selbst das Gefluche der Autofahrer, die sich in einer konkreten Situation benachteiligt fühlen, unterschied sich in nichts von jenem an jedem anderen Tag. Na ja, Russland war ja auch weit weg. Vielleicht ging sie das ja wirklich nichts an. Und hatte nicht der Benya Toni gemeint, die Atomkraft sei ebenso sicher, wie sie sauber sei? Und der musste es ja schließlich wissen. Immerhin war der Elektriker.

Endlich hatte Zedlnitzky den Karlsplatz erreicht. Von dort bog er in den Ring ein, und nach einem guten Kilometer kam allmählich das Sicherheitsbüro in Sicht. An einer roten Ampel sah er auf seine Armbanduhr. Fünf nach acht. Gut, das mochte angehen. Vor allem, weil sein Vorgesetzter ohnehin selten vor halb neun im Büro erschien. Und die Sekretärin würde ihn schon nicht verpetzen.

Wie jeden Morgen absolvierte er eine Tour vorbei an Wiens Sehenswürdigkeiten. Sein Käfer passierte die Museen, die Hofburg, das Parlament, das Burgtheater und die Universität. Dann erst bog er ein und steuerte den Parkplatz der Polizeidirektion an. Als der Motor nach einem letzten Gurgeln endgültig ruhig geworden war, seufzte Zedlnitzky noch einmal, dann gab er sich einen Ruck und stieg aus dem Wagen aus. Drei Minuten später hatte er den Paternoster erreicht, der ihn in sein Stockwerk brachte.

„Morgen", sagte er nur, als er an der Sekretärin vorbei seinen Schreibtisch anvisierte.

„Herr Kollege. Die warten schon auf sie."

Zedlnitzky erstarrte. „Wer?"

„Die anderen Kollegen." Sie beugte sich verschwörerisch nach vorn. „Ich glaub'", fuhr sie mit gesenkter Stimme fort, „es geht um einen Mord."

Zedlnitzky pfiff durch die Zähne und deutete wortlos auf die Tür seines Chefs. Die Sekretärin nickte nur. Er hängte seinen Staubmantel auf den Garderobenständer, klopfte an die besagte Tür und trat nach einem deutlich vernehmlichen „Herein" ein. Tatsächlich waren dort schon alle versammelt. Pospischil, ihm altersmäßig am nächsten, nickte ihm aufmunternd zu, während Oberstleutnant Schuchter, sein direkter Vorgesetzter, der sich in seinem Vortrag unterbrochen sah, Zedlnitzky einen strengen Blick zuwarf.

„Da wir jetzt endlich alle vollzählig sind", fuhr Schuchter schließlich fort, während sich Zedlnitzky eine „Smart" anzündete, „können wir uns ja wieder dem Fall widmen. Und weil der Kollege Sedelnitzky heute schon so ein Engagement an den Tag gelegt hat, schlage ich vor, er schnappt sich den Kollegen Pospischil und macht sich hurtig auf den Weg."

Zedlnitzky verkutzte sich beinahe am inhalierten Rauch und unterdrückte den reflexartig auftretenden Hustenreiz. Man brauchte kein Psychologiestudium, um zu erkennen, dass ihm die Situation alles andere als behagte.

Schuchter lächelte spöttisch, lenkte dann aber ein. „Pospischil, sei so gut und weise den verspäteten Kollegen unterwegs ein. Und jetzt: husch, husch." Die letzten Worte unterstrich der Oberstleutnant mit einer wegscheuchenden Geste seiner rechten Hand.

„Wo müssen wir hin?", fragte Zedlnitzky daher, als sie in seinem Wagen Platz genommen hatten.

„Krongasse 4. Fünfter Bezirk. Das Opfer heißt Dinotti."

„Ein Eisverkäufer oder ein Pizzabäcker?" Zedlnitzky grinste breit.

„Hörst, deine Schmäh waren auch schon einmal besser. Ned jeder, der so heißt, ist gleich ein Katzelmacher."

„Ich weiß …"

„… Und nicht jeder Katzelmacher produziert Eis oder serviert Pizzas."

„Pizze."

„Danke!"

Zedlnitzky sah seinen Kollegen an. „Wie beim ‚Kottan'."

„Ja, nur dass wir noch alle Türen haben."

„Das kann sich aber ändern …" Wieder ließ Zedlnitzky seine Zähne blicken.

„Das wär' keine so gute Idee. Immerhin ist es dein Auto – und kein Streifenwagen."

„Ah ja. Na gut, dann besser nicht." Und nach einer kleinen Pause. „Also, gemma's an."

Der Wagen beschrieb eine Kurve und reihte sich schließlich auf der Abbiegespur Richtung Zweierlinie ein, ehe sie selbige bis zur Sezession entlangfuhren, deren charakteristisches goldenes Weinblattdach in der Sonne funkelte. Sie ließen den Naschmarkt rechts liegen und bogen erst nach links Richtung Karlsplatz, gleich danach aber nach rechts in die Operngasse ein.

Sie tuckerten eine gute Weile hinter einem Bus der Linie 59A her, was in Zedlnitzky die Frage aufkommen ließ, seit wann diese nicht mehr „61A“ hieß. Pospischil zuckte nur mit den Schultern und meinte, das sei doch letztlich „wurscht“. Eine Argumentation, gegen die sich schwerlich etwas einwenden ließ. Bei der Station „Große Neugasse“ konnten sie das schwere Gefährt endlich überholen, und zwei Gassen weiter bogen sie beim Antiquitätenhändler Engels ein weiteres Mal nach links ab. Dem folgte eine Tierhandlung und das Gasthaus Grammanitsch, neben dem sich seit einigen Jahren ein neuer Gemeindebau befand, der auf eine merkwürdige Art mit den Biedermeierhäusern kontrastierte, welche die andere Straßenseite zierten. 50 Meter weiter befand sich eine stillgelegte Fabrik, gleich daneben residierte eine Jugendpostille, soweit sich Zedlnitzky erinnerte.

„Nummer 4. Da samma“, statuierte Pospischil und riss seinen Kollegen damit aus dessen Gedanken. Zedlnitzky parkte den Wagen vor dem gegenüberliegenden Haus, ein wenig irritiert über die Abbildung der Stephanskrone, die sich formatfüllend über die Hauswand erstreckte.

Sie stiegen aus und hielten auf die beiden Streifenwagen zu, welche gleichsam den Tatort abschirmten. Zwei Uniformierte salutierten vor ihnen und meinten nur, der Tote liege im ersten Stock. Pospischil und Zedlnitzky nickten synchron und betraten dann das Gebäude. Sie brauchten nicht lange nach dem Fundort der Leiche zu suchen, denn das ganze Haus schien zusammengelaufen zu sein.

„Na, servas. Das ist ja ärger als am Kirtag“, ließ sich Pospischil vernehmen. Sie verschafften sich Zutritt zur entsprechenden Wohnung, die sich als Ordination entpuppte.

„Der Itaker war ein Doktor?“, fragte Zedlnitzky ohne eine Antwort zu erwarten.

Im Behandlungsraum wurden sie fündig. Ein Mann von knapp 70 Jahren, klein, weißhaarig und drahtig, lag mit dem Gesicht nach unten auf einem Perserteppich. Auf den ersten Blick schien er zu schlafen, und erst bei genauerem Hinsehen erkannte man, dass sein Hinterkopf eine blutende Wunde aufwies.

„Den hat jemand erschlagen", entfuhr es Pospischil.

„Ja, und zwar mit einem stumpfen Gegenstand, wie es so schön heißt", erläuterte ein Mann in weißem Ärztekittel, in dem Zedlnitzky den Pathologen Weber erkannte. Der fuhr in der Zwischenzeit ungerührt fort. „Es könnte eine Büste gewesen sein, eine Steinvase oder sonst irgendein Staubfänger. Jedenfalls aber keines der hier noch vorhandenen Objekte."

„Das heißt, der Mörder hat die Tatwaffe verschwinden lassen?"

„Blitzgneißer!" Weber lächelte schmal.

„Wer war der Tote?", erlöste Zedlnitzky seinen Kollegen von dessen Existenz auf der Schaufel.

„Ein hierorts praktizierender Dentist. Walter Dinotti", meldete sich eines der Streifenhörnchen, „wir haben schon im Zentralen Melderegister angerufen. Er hat hier seit 1956 seine Praxis. Geboren 1914 in Wien. Wohnhaft in der Anton-Krieger-Gasse im …"

„23. Hieb", ergänzte Zedlnitzky. „Ein Zahnarzt also."

„Na servas", bemühte Pospischil wieder seine Lieblingsphrase, „das weitet den Kreis der Verdächtigen ins Unendliche aus."

Zedlnitzky legte die Stirn kraus. „Wie kommst jetzt auf diese Idee?"

„Na geh bitte, ich mein, ein Mundklempner! Kennst du irgendjemanden, der die nicht hasst?"

„Na ja, aber deswegen bringt man sie ja nicht gleich um. Außerdem – der war ja mindestens 71! Wieso ordiniert der dann noch?" Er erntete nur ratlose Mienen auf seine Frage.

„Gut. Das stellen wir später fest. Wer hat den Mord überhaupt gemeldet?"

Das Streifenhörnchen konsultierte seinen Notizblock. „Die Frau Gudrun Walter. Sie hätte um 7 Uhr 30 einen Termin für eine Wurzelbehandlung g'habt ..."

„Ist die noch da?"

„Ja. Sie sitzt nebenan im Wartezimmer."

Zedlnitzky trat durch die Tür in den Nebenraum. Dort saß eine überaus attraktive Brünette Mitte 30, die ein wenig aufgewühlt wirkte, was ihn aber nicht im Mindesten verwunderte. Schließlich fand man nicht jeden Tag einen Toten.

„Geht's, gnä' Frau?", fragte er höflich. Die Frau nickte. Zedlnitzky machte eine schnelle Geste in Richtung des Uniformierten. Indem er zweimal ganz flott eine Trinkbewegung imitierte, gab er dem Mann zu verstehen, er solle der Walter ein Glas Wasser bringen. Dann setzte er sich langsam auf einen freien Stuhl.

„Können Sie mir sagen, was Sie wahrgenommen haben, Frau Walter?"

Diese räusperte sich. Genau in diesem Augenblick brachte der Polizist das Wasser, welches sie dankbar entgegennahm. Nachdem sie einen Schluck getrunken hatte, fing sie langsam zu sprechen an.

„Ich hätt' eine Wurzelbehandlung gebraucht. Und weil ich seit 20 Jahren beim Doktor Dinotti bin, wollt' ich halt, dass er das macht. Eigentlich hat er ja um diese Uhrzeit keine Ordination, aber weil ich es war, hat er g'meint, ich soll um halb acht da sein, dann richtet er mir das."

Zedlnitzky gab zu verstehen, dass er verstanden hatte. „Also hab' ich zur vereinbarten Zeit an die Tür geklopft, und die ist auf einmal aufgegangen. Ich hab' einen Moment gezögert, doch dann bin ich reingegangen. Ich hab den Herrn Doktor gerufen, aber keine Antwort bekommen. Also bin ich weiter. Ich weiß ja, wo das Wartezimmer ist. Ich wollt' mich eben hinsetzen, als ich ihn durch die offene Tür im Behandlungszimmer liegen gesehen hab'."

„Und was haben Sie dann gemacht?"

„Ich bin natürlich sofort hin. In seinem Alter denkt man natürlich zuerst an einen Schwächeanfall. Oder an einen Infarkt oder so etwas. Aber dann hab' ich das Blut gesehen."

Zedlnitzky nickte mitfühlend, als sich die Frau die Hand vor den Mund hielt.

„Mir ist richtig schlecht geworden. Ich bin zum Fenster gegangen. Das war offen. Dort hab' ich Frischluft geschnappt und versucht, mich zu beruhigen. Und dann, ja, dann bin ich zurück ins Vorzimmer und hab' vom dortigen Telefon aus die 133 gewählt."

„Haben Sie sonst irgendetwas angefasst?"

Die Walter sah ihn direkt an. „Ich weiß nicht. Kann sein. Ich war so außer mir, dass ich darauf nicht geachtet hab'."

„Ja, das ist verständlich, Frau Walter. Es ist nur möglich ...", er zögerte ein wenig, da er nicht taktlos erscheinen wollte, „dass wir dann vielleicht Ihre Fingerabdrücke bräuchten. Wissen S', damit wir die gegebenenfalls zuordnen können." Nun war es wieder an der Walter, zu nicken.

„Und, Sie waren schon lange Patientin bei Doktor Dinotti?"

„Nun ja, das hat sich so ergeben. Ich habe Anfang der Siebzigerjahre hier in der Krongasse gewohnt, und da war er im wahrsten Sinn des Wortes naheliegend."

Zedlnitzky nickte.

„War die Praxis auch damals schon so ...", er suchte nach dem passenden Wort, „verwaist?"

Die Walter sah ihn verständnislos an. Offenkundig hatte sie den Sinn seiner Frage nicht erfasst.

„Na, hier sieht es nicht danach aus, als gäbe es besonders viel Betrieb. ... Keine anderen Patienten", meinte er und umschrieb das Gesagte mit einer raumgreifenden Geste. „Immerhin haben wir es nach neun Uhr, und niemand ist gekommen, um sich behandeln zu lassen."

„Nun ja, der Herr Doktor war ja schon siebzig. Ich weiß nicht, ob er noch viele Patienten behandelt hat. Ich selbst komme ja auch nur noch aus alter Anhänglichkeit zu ihm."

Das schien einleuchtend zu sein. Zedlnitzky machte sich geistig eine Notiz. Gleich nach dem Gespräch würde er die Ordination nach den Unterlagen mit den Behandlungen durchsehen.

„Aber er wird doch eine Ordinationshilfe beschäftigt haben. Und eine Sekretärin, eine … Empfangsdame."

„Tut mir leid. Darüber weiß ich nichts", sagte die Walter. „Ich meine, ja, früher schon. Jetzt, glaube ich, macht seine Frau für gewöhnlich den Empfang. Und wenn es nötig ist, dann hilft sie auch im Behandlungszimmer aus."

„Gut, Frau Walter. Ich denke, das war vorläufig alles. Wenn Sie noch die Güte hätten, uns Ihre Fingerabdrücke zu überlassen, dann war's das auch schon." Er rang sich ein Lächeln ab. Dann wendete er den Kopf und rief in den Nebenraum: „Hackl, kannst du einmal übernehmen?" Zedlnitzky stand auf und gab der Frau die Hand. Er nickte noch einmal und ging wieder in jenen Raum, in dem immer noch der Ermordete lag.

Nichts deutete auf eine Auseinandersetzung hin. Alles war in penibelster Ordnung. Daraus folgerte Zedlnitzky, dass Dinotti aus irgendeinem Grund seinem Mörder den Rücken zugekehrt und dieser erbarmungslos zugeschlagen hatte. Und weiters war daraus zu schließen, dass es nicht um materielle Motive gegangen war. Der Mörder hatte nichts gesucht und wohl auch nichts an sich genommen, denn allein die goldene Uhr des Toten war sicherlich ein Vermögen wert. Zedlnitzky ließ seinen Blick durch das Zimmer wandern. Direkt neben dem schwarzen Schreibtisch befand sich ein metallischer Aktenschrank. Er trat näher, griff an die erste Lade, zog sie heraus. Der Schrank war nicht verschlossen. „Na bitte", sagte er sich mit einem Lächeln, „die Patientenakten."

Dinotti war offenbar schon auf dem Weg in den Ruhestand gewesen, denn die Kartei erwies sich als erstaunlich schütter. Pro Buchstaben gab es kaum mehr als zehn Namenskärtchen, von denen viele jedoch seit langer Zeit nicht mehr benutzt worden waren. Überschlagsmäßig hatte der Zahnarzt zuletzt nur noch rund 40 bis 50 Personen regelmäßiger betreut. Nun, das machte die Sache überschaubarer.

Mittlerweile war Hackl wieder zu ihm zurückgekehrt. „Die Frau Walter hab' ich mit der Funkstreife nach Hause fahren lassen. Was jetzt?"

Zedlnitzky deutete auf den Aktenschrank. „Schau dir diese Karteikarten durch, ob dir darunter irgendein Name auffällt. Du weißt schon, etwas, das wir wissen sollten. Ich geh' einmal nach unten und frag die Hausmeisterin, was sie uns zu dem Dinotti sagen kann."

Im Erdgeschoss wurde er fündig. Über der Tür befand sich ein Metallschild mit der Aufschrift „Hausbesorger". Auf der Tür ein wesentlich kleineres, auf dem der Namenszug „Matic" eingraviert war. Er läutete an. Nichts tat sich. Zur Sicherheit klopfte er, doch abermals war keine Reaktion zu erkennen. Unwillkürlich musste er an die alte Polizeiweisheit denken, dass niemand mehr über ein Haus wusste als die jeweilige Hausmeisterin. Doch dieser ehrenwerte Berufsstand war auch nicht mehr, was er einmal gewesen ist. Früher war ein Hauswart rund um die Uhr auf den Posten!

Zedlnitzky kramte gerade in seinen Taschen, um eine Visitenkarte zu hinterlassen, als das Haustor aufging. „Was du wollen?", hörte er eine rauchige Stimme in seinem Rücken. Er drehte sich um. Eine etwa 50-jährige, leicht füllige Frau mit bemerkenswert auftoupierten pechschwarzen Haaren und je einem Plastiksackerl in jeder Hand kam auf ihn zu. „Bin ich Matic Suza. Bin ich Hauswart", stellte sie sich vor.

Zedlnitzky wollte zu einer Erklärung ansetzen, als sie eine Tasche abstellte und eine begütigende Geste machte. „Weiß ich schon. Polizei. Weil Doktor ist tot oben.“ Dabei deutete sie mit dem Zeigefinger vage in Richtung erster Stock.

„Genau. Und darum bräuchte ich jetzt von Ihnen einige Auskünfte, Frau Matic.“

Die Hausmeisterin gab ihm zu verstehen, er möge ihr folgen. Einen Moment später stand er in einem engen, lichtlosen Vorzimmer mit drei Türen an der linken Seite, wohingegen sich auf der rechten Seite eine längere Garderobe und ein Ganzkörperspiegel befanden, während es am Ende des Raumes eine weitere Tür gab. Aus Erfahrung schloss Zedlnitzky, dass die ersten drei Türen zum WC, zum Bad und zur Küche führten, sodass der Eingangstür gegenüber wohl das Wohnzimmer angesiedelt war. Und genau dorthin führte ihn die Matic nun.

„Willst du trinken etwas? Wasser, Bier, Slibowitz?“

Zedlnitzky hätte gerne Ja zum mittleren Angebot gesagt, doch er fand, es mache sich nicht gut, wenn man als Polizist ein alkoholisches Getränkt annahm. „Ein Glas Wasser, wenn Sie hätten“, statuierte er daher.

Er setzte sich in einen der beiden Lederfauteuils und wartete auf die Frau, die in die Küche gegangen war, um sein Wasser zu bringen. Das Wohnzimmer, so befand er, unterschied sich in nichts von so vielen anderen in dieser Stadt. In der Mitte der Rückwand thronte eine große Couch, die links und rechts von zwei Sesseln flankiert war, während in der Mitte des Ensembles ein dunkelbrauner Tisch stand, der mit einer weißen Häkeldecke drapiert war. Am linken Tischbein erkannte er die charakteristische Kurbel, die es ermöglichte, die Höhe des Tisches zu verstellen. Und ein schneller Blick und das weiße Stoffteil überzeugten ihn davon, dass sich darunter zwei Tischplatten befanden, sodass er sich auf seine doppelte Größe erweitern ließ. Mit ein paar leichten

Verrichtungen konnte man so aus einem Beistelltisch ganz leicht einen Esstisch machen, weshalb dieses Möbel vor einigen Jahren überaus populär gewesen war, vor allem bei jenen Familien, deren Platz eher beengt genannt werden musste.

Der Sitzgruppe gegenüber befand sich der Wandverbau, auch dies ein Klassiker. Wie gewohnt sehr massiv und in dunklem Holz gehalten. Rechts und links wies eine solche Konstruktion in der Regel Bücherregale auf, während zentral eine große, freie Fläche Platz für den Fernseher bot, über den sich dann, wie auch in diesem Fall, eine kleine, verglaste Fläche dazu eignete, eine Art Zimmerbar darin zu beherbergen. Ergänzt wurde dieser wuchtige Schrank durch eine im Vergleich grazile Anrichte, auf der eine Emailschale stand, die man für Obst ebenso wie für diverse Knabbereien verwenden konnte. Gleich daneben, auch dies nachgerade charakteristisch für das Wiener Wohnen, das Telefon. Und, wie sollte es anders sein, darunter ein weiteres Häkeldeckchen.

Zedlnitzkys Blick wanderte zurück auf seine Seite des Raumes und schweifte dabei über die Fensterfront. Na bitte, dachte er, Jalousien und weiße Vorhänge. Wie in wohl einer Million anderer Wohnungen in dieser Stadt auch. Die Matics hielten sich an das hierorts Gängige.

Ebenso war es üblich, über der Couch einen Ölschinken zu platzieren, der vielleicht als einziger in solchen Zimmern Raum für etwas Individualität bot. In eher konservativ eingestellten Häusern fand man an dieser Stelle ein Alpenmotiv, mitunter auch noch den berühmten röhrenden Hirschen, während in den Wohnungen der jugoslawischen Gastarbeiter meist südliche Landschaften vorherrschend waren. Dieses Gemälde zeigte das blaue Meer mit ein paar Schiffen und auf der rechten Bildseite eine Art Hafen sowie, daran anschließend, ein mittelalterlich anmutendes Häuserensemble. Zedlnitzky kam die Szenerie ziemlich italienisch vor.

„Zadar. In Kroatien“, klärte ihn die Matic, die mit dem Glas Wasser zurückgekehrt war, auf. „Ist Stadt der Geburt von meine Mann. Bild erinnert ihn an Heimat.“ Dabei lächelte sie.

Zedlnitzky gestand sich ein, sie hätte auch Tsingtao sagen können. Er hatte nicht die leiseste Ahnung, wo sich dieses Zadar befand. Aber deswegen war er auch nicht hier. Er blickte auf den schweren gläsernen Aschenbecher, der sich auf dem Tisch befand.

„Ist es gestattet?“

„Bitte“, sagte sie nur.

Er holte seine „Smart Export“ hervor und zündete sich eine an. Dabei fiel ihm auf, dass die Matic ebenfalls eine Packung hervorgeholt hatte. Mit einer leicht gehobenen Augenbraue registrierte er, dass er die Schrift nicht zu lesen vermochte.

„Drina“, erriet sie seinen Gedanken. „Sind von zu Hause. Legal! Eine Stange für Person.“ Unweigerlich musste Zedlnitzky lächeln. Selbst wenn die Matic die Zollbestimmungen umgangen hätte, es wäre auch nicht seine Sache gewesen.

„Nun, Frau Matic, wie gut kannten sie das Opfer. Den Herrn Dinotti, meine ich.“

Die Matic blies Rauch aus und sah haarscharf an Zedlnitzky vorbei. „Ich nicht kann sagen, dass bin gekennt gut. Er immer war … wie sagt … distanciran …“

„Sie meinen, er war distanziert?“

„Da … ja. Nicht viele Worte. Immer nur guten Tag, wie geht? Nie mehr.“ Zedlnitzky befand, ein Nicken konnte an dieser Stelle nicht schaden. Gleichzeitig hielt er seinen Blick auch weiterhin erwartungsvoll auf die Frau gerichtet. „Und Doktor war alt. Nicht mehr viele Menschen bei ihm. Hat auch nicht gearbeitet oft. Nur drei Tage in Woche.“ Wieder bewegte Zedlnitzky seinen Kopf auf und ab.

„Früher das war anders. Er viele hat … doraditi … handel… handelt?“

Zedlnitzky fühlte sich dazu berufen, der Frau beizuspringen. „Sie meinen, früher hat er viele behandelt."

Nun nickte sie. „Aber mein Mann sagt, er gar kein Doktor. Nur Zubotehnicar … Dentist. Viele gehen lieber zu echte Zubar … zu Arzt für Zahn."

Jetzt nickte Zedlnitzky wieder.

„Früher oft auf Gang haben gewartet Menschen schon ganz früh. Heute niemand kommt. Weiß nicht, warum er hat offen noch."

Zedlnitzky hatte da so seine Ahnung. Wahrscheinlich gestand sich der alte Dinotti nicht ein, dass es Zeit war, die Segel zu streichen. Und mit der Praxis, auch wenn nur noch wenige Patienten kamen, mochte er sich das Gefühl erhalten haben, noch nicht zum alten Eisen zu gehören.

„Ist ihnen heute irgendetwas aufgefallen in der Früh?", fragte er schließlich.

„Nein. Alles wie immer. Wie jeden Tag. Aber heute auch nicht Tag für Stiegenwaschen und Geländerputzen. So ich auch nicht war oben in erste Stock. Doktor nicht gesehen. Habe Wäsche gewaschen, dann ich bin gegangen einkaufen. Und jetzt ich bin wieder zurück."

Zedlnitzky erinnerte sich daran, dass dieses Haus bereits eine Sprechanlage aufwies. Es gab also keinen Grund mehr für eine Hausmeisterin, morgens um 6 das Haustor aufzusperren. Das aber bedeutete, dass sich keinesfalls sagen ließ, wann Dinottis Mörder das Haus betreten hatte. Andererseits war es kaum anzunehmen, dass er sich mitten in der Nacht Zutritt verschafft hatte, um dann stundenlang darauf zu warten, dass der Dentist ebenfalls in der Krongasse ankam. Viel wahrscheinlicher war wohl, dass die beiden entweder direkt einen Termin vereinbart hatten und sich also, wenn auch nur oberflächlich, kannten, oder aber, dass der Täter seinem Opfer hierher gefolgt war.

„Sie wissen also nicht, wann der Herr Dinotti heute hier eingetroffen ist?“

„Tut mir leid, nein. Aber das wird wissen seine Frau.“

Zedlnitzky war, als wäre ihm eben ein Stromstoß verabreicht worden. Natürlich! Die Ehefrau! Die ihm auch als Ordinationshilfe zur Seite stand. An die hatte er bislang gar nicht gedacht.

„Frau Matic. Vielen Dank erst einmal. Auch für das Wasser. Ich darf mich, falls ich noch etwas brauchen sollte, nochmals an Sie wenden, ja?“

Matic blieb das abschließende Nicken.

Als Zedlnitzky wieder in der Ordination eingelangt war, suchte er Hackl.

„Und? Simma da fertig? Gut! Dann fahren wir jetzt einmal in die Kriegergasse und bringen seiner Frau das da schonend nahe.“ Er nickte Pospischil und den anderen von der KTU zu und verließ dann mit Hackl im Schlepptau das Haus.

Sie stiegen in den Wagen, und Zedlnitzky hielt auf die Wiedner Hauptstraße zu, wo er nach rechts einbog, um ihrem Verlauf bis zum Matzleinsdorfer Platz zu folgen. Dort bog er neuerlich rechts ab und fuhr ein Stück dem Gürtel entlang, ehe er den Wagen nach links in die Eichenstraße lenkte. Bei der Philadelphiabrücke angekommen, ließen sie die Meidlinger Kaserne links liegen und bogen in die Edelsinnstraße ein, die sie nach weiteren fünf Minuten in die Fasangartengasse führte. Hackl blies gepresst Luft aus. „Das dauert heute wieder“, schnarrte er. „Na ja“, hielt dem Zedlnitzky entgegen, „ich kann ja kaum die Zwetschgen für eine solche Fahrt aufdrehen.“ Hackl seufzte: „Auch wieder wahr.“

Gemächlich tuckerten sie die Atzgersdorfer Straße entlang. „So, bis daher war alles klar. Aber wie geht's jetzt weiter?“ Zedlnitzky sah seinen Kollegen fragend an. „Na wie schon“, gab der unwillig zurück, „rein in die Rosenhügelstraße, und dann einfach bis nach Mauer." Er folgte den Anweisungen und kam so endlich in die gewünschte Gasse.

Eine halbe Stunde, nachdem sie in Margareten aus der Parklücke gebogen waren, hatten sie schließlich Dinottis Wohnhaus erreicht. Dieses entpuppte sich als eines der eher billigen Einfamilienhäuser, die vor allem in den späten 50er- und frühen 60er-Jahren in dieser Gegend errichtet worden waren. Zedlnitzky schätzte das Anwesen auf circa 500 Quadratmeter Eigengrund und rund 100 Quadratmeter Wohnfläche. Damals war so etwas relativ billig zu haben gewesen, und ein Dentist verdiente in jener Zeit sicher nicht schlecht.

Doch nicht nur Dinotti selbst war in die Jahre gekommen. Das Haus sah einigermaßen verwittert aus. Der Verputz, ursprünglich sicher einmal weißgrau, wies nun eine eher schwarzgraue Färbung auf. Links von der Eingangstür waren einige Latten angebracht, auf denen sich wohl Efeu hätte emporranken sollen. Doch davon war nichts zu sehen. Der Zaun konnte einen neuen Anstrich vertragen, und das Gras im Vorgarten war wohl lange nicht mehr mit einem Rasenmäher in Berührung gekommen.

„Für einen Heimwerker gäb's hier viel zu tun", merkte denn auch Hackl an, nachdem sie das Gartentor geöffnet hatten und die wenigen Schritte bis zur eigentlichen Haustür zurücklegten. Zedlnitzky atmete kurz durch und läutete dann an.

Nach einer kleinen Weile öffnete ihnen eine verhutzelte Alte, die gleichwohl peinlich auf ihr Äußeres bedacht zu sein schien. Sie trug schwarze Lackschuhe, deren Glanz in der Mittagssonne aufblitzte. Der lange, gleichfalls schwarze, Rock reichte bis weit über die Knie und erweckte den Eindruck, aus feinem Stoff zu sein. Über einer blütenweißen Bluse trug sie eine eher rurale Weste, die Zedlnitzky an die diversen Trachtenjanker erinnerte, die in konservativen

Kreisen gern getragen wurden. Auf der rechten Brustseite hing eine schwere Brosche, während um den Hals eine Perlenkette gelegt war. Das Haar, wiewohl schon ziemlich weiß, war hochtoupiert, was der Frau eine gewisse Strenge verlieh.

„Sie wünschen?"

Sie zeigten ihre Legitimationen. „Frau Dinotti?"

„Frau Medizinalrat Dinotti", korrigierte sie die beiden.

„Wir haben Ihnen etwas mitzuteilen. Dürfen wir eintreten?"

Die alte Dame bewegte sich keinen Millimeter. Ihre Augen verengten sich zu schmalen Schlitzen, was dem hart geschnittenen Gesicht zusätzliche Schärfe verlieh. Dann klappte ganz plötzlich die Kinnlade nach unten, und die Augen, eben noch kaum sichtbar, weiteten sich vor purem Entsetzen. „Es geht doch nicht etwa um meinen Mann", flüsterte sie.

„Frau Medizinalrat, wenn wir bitten dürfen", insistierte Zedlnitzky, ohne auf die Frage der Frau einzugehen. Er bewegte seinen Oberkörper nach vor, sodass er der Frau merklich nahe kam. Diese wich, wie er es erwartet hatte, zurück, wodurch es ihm und Hackl möglich war, ins Innere des Hauses zu gelangen. Er blickte sich kurz um und schlug dann den Weg ins Wohnzimmer ein. Erst dort drehte er sich um.

„Ich denke, Sie sollten sich setzen, Frau Medizinalrat."

Diese wirkte geschockt und kam der Anregung wie in Trance nach. Ein Roboter, dachte Zedlnitzky, hätte eleganter Platz genommen. Gern hätte er die Aufgabe, die er nun zu erfüllen hatte, Hackl überlassen. Doch er war der Rangältere, also war es an ihm, aus den Ahnungen der Frau schreckliche Gewissheit werden zu lassen. „Also, Frau Medizinalrat", begann er schließlich, „es ist meine traurige Pflicht, Ihnen mitzuteilen, dass Ihr Mann heute früh ermordet worden ist."

Für einen kurzen Augenblick zeigte die Frau überhaupt keine Reaktion. Sie wirkte wie erstarrt. Dann erst kam ein

Satz, der so langsam und monoton vorgetragen wurde, dass er nichts Menschliches an sich zu haben schien. „Ermordet, sagen Sie?“

„Ja, so leid es mir tut. In seiner Ordination. Er wurde dort gegen halb acht Uhr morgens gefunden. Und das führt uns zu der ermittlungstechnisch enorm wichtigen Frage: Wann ist er heute von hier weggefahren?“

Erwartungsgemäß reagierte die Witwe nicht. Zedlnitzky beugte sich leicht in ihre Richtung vor und senkte dabei seine Stimme. „Ich weiß, wie schrecklich das für Sie ist, gnädige Frau. Aber ich bin mir sicher, Sie wollen doch auch, dass der Mörder Ihres Mannes gefasst wird. Und daher müssen wir von Ihnen wissen, wann Ihr Mann heute das Haus verlassen hat.“

„6 Uhr 45“, kam es gespenstisch aus ihrem Mund. Unwillkürlich pfiff Zedlnitzky durch die Zähne. Das war eine brisante Information. War diese Aussage korrekt, dann blieb für die Tat ein Zeitfenster von maximal 30 Minuten, denn selbst zu dieser frühen Stunde hatte der Mann nach Margareten sicherlich eine gute Viertelstunde gebraucht, und die Frau Walter hatte ihn wenige Minuten nach halb acht Uhr gefunden.

„Und wieso wissen Sie das so genau, gnädige Frau?“, ließ sich Hackl vernehmen. Mechanisch drehte die Dinotti ihren Kopf in seine Richtung.

„Der Digitalwecker. Er ist auf dem Küchentisch gestanden. Ich habe draufgeschaut, als er die Tür zugemacht hat.“

Plötzlich und unerwartet ging ein Beben durch ihren Körper. Die Frau wurde durchgeschüttelt, als säße sie auf dem elektrischen Stuhl. Dann brach sie ein Weinkrampf Bahn. Sie schlug die Hände vors Gesicht und schluchzte hemmungslos. Die beiden Beamten sahen einander ratlos an. Zedlnitzky hätte einiges darum gegeben, dass jetzt eine Frau an seiner Seite säße, denn die hätte die Alte vielleicht in den Arm nehmen und trösten können. Doch sie als junge Ermittler hatten ein solches Vorgehen nicht in ihrem Programm.

Krächzend fragte er, ob sie vielleicht ein Glas Wasser wolle.

Doch die Frau heulte nur wie der sprichwörtliche Schlosshund.

„Es gibt", fing er umständlich noch einmal an, „psychologische Hilfe, die von der Polizeidirektion angeboten wird. Wenn Sie wollen, können wir Ihnen jemanden schicken." Er war sich sicher, dass ihn die Frau nicht gehört hatte.

Er stand auf und ging in den Vorraum, wo er beim Hereinkommen das Telefon ausgemacht hatte. Er hob den Hörer aus der Gabel und wählte die Nummer der Auskunft. Als sich dort das Fräulein vom Amt meldete, sagte er nur: „Geben Sie mir die Telefonnummer von einem Arzt in Liesing. Am besten Anton-Krieger-Gasse." Nach einer halben Minute wurde ihm der Anschluss eines Allgemeinmediziners durchgegeben, den er sofort anrief.

„Herr Doktor?", begann er, nachdem er von der Ordinationshilfe durchgestellt worden war, „Gruppeninspektor Zedlnitzky, Sicherheitsbüro Wien. Wir haben da einen Notfall. Eine Frau, deren Mann eben ermordet wurde, hyperventiliert. Können Sie schnell vorbeikommen und ihr helfen?"

Zwei Minuten später befand er sich wieder im Wohnzimmer. Er legte die Hand begütigend auf die Schulter der alten Frau: „Es ist gleich jemand da", sagte er leise. Mehr fiel ihm nicht ein.

Er konnte kaum glauben, dass seit seinem Telefonat nur fünfzehn Minuten vergangen waren, als der Arzt eintraf. Ihm war es wie eine Ewigkeit vorgekommen. Der Doktor überblickte die Lage in bemerkenswerter Geschwindigkeit und führte die Frau in ihr Schlafzimmer. Dort verabreichte er ihr ein Valium und wartete, bis sie eingeschlafen war. Dann kam er zurück ins Wohnzimmer.

„Sie schläft jetzt, was gut ist. Aber sie sollte nicht allein sein, wenn sie aufwacht. Hat sie jemanden, der sich um sie kümmern kann?“

Zedlnitzky biss sich auf die Lippe. Danach hätte er sie fragen müssen. Er wusste ja noch nicht einmal, ob die Dinottis Kinder hatten. Und in einer Reihenhaussiedlung ließ sich auch nicht mit Bestimmtheit sagen, ob die Nachbarn gut aufeinander zu sprechen waren. Er sah sich im Wohnzimmer um. Im Eck entdeckte er ein gerahmtes Foto, welches das Ehepaar mit einem Mädchen zeigte. Offenbar gab es eine Tochter. Er nickte dem Arzt zu und nahm noch einmal das Telefon zur Hand.

„Ja, servus, Zedlnitzky hier. Du, ich bräuchte eine Meldeauskunft. Wer wohnt aller auf folgender Adresse? Anton-Krieger-Gasse …“ Er zögerte einen Augenblick, bis ihm Hackl die Hausnummer zuraunte, die er sodann laut wiederholte. „Nur die zwei? War früher hier noch wer gemeldet?“

Inständig dankte er für die Erfindung des Computers, denn noch vor wenigen Jahren wäre eine solche Information nicht unter einer Stunde zu haben gewesen. Doch seit zwei, drei Jahren waren alle Meldedaten elektronisch erfasst, sodass es nur wenige Minuten dauerte, bis man das gewünschte Ergebnis vorliegen hatte.

„Eine Pia, Jahrgang 1956? Aha. Haben wir da eine aktuelle Adresse? … 7. Bezirk, Zieglergasse. Sehr gut. Vielen Dank auch.“

Er legte wieder auf und öffnete die Schublade, die sich direkt unter dem Telefon befand. Wie erhofft lag darin ein schwarzer Kalender. Er nahm ihn zur Hand und blätterte das am Ende befindliche Telefonverzeichnis durch. Unter dem Buchstaben „P“ wurde er fündig. „Pia“, stand da, ergänzt um eine Nummer, die Zedlnitzky nun als Nächstes wählte. Eine Frauenstimme meldete sich.

„Frau Pia Dinotti?", fragte er. „Nein? Aha, nicht da. … Im Tanzstudio. Verstehe. Haben Sie da eine Nummer? … Ja, Augenblick", er machte eine hektische Bewegung mit der linken Hand, um Hackl zu verstehen zu geben, er brauche Papier und Stift. Dieser begriff und legte beides vor dem Kollegen auf das Tischchen. Eilig notierte Zedlnitzky die angegebene Kombination, ehe er sich bedankte.

Als er die Tochter endlich erreicht hatte, meinte er nur, ihrer Mutter ginge es nicht gut und sie solle, so schnell es ihr möglich sei, in die Anton-Krieger-Gasse kommen.

„So, das ist jetzt alles am Laufen", erklärte er schließlich.

Der Arzt meinte daraufhin, er werde wohl nicht mehr gebraucht und verließ das Haus.

Zedlnitzky folgte ihm vor die Tür und zündete sich eine Zigarette an. Instinktiv blickte er auf seine Uhr. 12 Uhr mittags. Kein Wunder, dass er Hunger hatte. Aber das Essen musste vorerst warten. Denn auch wenn er nicht davon ausging, dass die Tochter relevante Hinweise geben konnte, so mochte es dennoch nicht schaden, sich mit ihr zu unterhalten. Vielleicht wusste sie ja Dinge, die in den Fall ein wenig mehr Klarheit brachten.

Obwohl die Zigarette aufgeraucht war und er sie lässig über das Gartentor auf die Straße geschnippt hatte, blieb er im Freien stehen, um sich ein wenig von der Sonne anstrahlen zu lassen. Kurz überlegte er, gleich noch eine zweite zu rauchen, doch dann fielen ihm die Nachrichten wieder ein. Vielleicht war diese Atomsache doch etwas Größeres, dann mochte es keine so ratsame Sache sein, sich länger im Freien aufzuhalten. Sicher ist sicher, dachte er sich und sah zu, dass er wieder ins Haus kam.

„Hast du das g'hört heute in der Früh, das mit dem Atomkraftwerk in Russland?", begann er vorsichtig in Richtung Hackl, der gelangweilt in einem Bildband über die Alpen blätterte.

Einen Augenblick war sein Kollege überrascht über das plötzlich auftauchende Thema, dann zuckte er nur leicht mit den Schultern. „Ja, hab ich. Na und, was geht das uns an? Nix! Also ist es mir wurscht."

„Na ja, aber wenn das stimmt, was die Grünen sagen, dass da so atomare Wolken entstehen, die weiß Gott wie weit verblasen werden, dann könnte das ja auch zu uns gelangen", zeigte sich Zedlnitzky besorgt.

„Aber geh'", winkte Hackl nur ab, „weißt eh, wie die sind. Die übertreiben doch immer maßlos. Sonst sind sie's ja nicht."

Zedlnitzky dachte an seine Kinder. Wenn es doch stimmte, was man über diese Strahlung behauptete, dann konnte es für sie gefährlich sein, im Park zu spielen. Und das gerade jetzt, wo es nach so langer Zeit endlich wieder schön wurde. Mit Schaudern erinnerte er sich daran, dass es Anfang April noch einmal geschneit hatte. Es war ein Samstag gewesen, und irgendwelche Studenten hatten auf dem Ring gegen die Kandidatur irgendeines Alt-Nazis für die Präsidentschaftswahlen protestiert, weshalb er einen langen Stau hatte in Kauf nehmen müssen. Damals hatte er sich damit getröstet, dass er nicht wie seine uniformierten Kollegen im Freien ausharren musste, um die Demonstranten im Auge zu behalten. Besser im Stau stehen als frieren, hatte er sich damals gesagt.

Von dem alten Nazi sprach mittlerweile freilich kein Mensch mehr, denn ein Wochenmagazin hatte sich in der Zwischenzeit auf den Kandidaten der Schwarzen eingeschossen, der angeblich auch braunen Dreck am Stecken haben sollte. Zedlnitzky interessierte sich nicht sonderlich für diese politischen Manöver, aber auch ihm war nicht entgangen, dass Waldheim, so hieß der ÖVP-Kandidat, angeblich Mitglied bei einer NS-Organisation und am Balkan irgendwie in die dortigen Kriegsverbrechen involviert gewesen war.

Naturgemäß bestritt er das heftig, und seine Partei sprach von einer aus dem Ausland gesteuerten Kampagne gegen ihren Kandidaten, der sich als UN-Generalsekretär in einem bestimmten Lager Feinde gemacht habe. Schützenhilfe hatte Waldheim erst vor wenigen Tagen durch den amtierenden Bundespräsidenten erhalten, der öffentlich erklärt hatte, die Suppe sei zu dünn. Aber, so erinnerte sich Zedlnitzky, der Bundespräsident war ja selbst Wehrmachtsoffizier gewesen, und gleich und gleich geselle sich eben gern. Immerhin stand die Wahl für den kommenden Sonntag an, und dann mochten sich die Gemüter, wie er hoffte, wieder beruhigen.

Als Zedlnitzky das Gespräch über die Atomkatastrophe wieder aufgreifen wollte, hörten die beiden plötzlich das Geklimper von Schlüsseln. Gleich danach ging die Tür auf und eine attraktive Dreißigjährige stand in derselben. Aufmerksam musterte Zedlnitzky die Frau. Über ihren weißen Jogging High waren zuckerlrosa Legwarmers sichtbar, aus denen wiederum schwarze Leggings emporstiegen, welche die wohlgeformten Schenkel unterstrichen. Den Oberkörper jedoch konnte Zedlnitzky nicht taxieren, denn um den waberte ein viel zu großes schwarzes T-Shirt mit dem Aufdruck „Champion". Zedlnitzky ertappte sich bei dem Gedanken, dass er sich gewünscht hätte, unter diesem T-Shirt befinde sich weiter kein Textil, denn dann wäre eine simple seitliche Drehung genug gewesen, um einen tiefen Blick auf die Brüste der Frau werfen zu können. Doch unter dem T-Shirt lugte ein hochgeschlossenes rosa Trikot hervor, das auch die Arme bis zu den Knöcheln bedeckte. Den Kopf zierte ein üppiger brünetter Haarschopf, der von einem rosa Stirnband gebändigt wurde. Alles in allem wirkte die mutmaßliche Tochter des Mordopfers, als wäre sie eben vom Set von „Flashdance" gekommen, und Zedlnitzky gestand sich ein, dass er diese Pia Dinotti wesentlich attraktiver fand als Jennifer Beals, die in dem Film ja die Hauptrolle gespielt hatte. Er bemühte sich um ein Lächeln.

„Was ist mit meiner Mutter?", schallte es ihm entgegen, und sein Lächeln starb einen einsamen Tod zwischen seinen Mundwinkeln.

„Frau Pia Dinotti?", fragte er heiser.

„Nein, der Papst! Was denken Sie denn! Jetzt sagen Sie schon, was ist los?"

„Frau Dinotti, Ihre Mutter schläft jetzt. Darf ich Sie bitten, sich zu setzen?"

Die Anspannung war der jungen Dinotti in jeder Faser ihres Körpers anzusehen.

„Wie Sie mich im Studio angerufen haben, war ich gerade mit einer Tanz-Choreografie beschäftigt. Wie Sie sehen, habe ich mich nicht einmal mehr umgezogen. Also spannen Sie mich bitte nicht auf die Folter."

Endlich hatte die Frau sich gesetzt. Doch gleich darauf sprang Pia Dinotti wieder auf. „Und wieso überhaupt Polizei, bitte schön? Wieso nicht Arzt oder Rettung? War es ein Unfall?"

„Fräulein Dinotti, Sie müssen jetzt sehr stark sein. Stärker als Ihre Mutter", begann Zedlnitzky unbeholfen. Wie nicht anders zu erwarten, steigerte das die Unruhe der jungen Frau nur.

Und während Zedlnitzky noch um Worte rang, raunte Hackl, aus seinem Bildband nur kurz aufblickend: „Ihr Vater ist ermordet worden."

Für einen Augenblick fürchtete Zedlnitzky, nun würde auch die zweite Frau Dinotti ärztliche Hilfe benötigen. Sie schnappte nach Luft, und ihr Brustkorb hob und senkte sich in beunruhigender Geschwindigkeit.

„Das … ist … ein verspäteter Aprilscherz, oder?"

Mit trauriger Miene schüttelte Zedlnitzky den Kopf.

„Mein Vater ist ein alter Mann und gar nicht reich. Wer

sollte denn dem etwas Böses wollen?", platzte es aus ihr heraus.

„Derzeit haben wir leider noch überhaupt keine Ahnung", gab Zedlnitzky zu, „wir wissen nur, dass er in seiner Ordination heute zwischen 7 Uhr und 7 Uhr 30 erschlagen wurde. Aber hinsichtlich des Täters und dessen Motiv tappen wir leider noch vollkommen im Dunklen."

Es war offensichtlich, dass Pia Dinotti gegen die aufsteigenden Tränen ankämpfte.

„Und darum wäre es für uns auch überaus hilfreich, wenn wir so viel als nur irgend möglich über Ihren Vater erfahren könnten." Dabei bemühte er sich um eine ruhige Stimmlage.

In schier unendlicher Langsamkeit drehte sie ihren Kopf in seine Richtung. „Wovon sprechen Sie?", sagte sie beinahe tonlos.

„Na ja, könnten Sie sich vorstellen, dass Ihr Vater, nun, Feinde hatte?"

Ihr Erstaunen wirkte beinahe noch größer als ihre Verzweiflung.

„Wissen Sie", begann Zedlnitzky daher von Neuem, „es sieht so aus, als hätte Ihr Vater seinen Mörder gekannt. Die Tür zur Ordination weist keinerlei Beschädigung auf, und in der ganzen Praxis gibt es nicht den geringsten Hinweis auf eine Auseinandersetzung. Daraus folgern wir, dass Ihr Vater seinen Mörder selbst in die Ordination eingelassen und sich in dessen Gegenwart nicht bedroht gefühlt hat."

Pia Dinotti sah Zedlnitzky mit großen Augen an.

„Und daher vermuten wir den Täter vorerst im Umfeld Ihres Vaters, verstehen Sie?"

„Und was ist mit den Patienten?", brachte sie endlich hervor.

„Nun, dieser Spur gehen wir natürlich auch nach. Aber in der Regel gibt es schon eine direktere Verbindung bei einem Mord als ein Arzt-Patienten-Verhältnis", erklärte Zedlnitzky.

„Außer vielleicht bei Psychiatern", gluckste Hackl und erntete dafür prompt einen strafenden Blick seines Kollegen.

Auch die junge Dinotti wandte sich dem zweiten Beamten zu, und Zedlnitzky erkannte in ihrem Blick rasch aufsteigenden Zorn. „Ist das lustig für Sie – oder was?", fauchte sie. Mit einer Energie, die Zedlnitzky der Frau in diesem Augenblick gar nicht zugetraut hätte, sprang sie auf. „Mein Vater ist ermordet worden, und Sie reißen da blöde Witze", schrie sie mit sich überschlagender Stimme. „Kein Wunder, dass jeder ehrliche Mensch einen weiten Bogen um die Polizei macht. Sie sind ja nicht normal, Sie … Sie Monster!"

Zedlnitzky machte einen Schritt auf die Frau zu. Seine Hände hatte er vor seinen Körper geführt, um sie sachte nach unten und wieder nach oben zu bewegen. Er vollführte die Geste mehrmals, hoffend, dies möge eine beruhigende Wirkung auf die aufgebrachte Frau haben. „Ich muss meinen etwas taktlosen Kollegen entschuldigen. In unserem Beruf stumpft man leider ein wenig ab. Ein wenig zu sehr, wie es scheint."

Dabei warf er Hackl einen weiteren tadelnden Blick zu. Dieser zog betroffen den Kopf ein.

„Entschuldigung", murmelte er, „war nicht so gemeint."

„Ich meine", fuhr Zedlnitzky fort, „mir ist natürlich vollkommen klar, dass Sie sich jetzt um eine Menge wichtige Dinge kümmern müssen. Zuallererst natürlich um Ihre liebe Frau Mama, welche die Nachricht, wie Sie wohl verstehen werden, nicht sonderlich gut aufgenommen hat. Wir haben sofort nach einem Arzt geschickt, der ihr ein Beruhigungsmittel verabreicht hat, sodass sie jetzt, wie bereits erwähnt, oben ein wenig Schlaf findet. Aber es wäre für uns natürlich überaus hilfreich, wenn Sie die Tage einmal eine Aufstellung machen könnten, mit wem Ihre Eltern befreundet sind, wen sie kennen und wer ihnen unter Umständen nicht so wohlgesonnen ist. Wer eventuell Schulden bei Ihrem Vater hatte oder sonst irgendwie ein Problem mit ihm gehabt haben könnte. Im Augenblick haben wir nicht die geringste Vorstellung, warum es zu dieser Tat gekommen ist, und daher sind wir für jeden Hinweis, und wirkt er auch noch so banal und nebensächlich, überaus dankbar. Ich hoffe, Fräulein Dinotti, Sie haben dafür Verständnis."

Tatsächlich schien sich die Frau nun wieder ein wenig zu beruhigen. Sie fuhr sich mit der rechten Hand über den Kopf und entfernte dabei ihr Stirnband. Eine vorwitzige Locke fiel ihr direkt über das linke Auge, was, wie Zedlnitzky fand, ihrem Gesicht eine neckische Note verlieh. Unter anderen Umständen hätte er ihr an dieser Stelle vielleicht ein Kompliment gemacht, doch ihm war klar, dass jede Äußerung, die sich nicht strikt an das rein Sachliche hielt, fehl am Platz war.

„Kommen Sie soweit klar, Fräulein Dinotti? Oder sollen wir vielleicht jemanden vorbeischicken, mit dem Sie reden können? Wir haben für solche Fälle eigens geschulte Mitarbeiter."

Sie schüttelte müde den Kopf. „Nein, nein. Es wird schon gehen. Es muss ja. Irgendwie."

Zedlnitzky kramte in seiner Sakkotasche und förderte seine Visitenkarte zutage. „Ich wäre Ihnen sehr verbunden, wenn Sie sich mit uns in Verbindung setzen könnten, wenn Ihnen etwas einfällt. Unter einer dieser Nummern erreichen Sie mich auf jeden Fall." Er bemühte sich um ein Lächeln.

Die Dinotti lächelte nicht. Sie nahm die Karte resignierend entgegen und starrte dabei auf den Boden. Zedlnitzky wusste, es gab nichts mehr zu sagen, und so räusperte er sich, ehe er ein „Gut. Wir gehen dann einmal. Auf Wiedersehen, Fräulein Dinotti" in den Raum schickte. Er gab Hackl ein Zeichen, sich gleichfalls in Bewegung zu setzen, und eine gute Minute später saßen die beiden wieder in ihrem Wagen.

Zedlnitzky wollte noch einen Moment seinen Gedanken nachhängen, ehe er den Wagen startete, doch Hackl stellte einmal mehr seinen Sinn für das Prosaische unter Beweis.

„Na, das war ja wieder einmal was", begann er. Dann blickte er auf die Uhr. „Na servas, halber zwei. Kein Wunder, dass mir der Magen durchhängt auf halbe viere. Schau'n wir, dass wir wo was zu essen kriegen?"

„Du bist ein echter Gemütsmensch, weißt du das, Hackl?"

Der winkte gelassen ab. „Ach was, hin ist hin. Wem nutzt es, wann ich deswegen einen Kohldampf schieb'."

Zedlnitzky schüttelte nur den Kopf und startete den Wagen.

Eine Viertelstunde später hatten sie wieder die Philadelphiabrücke erreicht. Zedlnitzky bog unter Missachtung der dort geltenden Verkehrsregeln in die Vivenotgasse ein und stellte den Wagen am Beginn des Gässchens ab. Einen Augenblick war Hackl verwirrt, ehe er den Stand zu seiner Linken erblickte.

„Ah, ein Würstelwarmer. Gute Idee!"

Zedlnitzky verließ das Automobil. „Die Käsekrainer sind besonders zu empfehlen", sagte er nur.

Am Stand angekommen, bestellte er eine ebensolche mit einer Semmel. Dazu orderte er eine Dose Almdudler.

Hackl gesellte sich zu ihm. „A Eitrige mit an Bugel und a 16er Blech", quetsche er zwischen den Zähnen hervor.

Zedlnitzky musste gegen seinen Willen schmunzeln. Das war so eine typische Halbstarkenansage, die in den letzten Jahren zunehmend an Popularität gewann. Er vermochte nicht zu sagen, was jene, die sie verwendeten, damit bezweckten. Wollten sie ihre enge Verbundenheit mit Wien und dem Wienerischen unter Beweis stellen? Ging es ihnen darum, besonders abgebrüht zu wirken? Oder hatten sie einfach nur zu viele schlechte TV-Serien aus den 70ern gesehen? Derbheit war kein Markenzeichen, mit dem man hausieren gehen sollte, befand er, auch wenn das Wienerische, wie er noch von seinem Vater wusste, an einschlägigen Ausdrücken nicht gerade arm war.

Hackl aber war anscheinend besonders in Form. Eben hatte er noch herzhaft in seine Wurst gebissen, sodass der flüssige Käse in weitem Bogen auf den Tresen spritzte, als er seinen Kollegen anstieß und mit dem Kopf in eine bestimmte Richtung nickte.

„Tuttelbär auf drei Uhr", nuschelte er mit vollem Mund.

Auch wenn Zedlnitzky von dieser Sprache zutiefst angewidert war, so konnte er doch nicht umhin, in die gewiesene Richtung zu sehen. Tatsächlich ging da eine dralle Frauensperson von etwa 30 Jahren Richtung Bahnhof, deren BH wohl wahrhaftig Körbchengröße Doppel-D aufwies. Zedlnitzky schalt sich augenblicklich einen Hirni und konzentrierte sich wieder auf seine Mahlzeit.

Dem Kollegen entging Zedlnitzkys Schweigen nicht. „Was is'?", ließ er sich mampfend vernehmen, „bist ja eh schon 13 Jahr' verheiratet. Da musst du doch auch noch was anderes sehen als immer das eigene Weibi."

Zedlnitzky richtete sich auf. „Hackl, du weißt, ich mag dich. Aber wennst so daherredest, dann krieg ich den Gizi. Also iss dein Würstel und sei stad, weil sonst bist du's für heute g'wesen! Hamma uns verstanden?"

„Na, na, na. Mit dem falschen Fuß aufg'standen, was? Schau'n wirst ja wohl noch dürfen. Oder hat dir das die Mama auch verboten?" Gleich darauf verstummte er, denn die Blitze, die aus Zedlnitzkys Augen schossen, ließen keine Missinterpretation mehr zu. Ein Wort mehr, und er, Hackl, würde zu Fuß ins Sicherheitsbüro zurückkehren müssen. Den Rest seiner Atzung nahm er schweigend zu sich.

Die beiden schlenderten rauchend zurück zu ihrem Wagen, als sie einen uniformierten Kollegen dabei beobachteten, wie er eben ihr Kennzeichen in ein Formular malte. Grinsend traten sie näher und musterten den Streifenbeamten sichtlich belustigt.

„Ist das Ihr Fahrzeug", fragte dieser.

Zedlnitzky nickte.

„Da dürfen S' ned einmal im Notfall halten. Das wird teuer, lieber Herr."

„Für mi ned. I derf des", entgegnete Zedlnitzky in breitem Wiener Idiom. Sein Tonfall verfehlte nicht die zu erwartende Wirkung auf das Wachorgan.

„Ein ganz ein Lustiger, was? Da, ein Organmandat. Hundert Schilling. Damit kommen S' eh noch billig weg! Und wenn S' jetzt auch noch frech werden, dann gibt's eine Anzeige. Und das wird dann wirklich teuer. Haben wir uns verstanden?"

„Aber sicher, Herr Inspektor", replizierte Zedlnitzky gelassen. Er nahm die Strafverfügung entgegen, sperrte sein Auto auf, ließ sich auf den Fahrersitz plumpsen und kurbelte das Fenster hinunter. Ehe er den Motor startete, ließ er das Stück Papier melodramatisch aus dem Fenster auf den Gehsteig flattern.

„Sag einmal, sind Sie vollkommen verblödet!" Der Uniformierte stützte seine Arme in die Hüften und starrte Zedlnitzky zornerfüllt an.

„Nein, ned vollkommen. Aber ein bisserl schon. Sonst wär ich nicht bei dem Verein da." Endlich machte er seinem bösen Scherz ein Ende und hielt die Kokarde in die Höhe. „Einsatz, lieber Herr Kollege! Einsatz. Immer vorher fragen, gell!" Er wartete keine Reaktion des verdatterten Beamten ab und fuhr die Vivenotgasse abwärts in Richtung Wienzeile.

Im Sicherheitsbüro hatte sich der Kollege Pospischil in der Zwischenzeit durch die Patientenkartei geackert. Als Zedlnitzky wieder an seinem Schreibtisch eintraf, erstattete der Kollege Bericht.

„Also viel war mit dem nicht mehr los. Das kann ich dir sagen. Etliche der Karteikarten sind so vergilbt, dass man sich des Eindrucks nicht erwehren kann, die stammen noch aus der Monarchie. Außerdem herrscht da ein ziemliches Chaos."

„Chaos? Inwiefern?"

„Na ja, manchmal sind ausführliche Behandlungen aufgeführt, mit Datum, Uhrzeit und verwendeter Vorgangsweise, und in anderen Fällen steht gerade ein Datum da, ohne Hinweis auf irgendetwas anderes."

„Aha. Und bei wie vielen Karteikarten gibt es einen Eintrag aus, sagen wir, den letzten drei, vier Wochen?"

„Das ist das Interessante. Bei nicht einmal 20." Pospischil machte ein ratloses Gesicht.

„Irgendjemand Auffälliger darunter?"

„Nein, gar nicht. 16 davon sind Pensionisten, großteils im Alter des Dentisten. Zwei sind praktisch Kinder, die aber wiederum dieselben Namen tragen wie einige der Pensionisten, sodass ich vermute, es handelt sich um deren Enkel. Eine Karte weist einen Hofrat aus, und die letzte ist die von der Walter."

„Sonst niemand?" Zedlnitzky war enttäuscht.

„Das Einzige, was mir aufgefallen ist, ist, dass es da noch eine Karteikarte gibt, die interessanterweise keinen Namen aufweist. Dafür aber das Datum 24. April, verbunden mit dem Kürzel WB, was, wie ich anhand der anderen Karten herausgefunden habe, für Wurzelbehandlung steht. Und ganz oben auf sind drei ganz dicke Rufzeichen."

Zedlnitzky zog die Augenbrauen hoch. „Mister Unbekannt? Das klingt in der Tat spannend."

„Na ja", bremste Pospischil die aufkommende Begeisterung gleich wieder, „vielleicht ist ihm einfach nur der Name entfallen, als er die Karte angelegt hat. Er war ja nicht mehr der Jüngste, der Herr Dentist. Nicht wahr."

„Aber dann hätte er das ja nicht mit der Krankenkassa abrechnen können“, entfuhr es Zedlnitzky.

Pospischil ließ seine Augen aufblitzen.

„Ah, du meinst, unser Herr Dentist hat schwarz … also gegen Cash, so an der Steuer vorbei …?“

„Du, glaubst du ernsthaft, jemand hat gerade einmal zwei, drei Patienten am Tag? Ich glaub’ das nicht. Dafür fährst du nicht mitten in der Nacht quer durch Wien. Der hat sich elegant sein Einkommen aufgebessert, da wett’ ich drauf. Wir sollten uns noch einmal ganz genau in der Ordination umschauen. Vielleicht gibt es da irgendwo einen Safe, wo er die Tausender bunkert.“

„Du, das klingt nicht unlogisch. Wir sollten uns auch seine Konten anschauen. Welche Bewegungen es da gegeben hat in letzter Zeit. Kümmerst du dich um den entsprechenden Beschluss, damit wir die Banken abklappern können?“

Pospischil nickte. „Und die Praxis?“, fragte er nach.

Zedlnitzky blickte auf seine Uhr. Kurz nach drei. „Du, das zahlt sich heute nicht mehr aus. Das machen wir morgen in der Früh. Für heute mach mir noch eine entsprechende Notiz für unseren Bericht, und dann ab mit dir in den Feierabend.“

Pospischil nahm diese Aufforderung dankbar zur Kenntnis. Nachdem er wieder in sein Büro entschwunden war, holte Zedlnitzky seinen Notizblock aus der Schublade und schrieb stichwortartig die jeweiligen Schritte des beinahe abgelaufenen Tages nieder, um für seinen abschließenden Bericht die richtige Gedächtnisstütze zu haben (Ereignisse des Tages, Kernfragen, erste Schritte, bescheidene Ergebnisse und daraus resultierende mögliche Ansätze zur Lösung des Falls).

Als er damit fertig war, zündete er sich eine Zigarette an und lehnte sich zurück. Die Karteikarte mit den Rufzeichen, sagte er sich, konnte eine heiße Spur sein. Allerdings gab es, so gestand er sich ein, auch eine wesentlich banalere Erklärung, wie er aus eigener Erfahrung wusste. Vor zwei Jahren war er mit mörderischen Zahnschmerzen erwacht und in seiner Not zum nächstbesten Arzt gefahren. Natürlich hatte er keinen Krankenschein bei sich gehabt, da er nicht die Kraft aufgebracht hatte, zuvor noch im Personalbüro vorbeizufahren, um sich einen solchen zu besorgen. Die Ordinationshilfe war zunächst abweisend gewesen. Ohne Krankenschein keine Behandlung, lautete ihr Credo. Doch irgendwie schien sie das schmerzverzerrte Gesicht Zedlnitzkys zu dauern, und so hatten sie sich schließlich darauf geeinigt, dass Zedlnitzky eine Kaution von 500 Schilling hinterlegte, die er wiederbekommen sollte, sobald er den Krankenschein nachbrachte. Natürlich war er gleich am nächsten Morgen vorbeigekommen und hatte sich sein Geld zurückgeholt. Doch bis dahin hatte in der Praxis niemand auch nur seinen Namen gewusst.

Vielleicht also war die Karteikarte nur für einen ähnlich armen Hund wie ihn angelegt worden. Mit dem Unterschied, dass dieser entweder seine Kaution nicht retour gefordert oder aber der Dentist vergessen hatte, den Namen des Patienten nachzutragen. Dennoch, schloss Zedlnitzky seinen Gedankengang, Pospischils These hatte etwas für sich. Genug jedenfalls, um ihr nachzugehen.

Hoffnungsfroh wandte er sich wieder der Uhr zu. Nur noch wenige Minuten bis 16 Uhr. Wenn jetzt kein dienstlicher Anruf mehr kam, konnte er Feierabend machen und es sich zu Hause gut gehen lassen. Zwar war er untertags nicht dazu gekommen, seine Frau zu fragen, was es denn zum Abendessen geben würde, aber was es auch sein mochte, es würde sicher gut sein. Er stand auf und leerte den Inhalt des Aschenbechers in den gusseisernen Behälter neben der Bürotür. Beschwingt bog er auf den Gang, ehe er jäh erstarrte. Oberstleutnant Schuchter kam mit erwartungsvoller Miene auf ihn zu.

„Na, Kollege, haben wir schon Ergebnisse im Fall des Dentisten?“

„Noch nicht, Oberstleutnant, aber es schaut für den Anfang nicht schlecht aus. Wir ermitteln in drei Richtungen, persönliches Umfeld, Patienten und finanzieller Hintergrund. Wir ...“

„Mit einem Wort, ihr habt noch gar nichts“, schnalzte Schuchter mit der Zunge. „Na, das könnt ihr ja morgen dem Herrn Staatsanwalt auseinandersetzen. Termin in der Staatsanwaltschaft, morgen 14 Uhr. Viel Spaß bei Mutti.“

Zedlnitzky hätte dem arroganten Grinsen seines Vorgesetzten nur allzu gerne etwas entgegengehalten, doch aus Erfahrung wusste er, dass es klüger war, allfällige Kommentare hinunterzuschlucken. Schuchter klopfte ihm im Vorübergehen auf die Schulter und entschwand in den Weiten des Korridors. Na wenigstens hatte er ihm nicht den Abend verdorben, dachte Zedlnitzky und sah zu, dass er zu seinem Auto kam.

Wie üblich war der Nachmittagsverkehr die Hölle. Die Zweierlinie war bis zum Volkstheater verstopft, und er dachte fieberhaft über Alternativen nach. Als er endlich die Neustiftgasse erreicht hatte, bog er rechts ab und konnte gerade noch einen Bus daran hindern, sich vor ihm wieder einzureihen, was ihn noch mehr Zeit gekostet hätte. So aber gelangte er recht flüssig zur Schottenfeldgasse, wo er den Wagen nach links lenkte, ein beliebter Schleichweg für alle, die sich weder Gürtel noch Zweierlinie antun wollten. Dennoch schlug die Uhr im Wohnzimmer 17 Uhr, als er endlich durch die Wohnungstür trat.

„Papa, Papa, der Peter ist so gemein“, empfing ihn Jackie. Zedlnitzky sah seine Frau fragend an, die schüttelte nur missbilligend mit dem Kopf und verdrehte die Augen. „Jackie, mein Engel“, sagte er in begütigendem Ton, „Papa hatte einen ganz schweren Tag und braucht jetzt ganz dringend Ruhe. Magst du dir nicht was im Fernsehen anschau'n, hmm?"

„Darum geht es ja", stampfte sie mit dem Fuß auf. „Der Peter lässt mich nicht."

Zedlnitzky richtete sich auf. „Na, junger Mann, schon alle Aufgaben gemacht?" Peter wandte seinen Blick nicht von der Flimmerkiste weg.

„Alle", rief er über die Schulter.

„Englischvokabel gelernt?"

Der Sohn zuckte unmerklich zusammen.

„Dachte ich es mir doch!", räsonierte Zedlnitzky. „Und ab!"

„Das ist so typisch!" Der Sohn sprang auf, rannte in sein Zimmer und knallte die Tür hinter sich zu.

Zedlnitzky wartete eine Minute, dann folgte er ihm. Vorsichtig machte er die Tür wieder auf. „Pass auf", begann er, die schmollende Pose des Sohnes ignorierend, „wenn die Kleine um 8 im Bett ist, darfst du mit uns den Hauptabendfilm anschau'n."

„Pah, auch schon was! Ich bin 12! Willst du mich behandeln, als wäre ich ein Kleinkind?"

„Du weißt doch, der Hauptabendfilm ist für mich immer der zweite."

Der Sohn sah ihn hoffnungsfroh an: „22 Uhr 10?"

Zedlnitzky bestätigte. „22 Uhr 10." Um sogleich nachzusetzen: „Also gönn ihr ihren Kasperl oder was immer da gerade läuft. Du bist der Ältere. Sie muss ins Bett, du bleibst bei den Erwachsenen. Na, ist das ein Wort?"

Zögernd, aber doch signalisierte der Junior Zustimmung.

„Gut, dann sind wir uns einig. Was heißt Einigung auf Englisch?"

Peter dachte nach.

„Agreement", flötete Zedlnitzky. „Ich denke, das sind genug Vokabel für heute. Wenn ich Feierabend habe, dann darfst du auch Feierabend machen. Also, viel Spaß derweil. Aber nicht zu laut, hörst du."

Mit einem verschmitzten Lächeln schloss er die Tür und ging ins Schlafzimmer, um sich bequemere Kleidung anzuziehen. Zurück in der Küche genehmigte er sich ein Bier aus dem Kühlschrank und ließ sich auf einen Sessel fallen.

„Pah, das war ein Tag. Eine Leiche in Margareten. Mordopfer. Das wird was werden!" Er steckte sich eine „Smart" an und beobachtete interessiert, wie seine Frau eifrig einen Teig in einer Plastikschüssel rührte. „Was wird denn das, wenn's fertig ist?", fragte er.

„Eiernockerl", sagte sie, „dazu gibt's grünen Salat."

„Den die frechen Lauser wieder nicht anrühren werden", hielt Zedlnitzky resigniert fest.

„Das würde ich ihnen nicht raten, sonst gibt's nachher keine Schokolade."

„Schokolade? Bist du dir sicher, dass das eine gute Idee ist? Ich mein', die Jackie ist doch eh schon ein bissi pummelig."

Frau Zedlnitzky drehte sich um, und die Missbilligung war ihr deutlich anzusehen. „Pummelig? Jetzt mach aber einmal einen Punkt. Und ein bisschen Schokolade hat noch niemandem geschadet."

Wie nicht anders zu erwarten, sah der Esstisch nach dem Abendmahl aus wie ein Schlachtfeld. Jackie hatte Salatöl, Eierreste und Nockerlstücke kreativ um ihren Teller drapiert, um anschließend ihre vollkommen mit Schokolade verklebten Finger am Tischtuch abzuwischen. Zedlnitzky war aufrichtig dankbar, als seine Frau mit der Kleinen in ihr Zimmer ging, wo sie versuchte, sie zum Schlafen zu bringen. Pünktlich um halb acht Uhr kam sie wieder zurück und setzte sich neben Zedlnitzky auf die Couch, während Peter zu ihren Füßen lag, als wäre er ihr Haushund.

Die erste Nachricht des Tages galt den Vorgängen rund um das Kernkraftwerk von Tschernobyl. Obwohl der „Zeit im Bild"-Redaktion nur ein recht unscharfes Foto vom Ort der Katastrophe vorlag, klang der Sprecher überaus besorgt. Und die kalmierenden Aussagen der interviewten Politiker, wonach es keineswegs gefährlich sei, sich auf der Straße aufzuhalten, machten die Sache objektiv noch dramatischer. Kleine Kinder und ältere Menschen, so hieß es nämlich, sollten unnötiges Verweilen im Freien vorläufig vermeiden. Frau Zedlnitzky fuhr hoch und sah ihren Mann direkt an.

„Ich hab' die Jackie heute in die Schule gebracht und von dort wieder abgeholt. Heißt das jetzt, dass sie verstrahlt ist?"

„Ach, Blödsinn. Derweil ist noch gar nichts passiert. Kennst doch die Politiker. Die übertreiben doch immer."

„Na ich weiß nicht. Das klingt schon ziemlich bedrohlich für mich."

Zedlnitzky winkte ab. „Das ist wie mit den Sicherheitsanweisungen in den Flugzeugen. Reine Routine. Vergiss es. Wo ist dieses Tschernodingsbums denn überhaupt! Ewig weit weg. Bis das bei uns ankommt, falls es überhaupt je ankommt, ist das alles schon so verdünnt, das merkst du nicht einmal mehr mit dem Geigerzähler."

Er war sich keinesfalls sicher, dass seine Ausführungen auch nur im Entferntesten der Wahrheit entsprachen, aber sie verfehlten die erhoffte Wirkung nicht. Seine Frau schien ein wenig beruhigt zu sein.

Als zweites Thema behandelte die Nachrichtensendung die Bundespräsidentschaftswahlen, die am kommenden Sonntag anstanden. Die USA hatten, so erfuhr man, den Kandidaten der ÖVP auf die Watch List gesetzt, was bedeutete, dass dieser nicht in die Staaten einreisen durfte. VP-Chef Mock kam ins Bild und kritisierte diese Vorgehensweise als unnötigen und vor allem zutiefst unfreundlichen Akt. Zedlnitzky war all das rechtschaffen egal. Er wusste noch nicht einmal, ob er wirklich zur Wahl gehen würde. Und wenn, dann wählte er sicher nicht diesen Döblinger Schnösel. Wie sagte sein Vater bei jeder Gelegenheit: „Wenn schon Kurt, dann Kurt", womit die SPÖ daran erinnerte, dass auch ihr Kandidat diesen Vornamen trug. Der Mann war spröde und uncharismatisch, aber wenigstens kein eitler Geck, dem die Selbstgefälligkeit aus jeder Pore herausquoll. Und Zedlnitzky überlegte, ob er sich noch ein Bier gönnen sollte.

Irgendwann während des Nachtfilms stand seine Frau unvermittelt auf und begab sich mit einem „Ich glaub', ich geh' schlafen" Richtung Bett. Zedlnitzky sah ihr überrascht nach.

„Peter", schnarrte er, „du weißt, was du zu tun hast. Ich will keinesfalls das Bundesgejeier hören."

Der Sohn hatte verstanden. Wollte er Streit mit dem Vater vermeiden, hatte er den Fernseher vor dem obligat mit der Bundeshymne begangenen Sendeschluss abzudrehen.

Zedlnitzky folgte seiner Frau und schloss hinter sich die Tür. „Alles in Ordnung?", fragte er besorgt.

„Ich weiß nicht. Ich mach' mir Sorgen. Was, wenn da mit der Atomsache wirklich eine Gefahr verbunden ist?"

Zedlnitzky trat näher an seine Frau heran, setzte sich an die Bettkante. „Weißt du, wie weit das weg ist von uns? Denk einmal an diese Atombomben im Zweiten Weltkrieg. Die gingen praktisch neben Tokio nieder. Und wie viele Menschen leben dort völlig unbesorgt und unbeeinträchtigt? Zehn Millionen, zwölf?"

Seine Frau zog eine Grimasse. „Ja, wahrscheinlich hast du eh recht", maulte sie, „aber ich fürchte mich halt."

„Weißt eh", replizierte er und legte dabei seinen Arm um ihre Schulter, „zu Tod gefürchtet ist auch g'storben."

Sie verharrte in Schweigen, während er sanft begann, sie zu streicheln. Sie ließ ihn gewähren. Er küsste ihren Nacken, worauf sie leicht erschauerte und ein wenig zurückzuckte.

Gegen ihren Willen musste sie kichern. „Lass das. Sei nicht albern. Die Kinder …"

„Ach was, Peter ist froh, wenn er allein fernschau'n darf, und Jackie schläft tief und fest", nuschelte er, während er sich ihren Hals entlang zu ihrem Ohr küsste. Seine Hand strich über ihren Rücken, tastete sich dabei langsam zu ihrem Gesäß vor. „Wenn dich etwas zum Strahlen bringt, dann will ich das sein", hauchte er. Dabei war ihm, als würde sie tatsächlich leise schnurren. Er fuhr mit der Hand zwischen Matratze und ihrem Hintern. „Wollen wir nicht ein bisschen …?", fragte er.

„Du", wehrte sie ihn ab, „ich bin echt nicht in Stimmung."

„Aber vielleicht ist das unsere letzte Chance. Ich meine, wenn du recht hast, wer weiß … ." Dabei intensivierte er seine Küsse.

Sie entzog sich ihm. „Sehr romantisch ist das aber nicht!", erklärte sie sachlich. „Auf diese Weise bringst du mich nicht in Stimmung."

„Vielleicht aber auf diese", entgegnete er und zog sie in die Waagrechte. Seine Lippen grasten jeden Quadratzentimeter Haut ihrer Wangen ab, während er gleichzeitig an den Knöpfen ihrer Bluse herumnestelte. Zehn Küsse später war es ihm gelungen, ihre Brüste aus dem BH zu befreien, und die knetete er nun mit Inbrunst, während er sein steifes Genital an ihrem Oberschenkel rieb.

„Paul", flüsterte sie, „ich weiß echt nicht, ob …"

„Aber ich weiß", statuierte er und drückte seine Lippen auf die ihren. Seine Hände wanderten von den Brüsten wieder zu ihrem Hintern, während er abwärts rutschte, um die bloßgelegten Brustwarzen mit seinen Lippen zu umschließen. Er saugte hingebungsvoll an ihnen, und ihre Gänsehaut bedeutete ihm, dass er es richtig machte. Nach einigen Augenblicken bog er seinen Körper durch und nutzte diese Haltung, um ihr die Hosen von den Hüften zu ziehen. Zu seiner

Freude war der Slip gleich mitgerutscht, sodass ihr Unterkörper nackt unter ihm lag. Er küsste sich das Brustbein abwärts, züngelte eine kleine Weile um ihren Bauchnabel herum, ehe er weiter vom Bett herunterrutschte, um mit seinem Gesicht endlich bei ihren Schamhaaren anzukommen. Mehrmals drückte er seine Lippen gegen diese, sich dabei immer näher an ihren Spalt bewegend. Schließlich fuhr er seine Zunge aus und begann mit selbiger den neuralgischen Punkt zu suchen, den es zu lecken galt.

„Paul", kicherte sie, „sei nicht albern. Wir sind da ja nicht in einem Porno." Verwirrt sah er auf, was sie zu einem Lächeln veranlasste. „Wenn du in der Position zu mir aufschaust, wirkt es, als hättest du einen Vollbart. Aber leider machst du keinen sonderlich intelligenten Eindruck dabei." Zedlnitzky war nahe daran, die Lust zu verlieren. Einen Augenblick verharrte er reglos in seiner Stellung, ehe sie ihn aus seiner Starre erlöste. „Na, komm schon, du Dummerchen! Wenn du partout Lust hast, dann fick mich halt."

„Ich will aber, dass du es auch willst", erklärte er trotzig. „Stoß nur richtig zu, mein kleiner Hengst, dann werd' ich schon wollen", ermunterte sie ihn. Zedlnitzky beschloss, dies als konkrete Aufforderung werten. Wild zerrte er an seiner Kleidung, bis es ihm endlich gelang, seinen erigierten Penis aus seinen Hosen zu befreien. Er strampelte ungelenk, wodurch er diese endgültig abstreifen konnte. Auch sie hatte sich mittlerweile gänzlich entkleidet. Noch bevor sie wieder richtig auf dem Bett lag, stieß Zedlnitzky sein Glied auch schon in sie hinein und begann, sich rhythmisch auf und ab zu bewegen.

Während er immer wieder in sie hineinstieß, konzentrierten sich seine Gedanken auf die vielfach gehörten Aussagen, wonach es sich für einen liebenden Mann gehörte, auch an die Frau zu denken. Er durfte also keinesfalls, so sagte er sich, einfach so kommen. Er musste warten, bis sie einen Orgasmus hatte.

Das war leichter gesagt als getan. Schon noch ein paar Stößen war er so scharf, dass er sich jeden Moment entladen konnte. Er wandte seinen Blick von ihren Brüsten ab, die ihn nachhaltig erregten, und starrte stattdessen an die Wand. „Denk an was Fades! Denk an was Fades!“, sagte er sich, während er spürte, wie ihr Becken synchron mit seinen Stößen mitging. Sie krallte ihre Hände in seine Arschbacken, dass es beinahe wehtat, doch die Art und Weise, wie sie ihren Kopf bald nach links, bald nach rechts warf, signalisierte ihm, dass er sie bald dort haben würde, wo er sie haben wollte. Ein paarmal noch halb raus und tief hinein, und sie würde in den Wonnen eines Orgasmus stöhnen, machte er sich Mut.

Sie hob ihren Kopf, knabberte an seinem Kinn und flüsterte dann: „Wenn du kommen willst, dann komm!“ Ein weiteres Mal war er irritiert. „Du kommst nicht?“, keuchte er mit leichtem Schrecken in seiner Stimme. „Ist schon gut, mein Bär. Für mich ist es auch so schön.“

Das waren eigentlich die Worte, die kein echter Mann hören wollte, und eigentlich wäre es nicht verwunderlich gewesen, wenn sein Ständer umgehend in sich zusammengefallen wäre. Doch andererseits war er mittlerweile so geil, dass er sich die Ejakulation unter keinen Umständen versagen wollte. Er verlieh seinen Bewegungen mehr Wucht, während sein Atem immer abgehackter wurde. Er spürte, wie sich seine Eingeweide zusammenzogen, wie seine Hoden kontrahierten, und beinahe war ihm, als könne er mitverfolgen, wie sein Sperma aus seinen Eiern nach oben gepumpt wurde. Er stöhnte tief und aus vollen Lungen, und ein wohliger Schauer durchrieselte seinen Körper.

Einmal noch intensivierte er seine Küsse, die er nicht mehr wohlgezielt setzte. Stattdessen berührten seine Lippen, was immer sie gerade erwischten. Ihr Ohr, ihre Schulter, den Polsterbezug. Aus Erfahrung wusste er, dass er, wenn die

Kinder nebenan waren, seinen Orgasmus auf keinem Fall hinausschreien durfte, und so stellte er sich darauf ein, jeden Moment in den Polster zu beißen. Er führte sein Gesicht ganz nah an ihres: „Gleich kommt's mir", zischte er.

„Kannst du kommen, Mama? Ich fürcht' mich so …"

Zedlnitzky mutierte mitten in der Bewegung zur Statue. Das durfte jetzt einfach nicht wahr sein! Er war so kurz davor, sich zu entladen, und ausgerechnet in dem Augenblick musste Jackie irgendein Problem haben! In Windeseile ging er seine Optionen durch. Wenn er noch ganz schnell ein paar heftige Stöße abgab, dann mochte sich sein Orgasmus immer noch ausgehen.

Doch noch ehe er diesen Plan umsetzen konnte, spürte er ihre Hände auf seinen Schultern, die ihn sanft aber bestimmt von ihr wegdrückten. „Ich komme, mein Engel", sagte sie, und sorgte dafür, dass sich Zedlnitzky abrollen musste. Er kam nicht dazu, irgendeine Reaktion zu zeigen, schon war sie aufgestanden und schnappte ihren Morgenmantel, mit dem sie ihre Nacktheit verhüllte. Er sah ihr mit schier unendlicher Traurigkeit nach und ließ sich dann endgültig auf den Rücken fallen. Sein Blick fiel auf sein immer noch steifes Teil, das einsam wie der letzte Baum in einer Wüstenei in die Höhe stand. „Was mach ich jetzt mit dir", fragte er halblaut. Er seufzte lang und tief, dann griff er sich seinen Morgenmantel und ging ins Badezimmer. Er stieg in die Dusche und drehte am Kaltwasserhahn. Das eisige Nass erlöste ihn von seiner Anspannung, obwohl er sich eingestehen musste, dass dies nicht die Art und Weise von „Entspannung" war, die er sich gewünscht hätte.

Nachdem er sich wieder getrocknet hatte, schlurfte er müde in die Küche und gönnte sich noch ein Bier. Dazu zündete er sich eine weitere „Smart" an. Diese war wie die beiden folgenden still und leise verglüht, ehe er Gesellschaft bekam.

Seine Frau gürtete den Morgenmantel fester zu, als sie sich neben ihn setzte. „Ich glaube, sie schläft jetzt wieder." Dabei legte sie ihre Hand begütigend auf seinen Unterarm.

„Das sollten wir vielleicht auch machen. Wer weiß, wie lange ich morgen arbeiten muss! Und am Nachmittag will mich auch noch der Staatsanwalt sehen. Das brauch' ich wie einen Kropf."

„Na, wenn das so ist, dann koch' ich dir morgen am Abend was Feines. Das hast du dir dann verdient."

Erstmals seit Jackies ungeplantem Auftritt lächelte er wieder. „Ein Beuschel? Mit Semmelknödel?"

„Passt", entgegnete sie knapp. „Nur, da muss ich mir für die Kleinen was Extriges ausdenken. ... Ich weiß schon, für die mach' ich Marillenknödel. Und einen heb ich für dich als Nachspeise auf."

„Zwei", statuierte er mit einem befehlenden Ton, „immerhin habe ich auch zwei Namen."

„Und zwei Eier", sagte sie und fuhr ihm neckisch unter den Morgenmantel, um ihn sanft in die Hoden zu kneifen. Doch falls er gehofft hatte, sie würde ihm eine zweite Chance einräumen, sah er sich getäuscht. „Ich schau' mir jetzt noch das Finale von dem Krimi an, und dann stamper' ich den Peter ins Bett. Das geht eigentlich gar nicht, dass der so lange auf ist."

„Ist ja nur eine Ausnahme, weil er heute so brav war", schränkte Zedlnitzky ein. Er trank den letzten Schluck aus der Flasche und stand dann gleichfalls auf. „Mir reicht's für heute", sagte er im Vorbeigehen, „ich hau mich hin!"

Sie hauchte ihm einen Gutenachtkuss hin, während ihn der Sohn wie üblich ignorierte. Seufzend ließ er sich ins Bett fallen und war eingeschlafen, noch ehe seine Frau zu ihm ins Bett kam.

Linz, 17. Oktober 1946

Über zwei Wochen hatte er sich am Rande des Linzer Bahnhofs versteckt und die Lage gepeilt. Überraschenderweise schien niemand nach ihm zu suchen. Nachdem er die ersten Tage buchstäblich von der Hand in den Mund gelebt hatte, wagte er sich aus seiner Deckung und nahm vorsichtig Kontakt mit anderen Strottern auf, die sich gleich ihm auf dem Gelände aufhielten. Von einem dieser Unglücklichen erhielt er schließlich den entscheidenden Hinweis auf eine Sammelstelle für Kriegsvertriebene. Er nahm also all seinen Mut zusammen und begab sich, da es immer kälter wurde, dorthin.

Mit einer gewissen Bangigkeit ging er zunächst auf der gegenüberliegenden Straßenseite auf und ab. Er versuchte, sich eine Geschichte zurechtzulegen, die nicht sofort als falsch zu durchschauen wäre. Bei den Güterwaggons hatte er erfahren, dass das ganze Frühjahr über Züge aus dem Norden nach Linz gekommen waren, die voll mit sogenannten Sudetendeutschen gewesen waren. Doch konnte er sich jetzt noch als ein solcher ausgeben? Oder war es besser, einen Heimkehrertransport abzuwarten und sich unter diese Leute zu mischen? Nein, so sagte er sich, besser, er streifte gar nicht erst an eine militärische Vergangenheit an, denn dann würde er sicher nach Einheit und Rang gefragt, und dazu gab es vielleicht Listen und andere Aufzeichnungen, sodass er rasch der Lüge überführt wäre.

Vor allem musste er sich einen neuen Namen zulegen. Er sah sich um. Direkt neben der Sammelstelle befand sich ein aufgelassenes Lederwarengeschäft. Waren nicht er und seinesgleichen zäh wie Leder? Er schmunzelte. Er hatte seinen neuen Namen gefunden. Den Vornamen, so beschloss er, behielt er bei, denn bei diesem verriet man sich in der Regel am öftesten, wie er noch aus seiner Zeit bei der „Bandenbekämpfung“ erinnerte. Er atmete noch einmal tief durch, dann betrat er die Sammelstelle.

„Grüß Gott“, sagte er so laut und fest wie möglich. Der dort Dienst tuende Beamte blickte kaum auf. Er nannte seinen neuen Namen. „Ich komm gerade aus Böhmen. Zu Fuß, wie ich zugeben muss.“ Jetzt erst sah ihn der Beamte an. „Aus Böhmen? Jetzt? Wie denn das?“

„Ich bin eigentlich nach Reichenberg zuständig. Deutscher Muttersprache natürlich“, sagte er so ruhig wie möglich, „im März hätte ich mit meiner ganzen Nachbarschaft ausgesiedelt werden sollen, doch da hab’ ich schweres Fieber gekriegt, sodass die böhmischen Ärzte sich nicht sicher waren, woran ich leide. Deshalb bin ich isoliert worden.“

Der Beamte wiegte skeptisch mit dem Kopf. Gerade in Zeiten wie diesen war man auf allen Seiten nicht sehr zimperlich mit Kranken umgesprungen.

„Ich weiß schon“, fuhr er daher fort, „was Sie sich jetzt denken, aber ich hab’ einen Fürsprecher bei den Böhmen g’habt, den was ich von früher gekannt hab’. Daher bin ich in ein Spital gekommen.“

Seitens des Beamten war immer noch keine Empathie zu erkennen.

„Jedenfalls war ich dann fast drei Monate im Spital. Und dann bin ich auf eigene Faust nach Reichenberg zurück und hab’ geglaubt, die haben auf mich vergessen. Dem war aber nicht so.“ Dabei bemühte er sich um eine traurige Miene.

„Das heißt“, ließ sich der Vertreter der Sammelstelle nun endlich vernehmen, „die haben Sie doch noch rausgeschmissen?“

„So sieht’s aus. Und weil jetzt keine Züge mehr fahren, haben sie mir einfach gesagt, ich habe drei Tage Zeit, das Land zu verlassen. Das war vor einer Woche.“

Sein Gegenüber wurde wieder sachlich. „Papiere?“

„Genau das ist das Problem. Die sind mir allesamt abhanden gekommen. Ich hab' im März einen Koffer mit dem Nötigsten packen dürfen, dann bin ich umg'fallen. Und wie ich im Spital aufgewacht bin, war der Koffer weg."

Er bemühte sich, so ruhig wie möglich zu bleiben. Ohne Frage war er nun am entscheidenden Punkt angelangt. Glaubte man ihm diese Geschichte nicht, war er geliefert. Man würde ihn arretieren, wahrscheinlich dabei Fingerabdrücke nehmen, und dann dauerte es höchstens ein, zwei Tage, bis man auch in Linz wusste, wer er eigentlich war. In diesem Fall säße er weitere zwei Tage später im Zug nach Wien, und noch ehe der Monat um war, würde er am Ende eines Strickes baumeln.

Man brauchte keine besondere Menschenkenntnis, um zu erkennen, dass der Beamte mit sich rang. Er fühlte, wie er intensiv gemustert wurde. Der Mann starrte eine Weile auf das flachsblonde Haar, dann auf die stahlgrauen Augen, schließlich auf die Nase.

„Na ja", meinte er schließlich, „wie ein Ostler schauen S' ja wirklich nicht aus. Alsdann, wie war der Name noch einmal?" Er wiederholte ihn und ergänzte: „Genauso wie das Lederwarengeschäft nebenan. Nur halt Wilhelm und nicht Leopold."

Er sah, wie der Bedienstete ein Formular aus einer Schublade zog und den Namen dort in die vorgesehene Zeile eintrug.

„Und aus Reichenberg, sagen S'?"

Er nickte.

„Wann geboren?"

„20. April 1922."

„Beruf?"

Jetzt musste er schnell schalten. Es gab unendlich viele Möglichkeiten, wie er diese Frage beantworten konnte. Welche davon war die plausibelste? Für die Wahrheit gab es jedenfalls keinen Platz, denn er hatte sich nach seinem Schulabschluss im Sommer 1940 freiwillig zur SS gemeldet, bei der er bis zur Kapitulation aktiv gewesen war.

„Ich war Theologiestudent an der Karlsuniversität in Prag“, kam es plötzlich aus seinem Mund. Kaum war der Satz im Raum verhallt, merkte er, wie er zu schwitzen begann. Was, wenn sich sein Gegenüber mit der Kirche auskannte? Allein schon die Frage nach den sieben Sakramenten würde ihn heillos überfordern.

„Pfarrer haben wir aber selber genug“, kam es gelangweilt, worauf er sich ein klein wenig entspannte. „Und eingezogen sind S' nicht worden?“

Am naheliegendsten wäre es nun gewesen, zu behaupten, er habe es auf der Lunge. Damit wäre auch seine vorgebliche Erkrankung im März hinreichend erklärt. Doch er wusste, dass man allerorten wahnsinnige Panik vor Lungenkranken hatte, sodass in diesem Fall die Möglichkeit bestand, dass man ihn gleich wieder wegschickte.

„Wollten sie mich eh. Im 42er-Jahr, wie das Priesterseminar in Strachov geschlossen worden ist. Aber g'rad' da hab' ich mir bei einem Verkehrsunfall beide Beine gebrochen und war danach nicht mehr kriegsdienstverwendungsfähig.“

Auf diese Behauptung war er direkt stolz. Immerhin hatte er fünf Monate im Lazarett gelegen, nachdem er beim raschen Rückzug aus dem Kursker Bogen im Juli 43 von einem Kübelwagen überfahren worden war. Die Narben konnte er immer noch herzeigen. Doch der Beamte zeigte nicht die von ihm erwartete Reaktion. Vielmehr legte der den Kopf schief.

„Na gut, das erklärt vielleicht die Zeit bis Sommer 43. Und dann? Immerhin hatten wir ja auch den Volkssturm, nicht wahr?“

Der Schweiß wurde wieder stärker. Der Mann war wirklich verdammt hartnäckig, und er gestand sich ein, sich die ganze Sache leichter vorgestellt zu haben.

„Ich hab' dann im Wehrkreiskommando VIII in Breslau Dienst in der Schreibstube gemacht. Und als der Iwan ..., also die Rote Armee vorgerückt ist und ich doch noch an die Front hätte gehen sollen, hab' ich mich selbst nach Hause entlassen. ... Ich war nicht so für's Kämpfen, wie Sie sich bei jemanden denken können, der sich eigentlich zum geistlichen Herrn berufen fühlte."

„Von Breslau nach Reichenberg? Das ist aber ein weiter Weg für einen Fußmaroden", verhehlte der Beamte seine Skepsis nicht.

„Ja. Ungefähr 180 Kilometer. Über Hirschberg, Harrachsdorf und Tannwald. Aber damals, Anfang 45, sind ja viele Trecks in dieser Richtung unterwegs gewesen. Zu Fuß gehen musst' ich selten."

Anscheinend hatte er den richtigen Ton getroffen, denn der Mann gab seinen Widerstand auf.

„Also, was schreiben wir da jetzt? Student?"

Er nickte wiederum.

„Gut. Da haben S' ihren provisorischen Ausweis. Der gilt aber nur für die amerikanische Zone, gelt. Also passen S' auf, dass nicht auf einmal auf der Donaubrücke auf der falschen Seite stehen, sonst sind S' auch gleich weg."

Ein drittes Nicken, so fand er, konnte nicht verkehrt sein.

„So, und da haben S' Bezugsmarken. Mit denen kriegen S' was zum Essen. Und an Ihrer Stell' würd' ich die Tage einmal beim Magistrat vorbeischau'n und einen Antrag auf Einbürgerung stellen, damit das Kind einen Namen hat. Weil seien wir uns ehrlich, Reichenberg werden S' wahrscheinlich lang nimmer sehen."

Und zum vierten Mal nickte er.

Nach einem kurzen Zögern drehte er sich um und wandte sich dem Ausgang zu.

„Was werden Sie jetzt machen?“, hörte er die Stimme des Mannes in seinem Rücken.

Im Gehen zuckte er mit den Schultern. „Ich weiß nicht“, sagte er über die Schulter, „vielleicht studieren.“

Der Beamte lachte trocken. „Aber nicht Theologie. Denn …“

„Ich weiß“, sagte er nur, „Pfarrer habt ihr hier genug.“

Wenige Augenblicke später stand er wieder auf der Straße und blickte in die milchige Oktobersonne. Auf seinem Gesicht zeigte sich ein Lächeln. Der Anfang war getan. Nun würde er seine Lebensmittelmarken eintauschen. Endlich wieder einmal etwas Ordentliches essen. Allein dafür hatte es sich gelohnt.

30. April 1986

Zedlnitzky war umfassend überrascht. Er stand in seinem Badezimmer und putzte sich die Zähne, als es an der Tür läutete. Instinktiv führte er die linke Hand in sein Gesichtsfeld, um die Uhrzeit ablesen zu können, doch erblickte er nur ein paar Haare. Er schalt sich schweigend einen Deppen und griff dann nach der Armbanduhr, die sich, nachdem er sie vor dem Duschen abgelegt hatte, locker-lässig an das Pitralon anlehnte. 7 Uhr 10! Wer um Himmels Willen konnte das sein? Er sah an seinem Körper abwärts und registrierte, dass er außer der Feinripp-Unterhose nichts am Leibe trug. Doch wer um diese nachtschlafende Zeit vor der Tür stand, musste einen solchen Anblick eben ertragen.

Noch immer mit der Zahnbürste in der Hand marschierte er durch das Vorzimmer und öffnete die Wohnungstür. Vor ihm standen zwei Männer in blauer Gewandung, die ihn sichtlich irritiert musterten, ehe sie dann doch zur Sache kamen.

„Tag! Post. Wir waraten da wengan Telefon!"

Dabei bemühte sich der Sprecher um ein freundliches Grinsen.

Zedlnitzky ließ die beiden nicht aus den Augen, während er den Kopf leicht nach hinten bewegte.

„Hat unser Telefon ein Problem?"

Frau Zedlnitzky hatte die vergangenen Minuten offenbar dazu benützt, sich einen Morgenmantel anzulegen, dessen Gürtel sie eben verknotete, als sie sich ihrem Gatten näherte.

„Ja, Bärli, das hab' ich ganz vergessen, dir zu sagen. Wir kriegen einen neuen Apparat."

Und wie aufs Stichwort hielt der andere der beiden Männer ein weinrotes Stück Plastik in die Höhe, an dem Zedlnitzky sofort die schwarzen Tasten auffielen.

Adieu, Wählscheibe, dachte er. Laut aber sagte er: „Na dann nur herein in die gute Stube."

Die beiden Männer traten ein, wobei der Jüngere anmerkte: „'s wird ned lang dauern. So was is ruckzuck erledigt."

Der andere wiederum fragte: „Wo is' denn die Buchsn?"

Wortlos deutete Zedlnitzky auf die entsprechende Ecke.

Seine Frau wiederum erinnerte sich an ihre gastgeberischen Pflichten: „Wollen S' vielleicht einen Kaffee, die Herren?"

Zedlnitzky war sich sicher, dass der Junior gern genickt hätte, doch der Senior antwortete für beide: „Vielen Dank, aber das is' ned notwendig, wir sind's ja gleich."

Während Zedlnitzky wieder damit begann, gedankenverloren zwischen seinen Zähnen herumzustochern, beobachtete er aufmerksam das Tun der beiden Postbeamten. Diese zogen irgendein Kabel aus seiner Verankerung, entfernten den alten beigen Apparat und hängten den neuen an.

„Was haben Sie da für eine Telefonnummer?", fragte der Senior über die Schulter. „64 19 773", antwortete Zedlnitzky nuschelnd.

Der Junior zog ein weiteres Gerät aus seiner Tasche und gab ganz offensichtlich die genannte Nummer ein. Voilà, es läutete.

„Passt", sagte der Senior vernehmlich, ehe er sich aus seiner hockenden Stellung wieder aufrichtete. „Sie werden sehen", wandte er sich an Zedlnitzky, „im Prinzip ändert sich gar nicht. Nur, dass sie jetzt nimmer ihren Finger in ein Loch stecken, sondern einfach die entsprechende Zahl drücken."

Zedlnitzky gab durch ein stummes Nicken zu verstehen, dass ihm dies bewusst war.

Sein Gegenüber lächelte. „Jetzt heißt's nie mehr besetzt", statuierte er.

Zedlnitzky brauchte ob der frühen Stunde ein paar Augenblicke, ehe er begriff, worauf der Mann hinausgewollt hatte.

„Ah nein“, murmelte er mit Zahnpasta im Mund, „das war eh kein Vierteltelefon mehr. Wir haben schon seit drei Jahren einen ganzen Anschluss.“

Er war sich nicht sicher, ob der Postler ihn verstanden hatte, doch seine Frau sprang eilfertig in die Bresche: „Mein Mann ist bei der Kriminalpolizei“, sagte sie stolz.

„Ah“, machten die beiden Techniker, „na dann, viel Spaß mit dem neuen Apparat, Herr Inspektor.“

Just in diesem Moment läutete es. Unweigerlich zog Zedlnitzky die Augenbrauen hoch und blickte die beiden Postbediensteten fragend an.

„Abheben is gleich blieben“, griente der eine glucksend.

Zedlnitzky verkniff sich ein knurrendes „Haha“ und nahm das Gespräch an. Sein Vater war am Apparat, der seit über 30 Jahren ebenfalls Dienst bei der Exekutive tat. Nur noch beiläufig hörte er das „Sie brauchen uns ja eh nimmer“ der beiden Postler und konzentrierte sich stattdessen auf das Gespräch, während seine Frau die Männer hinausgeleitete und, wie er gerade noch wahrnahm, jedem einen Zwanziger in die Hand drückte. Als sie die Tür geschlossen hatte, sah er sie tadelnd an, während sie nur entschuldigend die Schultern hob.

„Na, was gibt's?“, hörte er sich schließlich sagen.

„Weißt eh, morgen ist wieder 1. Mai“, begann der Vater.

Zedlnitzky verdrehte die Augen. Er wusste genau, was der Herr Papa damit meinte. Die SPÖ, die Wien seit 1945 ohne Unterbrechung regierte, veranstaltete an diesem Tag ihren traditionellen Aufmarsch über den Ring. Der allein war ja durchaus zu bewältigen, denn vom Karlsplatz bis zum Rathaus waren es wohl kaum zwei Kilometer. Aber, ebenfalls aus Tradition, traf sich die jeweilige Bezirksgruppe bereits Stunden vor der offiziellen Kundgebung vor ihrem jeweiligen Sekretariat, um sodann gemeinsam in die Innenstadt zu marschieren, was in ihrem Fall bedeutete, dass noch etliche Kilometer dazukamen.

Bis vor wenigen Jahren hatte sich die Favoritner SPÖ Jahr für Jahr vor dem Arbeiterheim in der Laxenburger Straße getroffen, doch seit dieses in ein Schicki-Micki-Hotel umgewidmet worden war, befand sich der Sammelpunkt vor einem trostlosen Neubau in der Troststraße, wodurch der Straßenname einer Verhöhnung gleichkam. Von dort ging es dann die ganze Laxenburger Straße hinunter bis zum Gürtel, wo man in die Favoritenstraße einbog, der man dann bis zur Wiedner Hauptstraße folgte, ehe man die letzten Meter bis zum Karlsplatz auf ebendieser zurücklegte. Vor allem aber musste man den ganzen Weg nach der Kundgebung noch einmal per pedes zurücklegen, da am 1. Mai die öffentlichen Verkehrsmittel – auch dies eine Tradition – nicht verkehrten. Zedlnitzkys Schwager, ein stolzer Straßenbahner, erinnerte bei dieser Gelegenheit stets daran, dass sich seine Zunft dieses Vorrecht in harten Auseinandersetzungen mit der Monarchie erkämpft habe. „Am 1. Mai is immer frei. Und des wird aa so bleiben, weil am 1. Mai geh'n wir immer demonstrieren. Das hat uns nur der Faschismus g'nommen. Sonst nimmt uns das niemand." Zedlnitzky gönnte seinem Schwager diese Errungenschaft von Herzen. Die 20 Kilometer pure Hatscherei hätte er sich trotzdem gerne erspart. Doch da war sein Vater vor.

Vor allem aber hieß der 1. Mai „Familiennachmittag". Im Anschluss an die offiziellen Feierlichkeiten begab sich der ganze Zedlnitzky-Clan in die Gemeindewohnung des Vaters, um dort bei Kaffee und Kuchen zu politisieren, wie es der Vater nannte. Klatsch und Tratsch traf es weit eher, fand der Sohn, der sich noch mit Schrecken an die Treffen vor wenigen Jahren, als die Eltern noch nicht in der PAHO gewohnt hatten, erinnerte. Bis Ende der 70er-Jahre waren sie in jener Zinskaserne in der Hasengasse gleich hinter dem Waldmüllerpark untergebracht gewesen, in der Zedlnitzky groß geworden war. Während der Vater weiterredete, entstanden in

Zedlnitzky Bilder aus jenen vergangenen Tagen. Er dachte an den stets besoffenen Hausmeister namens Blahowec und dessen mehr als promiskuitive Gattin, an den cholerischen Elektriker im zweiten Stock und an die enervierend keifende Kvapil, die niemanden auch nur die allergeringste Lebensfreude gegönnt hatte – sie selbst mit eingeschlossen.

Doch diese Zeiten waren längst Geschichte. Die Wohnung in der Alaudagasse wies einen schönen Balkon auf, der einen netten Blick auf den Ententeichpark bot, und wenn es das Wetter zuließ, dann saß man dort bis zum Abend, wo man sich bei Gegrilltem labte und so manche Bierflasche um ihren Inhalt brachte.

„Marschiert's ihr morgen überhaupt", fragte er, „ich mein', wegen der radioaktiven Wolke, die sich angeblich auf uns zubewegen soll."

„Ach was", ließ sich der Vater vernehmen, „das ist doch nur dummes Gerede von den Umweltschützern. Die glauben, sie haben jetzt wieder Oberwasser. Die wollen das ja nur groß aufblasen, damit die Freda wenigstens ein paar Stimmen abstaubt."

Auch wenn Zedlnitzky sich nicht sonderlich für Politik interessierte, wusste er natürlich, worauf sich sein Vater bezog. Seit den Auseinandersetzungen um die Hainburger Au vor eineinhalb Jahren war im Lande eine neue Partei entstanden, die sich selbst als „grün" bezeichnete. Diese hatte eine SPÖ-lerin, die mit ihrer eigenen Partei gebrochen hatte, aufs Schild gehoben, die nun ebenfalls um die Bundespräsidentschaft ritterte, was ihr die ehemalige politische Heimat natürlich übel nahm. Allgemein wurde damit gerechnet, dass sie kaum mehr als 100.000 Stimmen erhalten würde, doch mit der um sich greifenden Angst vor der Atomwolke mochte es vielleicht anders kommen.

„Die wollen uns doch nur unser Zwentendorf vermiesen",

fuhr der Vater einstweilen fort, der es offenbar immer noch nicht verwunden hatte, dass die SPÖ vor acht Jahren die Abstimmung um die Inbetriebnahme eines eigenen Kernkraftwerks in Österreich verloren hatte. Seitdem war vor allem die Gewerkschaft nicht müde geworden, das völlig betriebsfertige Kraftwerk doch noch irgendwie seiner Bestimmung zuführen zu können. Sogar ein eigenes Volksbegehren hatte sie gestartet, doch mit diesem Unfall in Russland war damit nun wohl endgültig Schluss.

„Dann läuft morgen also alles wie geplant?"

„Aber sicher. Da fährt die Eisenbahn drüber", gab sich der Vater überzeugt.

„Gut! Wann und wo?" Zedlnitzky bemühte sich, nicht allzu resigniert zu klingen.

„Weil ich euch kenn', wartet um ½ 9 am Südtiroler Platz und reiht euch dort ein." Zedlnitzkys Gesicht zeigte den Ansatz eines Lächelns. Wenigstens zwei Kilometer konnte er sich ersparen.

„Wir werden da sein", versprach er.

„Und danach, wisst's eh …"

„Klaro. Ehrensache", kürzte Zedlnitzky das Verfahren ab. „Bis morgen, weißt eh, ich muss dann in den Dienst."

„Schon klar. Alsdann. Bis morgen", verabschiedete sich der Vater.

Zedlnitky legte auf und ging in die Küche, wo er den zwischenzeitlich von seiner Frau zubereiteten Kaffee dankbar entgegennahm. Im Radio schmetterte die EAV ihren Märchenprinzen und behauptete, dass es bei den Mädels „tilt is, wenn man riecht als wie ein Iltis".

Gleich danach erläuterte der Moderator des Ö3-Weckers, dass die EAV zwar nicht mehr auf Platz 1 der „Großen 10" sei, aber immer noch das Zeug zum Superhit des Jahres habe, was auch, wie er hinzufügte, für die nächste Scheibe gelte. Tatsächlich erkannte Zedlnitzky die charakteristische

Stimme von Hansi Hölzel alias „Falco“, der mit „Jeanny“ die Hitparade vor der EAV angeführt hatte. Zedlnitzky hätte lieber die zwischenzeitliche Nummer eins von Hans Orsolics gehört, denn „Mein potschertes Leb'n“ passte, so fand er, perfekt zu diesem Morgen.

Der Verkehrsfunk erinnerte ihn daran, dass er abermals spät dran war. Hektisch stürzte er den Rest seines Heißgetränks hinunter, dann eilte er zurück ins Schlafzimmer, um sich fertig anzuziehen. Im Vorübergehen tätschelte er die Hinterköpfe seiner Kinder, hauchte seiner Frau einen Kuss auf die Wange und enteilte ins Stiegenhaus. „Bloß nicht noch einmal zu spät kommen“, sagte er sich, während er in den Wagen sprang.

Als er am Portier vorbei dem Lift zustrebte, zeigte die große Uhr des Sicherheitsbüros eine Minute nach acht. Im Büro angekommen, wusste er nicht so recht, womit er beginnen sollte. Er steckte sich eine „Smart“ an und ging über den Gang, um sich einen Kaffee zu holen. Wieder an seinem Schreibtisch, sah er sich die Patientenkarte des Hofrats an. Zu seiner freudigen Überraschung fand sich darauf dessen Büronummer. Kurzerhand griff er zum Hörer und wählte die angegebene Kombination. Der Mann meldete sich umgehend.

„Hofrat Tibold am Apparat.“

„Begrüße Sie, Herr Hofrat. Gruppeninspektor Zedlnitzky, Sicherheitsbüro Wien. Wie Sie vielleicht schon wissen, wurde gestern der Herr Dinotti ermordet aufgefunden …“

„Ja, ich hab's in der Zeitung gelesen.“

Zedlnitzky schlug sich stumm mit der flachen Hand auf die Stirn. Er hatte sich keinen Deut um die Medien geschert. Die galt es wohl auch zu sichten. Derweilen fuhr der Hofrat fort.

„Er war mein Dentist. Scheußliche Sache. Wie kann ich Ihnen behilflich sein?“

„Nun, Herr Hofrat. Seit wann waren Sie denn beim Herrn Dinotti als Patient?"

„Och, sicher schon zehn Jahre oder mehr. Ich habe damals am Mittersteig gewohnt, und da war er die nächste Adresse. So hat sich das ergeben. Aber ich war, ehrlich gesagt, nicht allzu oft bei ihm. Zum Glück habe ich gute Zähne."

„Wann waren Sie das letzte Mal bei ihm?"

„Lassen Sie mich nachdenken. Das war irgendwann Anfang des Jahres ..."

Zedlnitzky blickte auf die Karteikarte. „4. Februar" war dort vermerkt.

„Eine Plombe war mir rausgefallen. Die hat er ersetzt."

Diese Auskunft stimmte mit dem Eintrag überein. Und wenn er ehrlich zu sich selbst war, dann würde er einen Arztbesuch auf Zuruf auch nicht genauer verorten können.

„Und wie war er so, der Herr Dinotti?"

„Ach, eigentlich ganz in Ordnung, würde ich sagen. Ich meine, er war kein Künstler in seinem Fach, aber für meine Zwecke war es immer ausreichend. Und seine Witze, na ja, da habe ich an anderer Stelle mehr gelacht. Aber vielleicht lag es auch an der Umgebung."

Zedlnitzky musste gegen seinen Willen schmunzeln. Ein Pappenschlosser, der Witze riss – das konnte nicht gut gehen. Wer vermochte schon zu lachen, wenn man ihm mit einem Bohrer in den Mund fuhr?

„Und Privates? Hat er sich je über Privates mit Ihnen unterhalten?"

„Nicht, dass ich wüsste. ... Doch, warten Sie, einmal erwähnte er seine Tochter, erzählte, dass sie ein Tanzstudio leitete oder so etwas. Aerobic, Sie wissen schon, diese Jane-Fonda-Sache."

„Und bei Ihrem letzten Besuch vor drei Monaten, wirkte er da irgendwie anders? Bedrückt oder so?"

„Nein, könnte ich nicht sagen. Putzmunter wie immer."

„Na gut, Herr Hofrat, entschuldigen Sie die Störung. Das war's auch schon wieder. Noch einen guten Tag zu wünschen."

„Gleichfalls."

Die Verbindung wurde beendet. Zedlnitzky wusste, dass er sich unbedingt noch einmal mit der Ehefrau unterhalten musste, doch dazu war es unabdingbar, erneut hinaus nach Liesing zu fahren. Dem wollte er sich gern vorerst entziehen, da er ja um 14 Uhr beim Staatsanwalt anzutanzen hatte, und da war es sinnvoll, sich zuvor ein wenig zu wappnen.

Sein größtes Problem, so gestand er sich ein, war, dass er die Person des Mordopfers so gar nicht fassen konnte. Was war dieser Dinotti für ein Mensch gewesen? Wo ließen sich aussagekräftige Informationen über ihn einholen? Er dachte nach. Gab es da nicht auch so etwas wie eine Ärztekammer für Zahnklempner? Er fuhr mit seinem Drehsessel zurück und schob seinen Aktenschrank auf. Dort lagen sie. Die gesammelten Werke der Bundespost. Vier dicke Bände, die gemeinsam das Wiener Telefonbuch ausmachten.

Unweigerlich erinnerte er sich an den alten Witz, wonach die Wiener intelligenter als die Bewohner der Bundesländer seien, denn Letztere besäßen nur zwei Bücher, das Telefonbuch und die Bibel, während die Wiener gleich fünf Bücher besitzen würden: das SPÖ-Parteibuch und dann die Telefonbuch-Bände A bis H, I bis Q, R bis Z und das Branchenverzeichnis.

Er griff zu Letzterem und blätterte zum Buchstaben „K". Dort suchte er nach „Kammer", wo er die Aufforderung vorfand, unter „A" nachzusehen, und er wollte schon wieder nach vorne blättern, als er im letzten Augenblick noch den Eintrag der Dentistenkammer erspähte, die am Kohlmarkt saß. Entschlossen schrieb er die angegebene Nummer ab und rief sodann dort an.

Nachdem abgehoben worden war, nannte er wieder seinen Namen und sein Begehr. Ob es, so fragte er, denn genauere Unterlagen über den Herrn Dinotti gäbe.

„Wir haben einen eigenhändig von ihm verfassten Lebenslauf da, falls Ihnen das weiterhilft, Herr Inspektor. Sonst muss ich leider passen, da gibt's dann nur noch ein paar dürre Mitteilungen über diverse Fortbildungen und soziale Aktivitäten im Rahmen der Kammer. Da wird er nur namentlich erwähnt, das ist also nicht sehr ergiebig."

„Der Lebenslauf wär' nicht uninteressant. Wie komme ich an den?"

„Haben S' ein Fax?"

„Aber sicher, wir sind ja eine Bundesdienststelle. Warten S' bitte einen Moment." Er hielt die Sprechmuschel zu und brüllte ins Nebenzimmer: „Pospischil! Wie geht unsere Faxnummer noch einmal?" Gleich danach wurde hörbar ein Sessel zurückgeschoben, dann vernahm er ein Schlurfen und nach einer halben Ewigkeit kam die erwünschte Rückmeldung.

Zedlnitzky gab das Gehörte ans andere Ende der Telefonleitung weiter.

Zwanzig Minuten später knatterte das Gerät im Nebenzimmer laut und vernehmlich. Pospischil stöhnte, stand ein weiteres Mal auf und legte die übermittelte Sendung schließlich auf Zedlnitzkys Tisch. Dieser zündete sich die zweite Bürozigarette des Tages an und begann zu lesen.

Dinotti, so entnahm er dem Schreiben, hatte schon vor dem Zweiten Weltkrieg als Dentist praktiziert. 1938 hatte er im Alter von 24 Jahren eine Praxis in der Seegasse im neunten Bezirk eröffnet. Allerdings schien er gezwungen worden zu sein, diese Ende 1939 wieder zu schließen. Im Februar 1940 wurde er, so stand es in dem Dokument geschrieben, von der Gestapo verhaftet. Angeblich hatte er nazifeindliche Äußerungen in der Öffentlichkeit getätigt. Seinen eigenen Angaben zufolge verurteilte ihn der Volksgerichtshof im

Mai 1941 zu zehn Jahren Gefängnis, und wenig später sei er nach Stein an der Donau verbracht worden. Dort habe er das Kriegsende nur aus purem Glück erlebt, weil es ihm gelungen sei, sich beim Massaker, dass die SS noch in den letzten Kriegstagen unter den Häftlingen veranstaltet hatte, tot zu stellen.

Zurück in Wien sei er um die Bewilligung einer Opferrente eingekommen, die ihm allerdings nicht genehmigt worden war, da er, wie er ausführte, ja noch arbeitsfähig war. Allerdings hätten ihm jedwede Mittel gefehlt, um wieder auf die Beine zu kommen, weshalb er bis 1956 habe warten müssen, ehe er wieder eine Praxis eröffnen konnte, diesmal in der Krongasse im fünften Bezirk. Schließlich verwies Dinotti noch darauf, dass er seit 1950 verheiratet und Vater einer Tochter sei.

Zedlnitzky kratzte sich am Hinterkopf. Ein SS-Massaker in Stein? Davon hatte er noch nie gehört. Und wieso war ein Widerständler überhaupt in Stein gelandet? Hatte man die nicht alle in Konzentrationslager gesteckt? Er grübelte, wen er in dieser Sache um Rat fragen konnte. Nachdem er seine Zigarette ausgedämpft hatte, schnappte er sich einen Kugelschreiber und ringelte die entsprechende Passage in dem Lebenslauf ein. Dann rief er ein weiteres Mal nach Pospischil.

„Bring mir die Zeitungen von heute! Ich will wissen, was die über unseren Toten schreiben."

Es verging eine halbe Ewigkeit, ehe der Kollege in Zedlnitzkys Büro erschien. Er legte Exemplare der „Krone", des „Kurier", der „Presse", der „AZ" und der „Volksstimme" auf den Tisch.

„Die Wiener Zeitung liest g'rad der Chef. Aber die schreiben in der Regel eh nix über Mord und Totschlag. Die sind ja seriös." Dabei lächelte Pospischil maliziös.

„Seriös" in Pospischils Sinne war offenbar auch die „Presse", denn auch nach mehrmaligem Durchblättern fand

Zedlnitzky keinen Bericht über den Mordfall. Ziemlich spartanisch auch die Meldung in der kommunistischen „Volksstimme“: „Gestern morgen wurde die Leiche des 71-jährigen Dentisten Walter D. in Wien-Margareten gefunden. Die Polizei geht von Mord aus. Mit der Aufklärung des Verbrechens ist das Wiener Sicherheitsbüro betraut.“

In der sozialistischen „AZ“, der „Arbeiter-Zeitung“, war man schon ein wenig ausführlicher. „Bestialisches Verbrechen in Wien-Margareten“, lautete der Titel. Und in dieser Tonart war auch der Artikel selbst gehalten. „Der fünfte Wiener Gemeindebezirk wurde gestern Zeuge eines abscheulichen Verbrechens. Der 71-jährige Dentist Walter Dinotti wurde am frühen Morgen von einer Patientin tot in seiner Praxis aufgefunden. Dem verdienten Mediziner wurde, so die Auskunft der Polizei, brutal der Schädel eingeschlagen. Ein Motiv für die Wahnsinnstat konnte bislang ebenso wenig eruiert werden wie der Täter selbst. Innenminister Karl Blecha zeigte sich jedoch davon überzeugt, dass es der Wiener Polizei rasch gelingen werde, das Verbrechen aufzuklären. Nicht umsonst sei Wien eine der sichersten Städte der Welt.“

Zedlnitzky musste schmunzeln. Nur ein Parteiblatt konnte auf die Idee kommen, bei einer solchen Gelegenheit gleich den Innenminister vor den Vorhang zu bitten. Neue Erkenntnisse hatte er aus seiner Lektüre jedenfalls nicht gewonnen. Er legte die „AZ“ weg und griff zur „Krone“. Wenig später musste er sich eingestehen, dass beide Blätter mehr oder weniger denselben Stil gepflegt hatten, doch ihre Schlussfolgerungen waren gänzlich andere. So endete die reißerisch mit ein paar Fotos aufgemachte Story der „Krone“ mit der tiefen Sorge um die Sicherheit der Wiener Bevölkerung: „Will es sich die Wiener Polizei angelegen sein lassen, den Wienerinnen und Wienern nicht den Schlaf zu rauben, dann muss sie schleunigstens den brutalen Mörder dingfest machen. Nicht nur die Redaktion der Kronen Zeitung, die ganze Stadt erwartet Ergebnisse. Und das schnell."

Na bitte! Zedlnitzky war sich sicher, diesen Satz heute noch einmal zu hören. Aus dem Munde des Staatsanwalts nämlich. Er seufzte und griff sich schließlich noch den „Kurier", dessen Geschichte ähnlich groß aufgemacht war wie jene der „Krone", wobei hier aber ohne markige Worte ausgekommen worden war. Für Zedlnitzky bedeutete dies freilich, dass er sich das Lesen der Zeitungen hätte ersparen können, denn klüger war er dadurch nicht geworden. Er zündete sich die dritte „Smart" an und blickte auf die Uhr. Knapp nach 10. Noch runde 100 Minuten bis zur Mittagspause.

Zedlnitzky griff nach einer weiteren Zigarette. Der Fall war gerade einmal einen Tag alt, doch er hasste ihn bereits mit jeder Faser seines Körpers. Er erinnerte sich an die seinerzeitigen Kurse während der Ausbildung zum Kriminalbeamten. Dreh- und Angelpunkt einer Tat sei immer das Motiv, hieß es damals. Wer, bitte schön, sollte ein Motiv haben, einen 70-jährigen Zahnarzt ins Jenseits zu befördern? Zedlnitzky pfiff durch die Zähne. Wenn man die Sache klassisch betrachtete, kam nur die Tochter infrage. Vielleicht war die mit ihrem Tanzstudio in der Bredouille, sodass sie auf eine Erbschaft hoffen musste. Wer weiß, vielleicht waren sich die beiden ja ohnehin schon die längste Zeit spinnefeind gewesen. Der Vater hatte sich möglicherweise breitschlagen lassen, ihr immer wieder Geld für ihr Studio zu geben, und irgendwann wollte er sich halt nicht länger melken lassen. Sie ruft ihn an, bettelt um weitere Unterstützung, vereinbart einen Termin frühmorgens in der Ordination. Er weigert sich, ihr weiter zu helfen, rät ihr zum Konkurs, sie sieht rot und erschlägt ihn. Das wäre ein durchaus möglicher Tathergang. Jedenfalls ein wesentlich wahrscheinlicherer als die These, irgendein Freund oder Bekannter habe ihm Geld geschuldet. Man würde kaum einen Termin mit einem weniger eng verbundenen Menschen um eine solche Uhrzeit machen, zumal, wenn man gleich danach einen Patienten erwartete, anschließend aber den ganzen Tag Zeit hatte. Nein, die eigene Tochter war eigentlich die einzige Person, für die man eine solche Ausnahme machen würde.

Er schob seinen Sessel etwas von seinem Schreibtisch weg. „Pospischil", rief er, „haben wir schon was in der Bankensache?"

Aus dem Nebenzimmer drang Rumoren. Dann Geraschel. Schließlich das enervierend quietschende Geräusch eines Sessels, der zurückgeschoben wurde. Bruchteile einer Minute später tauchte Pospischil im Sichtfeld seines Kollegen auf.

„Also, wie es ausschaut, hat der Dinotti nur zwei Konten gehabt. Ein Privatkonto bei der Z und ein Sparbuch bei der Post. Ich habe alle relevanten Banken abgefragt, sonst fand er sich nirgendwo."

„Und, wie sieht es bei den beiden Konten aus?"

„Na ja, das bei der Z ist so ein Girokonto. Von dort gehen die ganzen Zahlungen ab. Da ist nicht sonderlich viel drauf. Aber das Sparbuch bei der Post weist einen Betrag von mehr als 100.000 Schilling auf."

Zedlnitzky stieß einen Pfiff aus. Wie konnte ein gewöhnlicher Dentist so reich geworden sein? Er sah seine Gedanken hinsichtlich der Tochter bestätigt. Doch gleich darauf verschwand sein Triumphgefühl wieder. Mutmaßlich würde das Erbe zu gleichen Teilen an die Mutter und die Tochter gehen. Und mordete man für 50.000 Schilling wirklich den eigenen Vater?

„Kannst du dir noch die finanziellen Verhältnisse der Tochter anschauen, dieser Pia?"

Pospischil machte große Augen. „Du meinst, die hat …?"

Zedlnitzky wiegelte ab. „Vorerst einmal reine Routine. Ich will nur wissen, ob die überhaupt ein Motiv haben könnte. Du weißt schon, Ausschließungsprinzip …" Dabei lächelte er schmal.

Pospischil nickte und kehrte wieder in sein Zimmer zurück. „Das erledige ich gleich", sagte er über die Schulter, „die entsprechenden Telefonnummern habe ich ja schon."

Irgendwie, so gestand sich Zedlnitzky ein, war ihm die Tochter sympathisch gewesen. Doch von derlei Emotionen durfte er sich nicht leiten lassen, sonst hatte er in seinem Beruf nichts verloren. Allerdings, und auch das war ein bemerkenswertes Faktum, blieb das Opfer für ihn nach wie vor ein Buch mit sieben Siegeln.

Er nahm noch einmal den dürren Lebenslauf zur Hand und überflog ihn. Sein Kringel sprang ihm wieder ins Auge. Da gab es doch dieses Archiv in der Wipplingerstraße, soweit er sich erinnerte. Der seinerzeitige Innenminister Lanc hatte es einmal im Rahmen eines Vortrags erwähnt. Dort, so hieß es, seien die Akten über die NS-Zeit einsehbar. Vielleicht wussten die ja etwas über Dinottis Vergangenheit.

Er wendete seinen Sessel um 180 Grad und fischte ein weiteres Mal eines der dicken Telefonbücher aus dem Regal. Es war ernüchternd, wie viele Archive es in dieser Stadt gab, doch keines davon befand sich in der Wipplingerstraße. Zedlnitzky versuchte sich zu erinnern, wie das Archiv genau geheißen hatte, denn offensichtlich war es kein gewöhnliches Archiv, sondern eines, das noch einen anderen Namensbestandteil aufwies. Widerstandsarchiv? Verfolgungsarchiv? NS-Archiv? Er schnaubte und klappte das Buch zu. Kurzerhand griff er zum Telefonhörer und wählte die Nummer der Auskunft. Prompt meldete sich eine Dame.

„Hören Sie, ich hab' da ein Problem. Ich such' ein Archiv, das mit der NS-Zeit zu tun hat und in der Wipplingerstraße beheimatet ist. Aber ich kenn' den genauen Namen nicht. … Nein, die genaue Adresse leider auch nicht. Nur Wipplingerstraße. Ja, ich warte."

Nach einigen Augenblicken nannte ihm das Fräulein vom Amt die Telefonnummer der Bezirksvorstehung der Inneren

Stadt. Vielleicht könne man ihm ja dort weiterhelfen. Ohne große Hoffnung wählte er die angegebene Zahlenkombination. Doch zu seiner eigenen Überraschung wusste man dort tatsächlich Bescheid. Mit der richtigen Nummer ausgestattet, gelangte er ins Sekretariat des „Dokumentationsarchivs des Österreichischen Widerstandes".

„Ja?", nuschelte ihm eine rotzige Stimme entgegen, die sich gleich darauf verbesserte, „'tschuldigung, Dokumentationsarchiv, Pittler am Apparat".

Zedlnitzky ignorierte seine Irritation und trug sein Begehr vor.

„Oh, da wenden Sie sich am besten an die Frau Doktor Klamper. Die ist für den Aktenbestand zuständig. Einen Augenblick, ich verbinde."

Nachdem er sich ein zweites Mal erklärt hatte, wurde ihm beschieden, sich einen Augenblick zu gedulden. Er hörte, wie der Hörer auf den Tisch gelegt wurde und die Frau sich entfernte. Die folgenden Geräusche deutete er als das Öffnen diverser Laden in eisernen Karteikästen.

„Ja", hörte er die Frau dann nach einer kleinen Weile sagen, „über den genannten Herrn haben wir hier einige Akten. Wollen Sie Einsicht nehmen?"

Zedlnitzky bejahte die Frage.

„Gut, ich kann Ihnen das herrichten lassen. Wann wollen Sie denn kommen?" Zedlnitzky blickte auf die Uhr. Es war kurz vor 11. Die Mittagspause wollte er nicht opfern, und danach war das Treffen mit dem Staatsanwalt angesagt. Besser, er verschob den Termin auf den kommenden Tag.

„Wie wäre es mit morgen Früh?", fragte er.

„Schlecht. Da hamma zu. Erster Mai."

Richtig! Zedlnitzky hatte ganz vergessen, dass der folgende Tag ein Feiertag war. „Dann übermorgen, 9 Uhr?"

Die Archivarin bestätigte den Termin. „Gut, die Unterlagen liegen dann für Sie bereit."

Zedlnitzky bedankte sich und legte auf. Für eine Zwischenbilanz nicht so schlecht, befand er.

Gleich danach wurde sein Optimismus allerdings wieder gedämpft. Pospischil kam mit den Kontodaten der Pia Dinotti in sein Zimmer.

„Also", begann er, „wennst 'glaubt hast, die hat ein Motiv, also geldmäßig, mein' ich, dann kannst das gleich wieder vergessen. Die hat 50.000 Schilling auf einem Sparbuch bei der Länderbank, dazu ein gut bestücktes Girokonto bei der Z und außerdem noch ein Geschäftskonto für das Tanzstudio bei der Volksbank, das zumindest keine Verbindlichkeiten aufweist. Also wenn die nicht irgendwo Privatschulden in exorbitanter Höhe hat, dann ist die hochweiß. Und wenn doch, täten ihr die paar Netsch vom Herrn Papa wahrscheinlich auch nichts nützen", schloss Pospischil.

Irgendwie war Zedlnitzky froh, dass er die Dinotti von der Liste der Verdächtigen streichen konnte. Doch andererseits bedeutete das, dass sich auf besagter Liste nun gar niemand mehr befand. Es war wirklich zum Verzweifeln.

„Ich weiß echt nicht", stöhnte er, „wo wir da ansetzen sollen. Normalerweise ist immer alles so einfach. Da brauchst gar nicht lange stochern, und schon liegt alles eindeutig vor dir. Aber da? Fast hast das Gefühl, das ergibt alles überhaupt keinen Sinn." Er schnaubte angewidert.

„Ich wissert schon was, das einen Sinn ergäbe", gab Pospischil mit einem verschmitzten Lächeln von sich.

„Aha, und was wäre das deiner Meinung nach?"

Pospischil deutete auf die große Uhr über der Bürotür. „Mittagspause!"

Es war nicht so, dass Zedlnitzky nicht hungrig gewesen wäre, doch der Kult, der hier im Amt mit der Mittagspause getrieben wurde, war ihm doch ein wenig suspekt. Ja, ihm war sogar der Verdacht gekommen, dass die Kollegen, vor allem die älteren, nichts mehr interessierte als die tägliche

Nahrungsaufnahme, und er hoffte inständig, nicht eines Tages auch so zu enden. Doch angesichts der Sackgasse, in der er sich befand, erschien es nicht verfehlt, durch eine Mahlzeit ein wenig Abstand zum vorliegenden Problem zu bekommen.

Er nickte Pospischil also zu, erhob sich und begab sich mit ihm auf den Flur.

„Was gibt's denn heute?", fragte er, während sie sich auf den Fahrstuhl zubewegten.

„Rahmfisolen mit Augsburgern", kam es zurück.

Na, nicht schlecht, dachte er sich.

In der Kantine angekommen, fasste er, wie alle anderen auch, erst einmal ein orangefarbenes Plastiktablett aus, auf welchem er Messer, Gabel und Löffel postierte. Dazu packte er eine Papierserviette. Sodann reihte er sich in die Schlange bei der Essensausgabe ein. Erst bestellte er ein Sprite, danach entschied er sich für die Fritattensuppe, welcher er den Vorzug gegenüber der cremigen Erbsensuppe gab. Unwillkürlich musste er an den blöden Polizistenwitz denken: Was ist grün und stinkt? Er hatte den schon nicht lustig gefunden, als er noch meilenwert davon entfernt gewesen war, sich für diesen Beruf zu entscheiden. Er schob sein Tablett weiter und bekam nun einen Teller gereicht, auf dem sich ein paar Erdäpfel, zwei Hälften einer gebratenen Knackwurst und eineinhalb Schöpfer gehackte Fisolen auftürmten, die in einer grüngrauen Sauce herumschwammen. Appetitlich sah es nicht gerade aus, aber schmackhaft war es wohl dennoch, übte er sich in Optimismus.

Mit seinem Kollegen bewegte er sich zu einem der Tische an der Fensterfront, wo bereits Hackl und einige andere Beamte saßen. Sie grüßten kurz und ließen sich dann auf den merkwürdig orangefarbenen Plastiksesseln nieder. Zedlnitzky schob den Aschenbecher beiseite, um Platz für sein Tablett zu schaffen. Gleich darauf bereute er, sich in den Kreis der Kollegen gesetzt zu haben, denn nachgerade zwangsläufig wurde er nach dem Fall Dinotti befragt, was ihn kaum verwundern konnte, da Hackl sicher in aller Ausführlichkeit aus der Schule geplaudert hatte. Er versuchte, so wortkarg wie möglich zu bleiben, ohne dabei unhöflich zu wirken. Dennoch gaben sich die anderen mit seinen Auskünften zufrieden. „Und in einer Stunde beim Staatsanwalt?", hakte Hackl nach. Zedlnitzky nickte.

„Na, mit der Geschichte brauchst dem alten Grantler nicht kommen. Der zerpflückt dich damit, da kannst sicher sein."

Angewidert blickte Zedlnitzky hoch: „Mehr hab' ich nicht, und das ist nicht meine Schuld. Also wird er's aushalten müssen, der Herr Gut."

„Herrgott wär' treffender", korrigierte ihn Hackl, „für den hält er sich nämlich, der Reichenberger."

Dem ließ sich nichts entgegenhalten, denn Staatsanwalt Reichenberger galt amtsintern tatsächlich als leicht größenwahnsinniger Machtmensch. Obwohl er mit seinen 64 knapp vor der Pensionierung stand, war er immer noch voller Tatendrang und demonstrierte bei jeder Gelegenheit wortreich, wie er eine Causa schnellstens und effizient lösen würde, wenn es an ihm wäre, die Ermittlungsarbeit zu übernehmen. Reichenberger ließ aus Prinzip an niemandem ein gutes Haar, sodass alle im Sicherheitsbüro den Sommer 1987 herbeisehnten, zu welchem Zeitpunkt der alte Miesepeter endlich würde die Segel streichen müssen. Zedlnitzky war jedenfalls der Appetit endgültig vergangen, und so schob er den Teller beiseite, um sich sodann eine „Smart" anzustecken. Genüsslich blies er den Rauch aus. „Ein Kaffee warat jetzt gut", sagte er halblaut. „Soll ich einen holen?", fragte Pospischil, doch Zedlnitzky machte nur eine begütigende Geste. „Lass nur, den nehmen wir uns dann ins Büro mit. Da können wir dann oben auch noch ein wenig verschnaufen."

Am Weg zurück hielt Zedlnitzky noch einmal an der Essensausgabe und ließ sich zwei Melange reichen. Dazu erwarb er noch eine Nussecke, von der er hoffte, sie würde nicht zu sehr anschlagen. Aber an einem Tag wie heute konnte er etwas Süßes durchaus gebrauchen.

Im Büro griff er nochmals zum Stapel mit den Tageszeitungen. Diesmal aber nicht, um in Erfahrung zu bringen, was diese in der „Chronik" zu berichten wussten, vielmehr war es ihm um den Sportteil zu tun. Obwohl Favoritner schlug sein Herz für Grün-Weiß, was er sich selbst nicht erklären konnte. Wahrscheinlich hatte das etwas mit einem früh erwachten Gerechtigkeitssinn zu tun, denn in der Schule waren natürlich alle für die Austria gewesen, die ihre Heimspiele in Gehweite des Schulgebäudes austrug.

Als Rapidfan hatte er lange Zeit nicht viel zu lachen gehabt, aber im Vorjahr war dann gleichsam Weihnachten und Ostern auf einen Tag gefallen, denn auch wenn die Mannschaft nur Vizemeister geworden war, so zog Rapid erstmals in der Vereinsgeschichte in ein Europacupfinale ein, wofür vor allem das Dreieck Panenka, Pacult und Krankl verantwortlich gewesen war. Krankl hatte den Verein aber in der heurigen Winterpause verlassen, was er, Zedlnitzky, immer noch nicht verwinden konnte.

Nun aber interessierte ihn primär der Spielbericht vom Semifinale im Cup, welches Rapid am Vortag gegen die Austria aus Klagenfurt bestritten hatte. Offenbar war es eine enge Partie gewesen. Rapid, so hieß es, habe sich nicht mit Ruhm bekleckert, aber man stehe im Finale, und das sei die Hauptsache an jenem Abend gewesen. Das Endspiel war für den 6. Mai in Aussicht genommen, und Zedlnitzky erwog nach Hütteldorf zu pilgern, da „St. Hanappi" aus Austragungsort der Begegnung ausgewählt worden war.

„Was ist? Willst den Reichenberger warten lassen?" Pospischil deutete fragend auf die Amtsuhr. Ohne dass es Zedlnitzky bewusst gewesen wäre, war die Zeit in Windeseile verflogen. Er unterdrückte einen Fluch, schnappte sein Sakko, das er im Gehen anzog, und machte sich auf den Weg. Punkt 14 Uhr stand er vor der Tür des Staatsanwalts.

Reichenberger sah mehr aus wie die Summe teurer Einzelteile als wie eine eigenständige Persönlichkeit. Natürlich vermochte Zedlnitzky nicht zu sagen, ob die Rolex am Handgelenk des Staatsanwalts echt war, doch sie funkelte genauso golden wie der wuchtige Siegelring. Dazu kam ein sündteurer Zwirn, ein blütenweißes Hemd, über dem eine Seidenkrawatte hing, deren Nadel fraglos ebenfalls aus Gold war. Reichenberger rauchte Zigarren, von denen ein Stück wahrscheinlich hundert Schilling kostete, die in einem eigenen Humidor gelagert waren. Noch kostspieliger waren mutmaßlich nur die Weine, die der Mann zu konsumieren pflegte, und Zedlnitzky erinnerte sich an die spöttischen Fragen, die darauf abzielten, wie sich dieser Mann bei seinem Gehalt seinen Lebensstil leisten konnte.

Reichenberger befahl ihm einzutreten, und erst nach einer geraumen Weile bot er ihm auch Platz an. Einen Augenblick lang fixierte Reichenberger sein Gegenüber, sodass Zedlnitzky sich so rundum unwohl fühlte.

„Na", begann der Staatsanwalt endlich, „wie weit sind wir mit der Dentisten-Sache?" Zedlnitzky berichtete artig, was er und seine Kollegen bislang zusammengetragen hatten.

Reichenberger schnalzte mit der Zunge. „Das heißt, Sie haben gar nichts. Das ist wieder einmal typisch. Da wird am helllichten Tag ein ehrenwerter Bürger brutal erschlagen, und Sie tappen völlig im Dunklen. Sagen Sie, wie ist das möglich? Hat man Ihnen nichts beigebracht auf der Polizeischule, oder wie?"

„Bei allem Respekt, Herr Staatsanwalt, wir tun, was wir können. Und der Fall …"

„Ach, Papperlapapp. Gar nix tun Sie. Wie immer. Rumsitzen tun Sie, anstatt dass Sie sofort die engere Umgebung des Opfers durchleuchten. Haben Sie überhaupt schon alle Hausbewohner vernommen, ha? Haben Sie? Und die Nachbarn in seiner Wohngegend? Na? Nix? Na, typisch! Mit Ermittlern wie Ihnen ist es ein Wunder, dass nicht noch mehr passiert in unserer Stadt."

„Herr Staatsa ..."

„Schau'n Sie, Kollege Zelnicki, das ist doch ganz einfach. So eine Person wie der Zahnarzt da, nicht wahr, der wird ja nicht Opfer irgendeines Wahnsinnigen. Da gibt es einen ganz konkreten Täter, der ein ganz konkretes Motiv hat. Geld, Rache, was weiß ich, das herauszufinden, ist Ihre Aufgabe. Und natürlich hat das Opfer seinen Mörder gekannt, sonst hätte der Tatort ganz anders ausgeschaut. Also durchleuchten Sie endlich gründlich sein Umfeld, dann werden Sie ihn bald haben, den Mörder."

„Das wollen wir ohnehin machen, wir ..."

„Na, dann machen Sie das endlich. Umgehend! Verstanden! Die ganze Stadt erwartet Ergebnisse. Nicht nur ich, die ganze Stadt. Verstehen Sie? Und das schnell."

Na bitte, da war es, das „Krone"-Zitat, auf das er schon die ganze Zeit über gewartet hatte. Zedlnitzky wollte noch etwas erwidern, doch der Staatsanwalt machte nur eine wegscheuchende Geste.

„Geh'n S', und das ganz schnell, bevor ich es mir anders überleg' und den Fall in kompetentere Hände leg'. Bis übermorgen will ich Ergebnisse sehen. Haben wir uns verstanden? Und dabei ist mir wurscht, ob morgen ein Feiertag ist oder nicht. Wenn das Verbrechen nicht schläft, dann schlafen Sie auch nicht! Und jetzt geh'n S' mir endlich aus den Augen, Sie Unglückswurm."

Zedlnitzky blieb nichts anderes übrig, als sich wortlos zu entfernen. Wieder vor der Tür hatte er Mühe, seinen Zorn hinunterzuschlucken. Was bildete sich dieser aufgeblasene Geck eigentlich ein? Aber in einem Punkt hatte er leider recht. Vom Schreibtisch aus würde er den Fall nicht lösen können.

Er sah auf die Uhr. Kurz vor drei. Wenn er sich beeilte, würde er es noch nach Liesing schaffen, dann konnte er sich noch einmal mit der Witwe unterhalten.

Zurück in seinem Büro, griff er zum Hörer und ließ sich mit der Frau Dinotti verbinden. Umgehend hörte er durchdringendes Schluchzen. Die Frau war also zu Hause.

„Hören Sie, Frau Dinotti, ich weiß, das ist alles ganz furchtbar schwer für Sie, aber ich müsste noch einmal mit Ihnen reden. Sie wollen doch sicher auch, dass der Mörder Ihres Mannes so schnell wie möglich gefasst wird, oder?"

„Ich weiß nicht, wie ich Ihnen da … behilflich … sein könnte", greinte sie.

Zedlnitzky versicherte ihr, alles, und sei es auf dem ersten Blick auch noch so bedeutungslos, könne von Interesse sein.

„Na, dann kommen S' halt, in Gottes Namen", lautete ihr Resümee.

Wieder in der Anton-Krieger-Gasse wartete er erst einmal, bis sich die Frau halbwegs beruhigt hatte.

„Wissen Sie, Frau Dinotti, was mir die Arbeit im Augenblick so schwer macht, ist der Umstand, dass ich mir keine Vorstellung von Ihrem Herrn Gemahl machen kann. Was war er für ein Mensch?"

„So gut. Er war so ein guter Mensch. Hat geholfen, wo er nur konnte. Für jeden hat er einen hilfreichen Rat parat gehabt. Ich kann mir echt nicht vorstellen, dass irgendjemand irgendetwas gegen ihn gehabt haben könnte. Wirklich nicht."

„Wann haben Sie ihn denn kennen gelernt, gnädige Frau?"

Ihr Blick wanderte in die Ferne, und auf ihrem Antlitz zeigte sich ein seliges Lächeln.

„1949 war's. Eine Wurzelfüllung. Es war Liebe auf den ersten Blick."

Zedlnitzky war erstaunt. Dass man sich während einer schmerzhaften Zahnbehandlung in den Peiniger verlieben konnte, war ihm neu.

„Ja, ich hab' so viel Angst g'habt. Aber er war so einfühlsam, so rücksichtsvoll, da hab' ich g'wusst, der ist der richtige …"

„Zahnarzt?"

„Mann fürs Leben!" Sie sah ihn missbilligend an.

Er zuckte verlegen mit den Schultern.

„Und seit wann wohnen Sie hier?"

Frau Dinotti war kurzfristig ein wenig verwirrt, weil sie den schnellen Themenwechsel nicht gleich nachvollziehen konnte.

„Seit 1965", sagte sie dann. „Das Haus da haben wir uns auf Kredit gekauft. War für damalige Verhältnisse gar nicht so teuer, weil's so weit draußen war. Aber mein Mann hat damals gut verdient, und deshalb haben wir den Kredit auch vor der Zeit tilgen können. Das war auch wichtig, weil wir ja auch Geld für die Ausbildung von der Pia gebraucht haben."

„Das heißt, finanzielle Sorgen hatten Sie demnach keine. Niemand von Ihnen?"

Auch wenn er bereits über die Geldverhältnisse im Hause Dinotti Bescheid wusste, wollte er doch sehen, wie die Witwe auf diese Frage reagierte.

„Also von solchen Dingen versteh' ich nix, da hat sich immer der Walter darum gekümmert. Aber was ich weiß, stehen wir gut da. Er hat immer von einem gut dotierten Sparbuch erzählt. … Warten S', das müsste eh im Schlafzimmer liegen. Ich hol's schnell."

Zedlnitzky winkte ab. „Nicht nötig, das passt schon. Und das Fräulein Tochter?"

„Auch da habe ich nicht die geringste Ahnung. Natürlich hat sie einiges Geld in die Hand nehmen müssen, als sie sich ihr Tanzstudio aufgebaut hat. Aber das läuft ja recht gut, also denke ich, es geht ihr finanziell nicht schlecht. Zumindest hat sie uns nie auch nur um einen einzigen Schilling gefragt in den letzten Jahren."

Zedlnitzky nickte.

„Gut. Und, sagen Sie, ist Ihnen an Ihrem Mann irgendetwas aufgefallen in letzter Zeit. War er irgendwie anders? Nervös? Bedrückt? Verängstigt vielleicht?"

„Nicht, dass ich wüsste. Obwohl … jetzt, wo Sie mich danach fragen. Vor einer Woche, am 21. oder 22. war's, da war er wirklich völlig verändert. Ich hab' mich noch g'fragt, was los ist mit ihm, weil er ist sofort rauf in sein Kammerl und hat sich dort förmlich eingekastelt. Da hab ich mir natürlich Sorgen gemacht und bin auch rauf, hab g'fragt, was denn los ist, nicht wahr, aber er hat nur g'meint, er müsse dringend was recherchieren. Und dann, Stunden später, ist er mit einem beinahe seligen Lächeln wieder runtergekommen. Beim Abendessen hat er dann g'sagt, er sei auf etwas draufgekommen, das könnte eine Menge Leute interessieren, und es werde Staub aufwirbeln."

Zedlnitzky war gespannt wie der sprichwörtliche Flitzebogen.

„Ich hab ihm noch geantwortet, er soll nix Unüberlegtes tun, und er hat gelächelt und g'meint, ich solle mir keine Sorgen machen. Na, und die habe ich mir dann auch nicht gemacht. Was aber ein Fehler war, wie es jetzt scheint."

Abermals standen der Frau die Tränen in den Augen, und Zedlnitzky wartete darauf, bis sie sich halbwegs wieder beruhigt hatte.

„Dieses Kammerl", sagte er dann mit sanfter Stimme, „dürft' ich das einmal sehen?"

Sie nickte: „Ja sicher, wenn das etwas nützt!"

Sie erhob sich und führte Zedlnitzky in den Dachbereich des Hauses. Dort befand sich die Tür in eine kleine Kammer, die, wie Zedlnitzky auf den ersten Blick feststellen konnte, übervoll mit diversen Druckwerken war. Überall standen und lagen Bücher herum, dazu Zeitschriften, alte Zeitungen und diverse Ordner, die ebenfalls mit Papier gefüllt waren.

„Das hat er immer sein Archiv genannt", erklärte sie entschuldigend.

„Und wissen Sie, was er da gesammelt hat? Zahnärztliche Fachliteratur?"

„Aber gehen S'! Nein, alles zum Thema Zweiter Weltkrieg. Wissen S', er ist während der Nazizeit eing'sperrt g'wesen, und das hat er nie verwunden. Dieses Sammeln da, das war irgendwie sein Ventil, mit seiner eigenen Vergangenheit besser fertigzuwerden."

Zedlnitzky signalisierte, dass er verstanden hatte.

„Dürft ich mich ein bisserl umschauen?"

Die Frau lächelte schmal: „So lange Sie wollen. Möchten S' derweil einen Tee?"

Er lehnte dankend ab und ließ dabei seinen Blick weiter auf ihr ruhen, bis sie verstanden hatte.

„Dann lass ich Sie einmal allein. Sie melden sich, wenn Sie etwas brauchen, ja?" Wieder nickte er.

Schon wieder Zweiter Weltkrieg. Dieses Thema ließ ihn an diesem Tag nicht los. Er blickte ratlos auf den Papierwust. Wenn er nur wüsste, wonach er suchen sollte, dachte er sich. Er besah sich die diversen Konvolute und versuchte zu erkennen, welcher Stapel wohl jener war, denn der Dentist vor einer Woche durchgekämmt hatte. Automatisch besah er sich die Aufschriften der diversen Ordner. Jener mit den Buchstaben „SS" schien ihm ein wenig hervorzustehen. Außerdem wirkte er nicht so verstaubt wie die anderen. Vielleicht, so sagte er sich, sollte er einmal damit beginnen.

Es war ermüdend, sich durch Haufen von Papieren zu wühlen, wenn man nicht die geringste Ahnung hatte, wonach man suchen sollte. In dem Ordner befanden sich unzählige Zeitungsartikel, die aber nach keinem erkennbaren Schema geordnet zu sein schienen. Manche enthielten Lebensläufe von irgendwelchen NS-Größen, andere wiederum berichteten von Strafverfahren gegen diverse Kriegsverbrecher. Dazwischen befanden sich allerdings auch immer wieder offizielle Kundmachungen aus der NS-Zeit. Er stolperte über ein Organigramm, das den Aufbau der SS zeigte, doch die Namen, die dort händisch eingetragen waren, sagten ihm nichts.

Da fiel ihm eine dünne Mappe auf, die am äußersten Ende des Ordners den Eindruck erweckte, hastig hineingestopft worden zu sein. Er zog sie heraus. „Stein" stand darauf geschrieben, und Zedlnitzky dämmerte, dass diese Mappe etwas mit jenem Massaker zu tun haben könnte, das Dinotti bei Kriegsende überlebt hatte.

Zuoberst lagen diverse Ausschnitte, die über den Prozess zu besagtem Massaker berichteten. Der hatte in Wien im August 1946 offenbar mit fünf Todesurteilen geendet. Weitere fünf SS-Männer hatten, wie Zedlnitzky den Unterlagen entnahm, lebenslange Haftstrafen ausgefasst. Allerdings schien Dinotti die entsprechenden Nachrichten kommentiert zu haben, denn am rechten Rand der Seite befand sich eine handschriftliche Notiz: „Willi Birgler".

Zedlnitzky wusste nicht, was er mit „Willi Birgler" anfangen sollte. Und auch die historischen Zeitungsausschnitte schienen nicht ergiebig zu sein. Also kehrte er zum Hauptordner zurück, in dem sich eine weitere Mappe fand, welche die Aufschrift „SS-Verbrecher" trug. Zedlnitzky blätterte die Sammlung durch und hätte sie beinahe schon weggelegt, als er im Augenwinkel ein „gler" wahrzunehmen meinte. Er schlug die entsprechende Seite auf, und wirklich, hier fand sich ein Lebenslauf von Willi Birgler.

Geboren am 22. Oktober 1922 in Judenau im Tullnerfeld, absolvierte Birgler offenbar eine Fleischerlehre, ehe er sich

1939 freiwillig zur SS meldete. 1940 und 1941 schien er in Polen stationiert gewesen zu sein, ohne dass darüber nennenswerte Informationen vorlagen. Im Gefolge des Überfalls auf die Sowjetunion schien er in Geiselerschießungen hinter der Front involviert gewesen zu sein, ehe er 1943 aus Gründen, die in dem Dokument nicht aufgeführt wurden, auf einmal Teil der Wachmannschaft des KZ Mauthausen war.

Zedlnitzky kratzte sich am Hinterkopf. Wie hatte der Kerl das angestellt, stets weit weg von jedweder Gefahr zu sein? Darauf gab es zumindest vorerst keine Antwort.

Jedenfalls kam Birgler dann Ende 1944 zur Wacheinheit in der Strafanstalt Stein, wo er sich offenbar besonders brutal in Szene gesetzt hatte. Anders als der Rest der Truppe flüchtete er allerdings im Anschluss Richtung Westen und wurde Anfang Mai 1945 von den Amerikanern gefangen genommen. Die steckten ihn ins Lager Glasenbach, wo ihm offenbar ein eigener Prozess gemacht wurde, denn Dinotti hatte das Wort „Todesurteil“ unter die letzten Zeilen geschrieben. Allerdings stand da noch etwas. „Geflohen Sept. 46“, lautete der Eintrag Dinottis.

Konnte es sein, dass sich dieser Birgler der Verantwortung entzogen hatte? Zedlnitzky kramte nach Papier und Bleistift. Wenn er schon am übernächsten Tag in jenes Archiv ging, dann konnte er dort ja durchaus nachfragen, ob die Wissenschaftler dort mit dem Namen „Birgler“ etwas anfangen konnten.

Zedlnitzy fiel auf, dass er mehr und mehr Mühe hatte, das Gedruckte zu entziffern. Ein Blick auf die Uhr gab ihm die Erklärung für dieses Phänomen. Es war schon beinahe sechs, womit die Dämmerung allmählich einsetzte. Und er hatte seine Frau gar nicht davon informiert, dass er später nach Hause kommen würde! Eilig gab er den Papierstapel wieder zurück in den entsprechenden Ordner und begab sich schleunigst hinunter ins Wohnzimmer.

„Gut, Frau Dinotti, das wär's vorerst einmal von meiner Seite. Dürfte ich Sie noch um eine Kleinigkeit bitten? Ich müsste nur ganz schnell meine Frau anrufen!"

Die alte Frau wies auf den Apparat, den Zedlnitzky ja schon benutzt hatte.

Eilig wählte er seine eigene Nummer.

„Du, Mama, ich bin's. Ich komm', wie du vielleicht gemerkt hast, heute ein bisserl später. Aber in einer halben Stunde bin ich zu Hause."

Er wartete die Bestätigung seiner Frau ab, nickte dann noch Frau Dinotti zu und verließ das Haus.

„Bin da!", rief er, zu Hause angekommen, und gleich danach: „Was gibt's denn zu essen?" Inständig hoffte er, das Abendmahl würde besser ausfallen als der Kantinenfraß zur Mittagspause.

Seine Frau reckte den Kopf aus der Küche. „Na Beuschel", sagte sie schulterzuckend, „mit Semmelknödel. Das wolltest doch haben."

Zedlnitzky lächelte selig. Wenigstens in kulinarischer Hinsicht war die Welt noch in Ordnung.

Nach dem Essen genehmigte er sich ein Bier und machte es sich vor dem Fernseher gemütlich. Die Nachrichten wurden nach wie vor von dem Atomunfall in der Ukraine dominiert. Anscheinend gab es auch weiterhin nur ein einziges Foto, das als Illustration herhalten musste. Der Gesundheitsminister warnte wortreich vor einer Panik, schränkte aber immerhin ein, dass in nächster Zeit Vorsicht nicht falsch sein könne. Der Maiaufmarsch, so hieß es abschließend, könne jedoch wie geplant über die Bühne gehen. Wenige Tage vor dem ersten Durchgang zur Präsidentschaftswahl bezogen noch einmal alle Parteien ausführlich Stellung. Während die Vertreter von SPÖ und ÖVP ein weiteres Mal für ihren jeweiligen Kandidaten warben, verhielt sich Stegers

FPÖ weitgehend neutral. Auffallend war somit nur, dass der FPÖ-Landesrat von Kärnten unverhohlen Sympathie für den Rechtsaußen-Kandidaten erkennen ließ, der sich als Vertreter einer nationalfreiheitlichen Sammlung gerierte. Schließlich wurden noch einmal die Chancen der grünen Kandidatin abgewogen, die sich ob der Ereignisse in der Sowjetunion voll bestätigt sah.

Ihm wurde langweilig. Er warf einen Blick auf das Fernsehprogramm. Auch das klang wenig verheißungsvoll.

„Was ist", fragte er seine Frau, „wollen wir ein wenig kuscheln gehen?"

Sie warf ihm einen verschwörerischen Blick zu: „Wenn die Kinder schlafen", raunte sie.

Zwei Stunden später hatte er glücklich auch Peter in dessen Bett verstaut, und hoffnungsvoll machte er sich auf den Weg ins Schlafzimmer. Er hob seinen rechten Arm und schnüffelte an seiner Achsel. Vielleicht, so dachte er, wäre es nicht unklug, zuvor noch zu duschen, denn seine Frau, das wusste er aus Erfahrung, war nicht unbedingt eine Anhängerin von Schweiß. Eilig begab er sich also ins Bad, wo er sich einer umfassenden Reinigung unterzog. Er kontrollierte noch einmal seine Fingernägel, dann hüllte er sich in den Morgenmantel und schlich auf leisen Sohlen zu seiner Bettstatt.

Unmittelbar davor erstarrte er. Seine Frau lag mit einem Buch vor der Brust auf dem Rücken, die Augen geschlossen. Und ihr ruhiger Atem signalisierte ihm, dass sie eingeschlafen war.

„Na toll", dachte er sich, „wieder nichts. Da war er noch nicht einmal 31 Jahre alt, und Sex war schon absolute Mangelware." Er seufzte. „Wo wird das alles enden?", flüsterte er, ehe er ebenfalls unter die Bettdecke kroch. „Und das auch noch vor einem Feiertag", schimpfte er leise.

Linz, 25. September 1950

Natürlich hätte er gerne studiert. Doch mit welchen Mitteln? Wollte er überleben, musste er arbeiten gehen. In den Hermann-Göring-Werken, die seit 1946 „Vereinigte Österreichische Edelstahlwerke“ genannt wurden, brauchte man jede Hand, und so wurden keine langen Fragen gestellt. Ehe er es sich versah, stand er schwitzend am Hochofen und verdiente in Doppelschichten das Dreifache eines Universitätslehrers. Mit dieser Arbeit ließ sich genug zurücklegen, um später nachzuholen, wozu es anfänglich nicht reichte.

Volle zwei Jahre hatte er geschuftet, und doch war er auf keinen grünen Zweig gekommen. Er rechnete sein Erspartes ein ums andere Mal durch, aber wie er es auch drehte und wendete, es schien nicht für ein vollständiges Studium zu reichen. In seiner Not hatte er sich sogar an die Gewerkschaft gewandt und gefragt, ob die ihm zu einem Darlehen verhelfen könnten. Dort schüttelte man jedoch nur bedauernd den Kopf. Er war keiner der ihren, also gab es auch keine Unterstützung. Mit nicht geringer Wut im Bauch schloss er sich daraufhin den Unabhängigen an, die ihm inhaltlich ohnehin viel näher standen, da die „Unabhängigen“ allesamt mehr oder weniger ehemalige Nationalsozialisten waren.

Und ausgerechnet die probten nun in diesem Herbst den Klassenkampf. Eigentlich musste er schmunzeln, als freiheitliche Betriebsräte zum Streik aufriefen. Doch das Lächeln verging ihm, als er sah, wie viele Arbeiter bereitwillig die Arbeit niederlegten. Erst war er geschockt, dann aber erkannte er genau in dieser Entwicklung seine Chance. Wenn er seine Karten geschickt ausspielte, dann würde er es doch noch an die Universität schaffen.

Am nächsten Tag, dem 26. September, begannen in ganz Österreich Streiks, die sich gegen die für 1. Oktober angekündigten Preissteigerungen richteten. In Linz zogen etwa 15.000 Demonstranten über die Landstraße bis zum Linzer Landhaus und erreichen dort, dass eine zwanzigköpfige Abordnung von Landtagsabgeordneten versicherte, ebenfalls gegen die voreiligen Preiserhöhungen einzuschreiten. Alle waren völlig aus dem Häuschen, vor allem, als sich herumsprach, dass auch weitere Industriebetriebe in Oberösterreich zu streiken begonnen hatten. Post und Eisenbahn in Steyr, Gmunden, Attnang-Puchheim, Lenzing und Nettingsdorf taten es den Arbeitern gleich. Solch eine Bewegung, so gestand er sich ein, hatte er seit über zehn Jahren nicht mehr gesehen.

Am folgenden Tag verstärkte sich die Streikbewegung weiter. In Linz standen alle öffentlichen Verkehrsmittel still. Er folgte der großen Menge von Arbeitern aus der VOEST und den Stickstoffwerken, die zum Gebäude der Arbeiterkammer zog und dieses belagerte. Irgendjemand begann „Weg mit dem Schandpakt" zu rufen, und bald wurde die Losung aus Zehntausenden Kehlen skandiert. Plötzlich tat sich etwas. Einige Arbeiter drangen in den Bau ein und zum Präsidenten der Arbeiterkammer vor. Sie forderten ihn ultimativ zum Rücktritt auf, wenn er nicht vom Balkon fliegen wolle. Der Mann war über 70 und willigte mit angstgeweiteten Augen ein. Wenig später marschierte die Polizei auf, und er hielt es für ratsamer, sich aus dem Staub zu machen. Dass die anderen alsbald seinem Beispiel gefolgt waren, erfuhr er erst am nächsten Morgen aus den diversen Zeitungen. Die Landesregierung kritisierte die Demonstrationen heftig, und sogar die Gewerkschaftsführung und die SPÖ distanzierten sich öffentlich von den Aktionen und sprachen von gesetzwidrigem Vorgehen.

Da war, so fand er seine Stunde gekommen. Er begab sich zu den sozialdemokratischen Gewerkschaften und erklärte, er habe einen gewissen Einfluss auf die Hitzköpfe bei den

Freiheitlichen. Er könnte mäßigend auf sie einwirken. Alles, was er dafür im Austausch wolle, sei ein Werkstipendium, um endlich studieren zu können. Die Roten waren verzweifelt genug, jede Hand zu ergreifen, die sich ihnen darbot. Und natürlich war es bei Weitem nicht sein Verdienst, dass der spontane Zorn, der sich in den letzten Tagen Bahn gebrochen hatte, ebenso rasch wieder abebbte. Aber er fand, es schade nicht, die eigene Rolle ein wenig herauszustreichen.

Zwei Tage später konnte er sich in den Zug nach Wien setzen, um dort sein Studium der Rechte zu beginnen. Die ersten Tage war er noch ein wenig nervös gewesen, ob ihn vielleicht jemand erkennen würde, doch mit jeder Woche, die verstrich, wurde er selbstsicherer. Mit dem SPÖ-Parteibuch in der Jackentasche fühlte er sich unangreifbar. Und als er wenig später auch dem BSA, dem Bund Sozialistischer Akademiker, beitrat, stellte er beruhigt fest, dass dort keine Fragen bezüglich der privaten Vergangenheit gestellt wurden. Wer weiß, sagte er sich an einem Frühlingstag des Jahres 1951, vielleicht werde ich sogar wieder Polizist. Dann aber als Offizier.

Keine Frage, die Welt hatte ihn wieder, und er war bereit, die Welt für sich zu gewinnen.

1. Mai 1986

Obwohl er so früh eingeschlafen war, erwachte er mit bleierner Müdigkeit. Zum Glück war seine Frau schon aufgestanden, sodass, als er es endlich in die Küche geschafft hatte, dort bereits Kaffee und ein Wurstbrot für ihn bereitstanden. Einmal mehr war es ihm unerklärlich, woher die Kinder ihre Energie nahmen, denn sie tobten herum wie vom wilden Affen gebissen. Ohne Hoffnung auf Erfolg bat er um Ruhe, während er versuchte, unfallfrei sein Frühstück zu sich zu nehmen. Unmittelbar danach flüchtete er ins Wohnzimmer, wo er in Ruhe eine „Smart“ rauchte, ehe er einen Blick auf die Uhr warf.

„Wenn wir die noch abfangen wollen, dann sollten wir langsam aufbrechen“, rief er in die Küche. Und obwohl er entsprechenden Druck gemacht hatte, dauerte es noch eine halbe Ewigkeit, bis endlich beide Kinder im Auto verstaut waren.

Er lenkte den Wagen in die Triester Straße und hielt auf den Gürtel zu. Dort bog er rechts ab und stellte den Wagen am Busbahnhof ab. Zur Sicherheit legte er sein Polizeischild hinter die Windschutzscheibe, dann trieb er die Familie zum Südtiroler Platz. Sie waren keineswegs zu früh gekommen. Ein paar Hundert Meter entfernt befand sich ein Meer aus roten Fahnen, das sich ihnen träge näherte.

„Na bitte“, sagte er zu seiner Frau, „pünktlich wie die Schweizer Uhr.“

Sein Vater hatte ihn schon von Weitem ausgemacht und wedelte eifrig mit einem roten Tuch hin und her. Zedlnitzky nickte ihm zu und reihte sich dann mit den Seinen in den Demonstrationszug ein.

„Was sagst? Ein echtes Glück, das wir mit dem Wetter haben, was?“, begann der Vater euphorisch.

„Ja, direkt strahlend“, entgegnete Zedlnitzky.

„Jetzt hör aber auf mit dem Unfug. Du wirst doch das blöde Blabla von den Grünen ned glauben, hörst! Das ist doch alles ewig weit weg.“

Zedlnitzky zuckte mit den Schultern. „Na, wenn du es sagst.“

Schleppend langsam bewegte sich die Schar der Demonstranten die Favoritenstraße hinunter, und schon beim Theresianum fühlte sich Zedlnitzky rechtschaffen müde. Am liebsten wäre er wenige Hundert Meter weiter aus der Demo ausgeschert, um sich im Café „Apfelstrudel“ an einem ebensolchen zu laben. Doch daran war natürlich nicht zu denken. Hier kannten ihn alle, wenn auch primär als seines Vaters Sohn, aber genau deswegen erwarteten auch alle, dass er brav mitmarschierte und der SPÖ-Spitze vor dem Rathaus zujubelte.

Endlich gingen sie auf den Ring zu. Links und rechts standen ein paar Streifenwagen, und Zedlnitzky ertappte sich bei dem Gedanken, gerne mit den Uniformierten tauschen zu wollen. Die konnten wenigstens sitzen. Wie nicht anders zu erwarten, mussten sie bei der Oper anhalten. Es gab einfach zu viele Bezirksabordnungen, weshalb man immer wieder warten musste, bis vorne eine größere Gruppe abgefertigt worden war, damit die nächste Abteilung vorrücken konnte.

Zedlnitzky taten die Beine weh. Sie passierten den Platz zwischen den Museen, wo er sich jedes Jahr aufs Neue über die riesigen Fahnenmasten wunderte, die eine kleine radikale Splittergruppe hier extra für den ersten Mai aufrichtete. Irgendwann hatte er sich davon in Kenntnis setzen lassen, dass es sich dabei um Maoisten handelte, welche die Ideen des zehn Jahre zuvor verstorbenen chinesischen KP-Führers auch hier in Österreich umgesetzt wissen wollten. Ihn kostete das nur ein Kopfschütteln. Die Gruppe hatte augenscheinlich mehr Masten als Anhänger, denn außer ein paar Leuten, die sich um einen Büchertisch geschart hatten, war weit und breit niemand zu sehen.

Nach einer neuerlichen Unterbrechung gelangten sie endlich zum Parlament. Dort befand sich die hypertrophe Bühne der Kommunisten. Auch dies Anlass für ein Schmunzeln. Seit einem Vierteljahrhundert waren sie nicht mehr im Hohen Haus vertreten, sodass sie ihm offenbar wenigstens am Feiertag der Arbeiter nahe sein wollten.

Zedlnitzky hätte nicht sagen können, jemals einen Kommunisten reden gehört zu haben, auch wenn deren Häuptling, ein steirischer Arbeiter namens Franz Muhri, schon so lange deren Obmann war, dass er auf eine merkwürdige Art als Institution galt. Doch außerhalb seines eigenen Zentralorgans, der „Volksstimme", kam er so gut wie nirgends vor.

Der Zug passierte nun das Renner-Denkmal im Rathauspark, und bald danach wurden die beiden Bürgermeisterstatuen von Körner und Seitz sichtbar. Zedlnitzky atmete auf. Hundert Meter noch, dann war man an der Tribüne vorbei und konnte sich endlich niedersetzen und ausruhen. Die Bezirksführung legte einen Gang zu, denn Bezirksobmann Helmut Braun, der zur engeren Führung der Wiener SPÖ gehörte, erklomm mit seinem Sekretär Hans Ludwig das Podest, auf dem Parteichef Sinowatz mit den Seinen sozusagen die Parade abnahm.

Vorne in der ersten Reihe stand auch Bürgermeister Helmut Zilk, dessen breites Lächeln jedem Wiener nur allzu gut bekannt war. Mit Zilk war vor zwei Jahren erstmals ein Medienprofi in die politische Arena eingestiegen. Er verdankte seine Bekanntheit nicht dem jahrzehntelangen Kassieren von Mitgliedsbeiträgen, sondern seinen launigen Fernsehauftritten, die es seinen Vorgänger als Bürgermeister geraten sein ließen, sich der Dienste dieses Mannes zu versichern. So wurde Zilk überraschend Kulturstadtrat, und nach einigen Monaten als Unterrichtsminister hatte er Bürgermeister Gratz, der seinerseits ins Außenministerium gewechselt war, im Rathaus beerbt. Und jemand wie Zilk stand nicht in der zweiten Reihe. Zedlnitzky war sich sicher, dass auch der Bürgermeister reden würde. Und wie er ihn kannte, länger und prononcierter als der Kanzler, dem man allgemein einen Hang zur Behäbigkeit attestierte.

Vor allem sein Sager, wonach alles sehr kompliziert sei, hatte für Gelächter gesorgt. Insofern war es eine Überraschung gewesen, als Sinowatz erst vor Kurzem dem Kandidaten der ÖVP für die Bundespräsidentschaft, der in einer TV-Pressestunde abgestritten hatte, der SA angehört zu haben, entgegengehalten hatte, er nehme zur Kenntnis, dass dieser nicht bei der SA gewesen sei, sondern nur sein Pferd.

An diesem Tag freilich würde die Parteispitze noch einmal alles mobilisieren, um die Präsidentschaftswahl noch zu drehen, denn allen Umfragen zufolge war mit einer schweren Schlappe zu rechnen, was die SPÖ umso mehr schmerzen würde, als sie bislang alle Bundespräsidenten der Zweiten Republik gestellt hatte. Aber dieser kollektiven Selbstbestätigung wollte sich Zedlnitzky auf keinen Fall unterziehen. Er hoffte, dass sein Vater derselben Meinung war, denn dann könnte man heim nach Favoriten fahren, um dort den Rest des schönen Tages am Balkon zu verbringen.

Zu seinem Glück fühlte sich der Vater ein wenig matt, und so bedurfte es keiner großen Überredungskünste, um ihn samt Familie in ein Taxi zu verfrachten. Zedlnitzky selbst ließ sich in einem weiteren Taxi zum Südtirolerplatz fahren, wo er in seinen eigenen Wagen umstieg, den er sodann zur PAHO fuhr. Punkt 12 Uhr betrat er die elterliche Wohnung, wo es bereits angenehm nach Schnitzeln duftete. Er schnappte sich aus dem Kühlschrank ein Bier und ging direkt auf den Balkon, wo schon sein Vater und sein Schwager auf Gartenmöbeln Platz genommen hatten.

„Ich hätt' mir ja den Fredi gern noch ang'hört", seufzte der Vater, „aber die Hitz', die war ja ned schwach."

Zedlnitzky nahm einen großen Schluck. „Hast nix versäumt, glaub' ich", schnalzte er dann.

In bemerkenswerter Langsamkeit wendete ihm der Vater den Kopf zu und starrte ihn eine Weile wortlos an. Dann drehte er sich zum Schwager um und deutete abfällig mit der Bierflasche auf seinen Sohn.

„Und so was hab' ich großzogen! Da hab' ich aber gründlich was falsch gemacht." Und unmittelbar darauf, nun wieder den eigenen Sprössling fixierend: „Defätist!"

„Ich bin kein Defätist, Papa. Ich glaub' nur nicht alles, was mir von oben verordnet wird. Schon von Berufs wegen sozusagen."

Der Vater machte Anstalten, sich aus seinem Sitz zu erheben. „Wegen deinesgleichen", schnaufte er, „werden wir die Wahl am Sonntag verlieren."

„Wenn ihr die Wahl verliert, dann nicht wegen meinesgleichen, sondern weil ihr einen faden, nichtssagenden Kandidaten aufgestellt habt. Der Steyrer war schon als Minister farblos, und jetzt entschuldigt er sich auch noch, einmal eine Gesinnung gehabt zu haben."

Sein Vater wandte sich abermals an den Schwiegersohn: „Wovon redet der?"

„Das weißt du genau", antwortete Zedlnitzky stattdessen, „gerade die Bewegung hat Jahrzehnte dafür gekämpft, dass Frauen in Not abtreiben dürfen. Der Kreisky hat das sogar gegen den König durchgesetzt. Und dann geht der Steyrer her und sagt: Ich hab' so was, bitte schön, nie gemacht.' Glaubst, so was ist hilfreich?"

„Da spricht der Politikexperte", entgegnete der Vater spöttisch. „Wen hätt' ma denn nehmen sollen, deiner Meinung nach. Ha? Wen denn?"

„Na den Zilk zum Beispiel. Oder den happy Pepi. Die hätten das jedenfalls weitaus besser g'macht als der Nasenbohrer von der Landstraßen."

„Hörst, wie redest du von einem Minister, hörst!"

Es war unverkennbar, dass der Vater nun wirklich zornig wurde. Für einen Augenblick drohte die Situation in offenen Streit auszuarten, als plötzlich und unerwartet Zedlnitzkys Mutter auf den Balkon trat. In ihren Händen trug sie ein großes hölzernes Tablett.

„So", statuierte sie, „jetzt ist's genug politisiert. Jetzt wird g'gessen."

Alle Augen richteten sich auf die Spezereien, die sich da auftürmten. Schnitzel, goldgelb herausgebacken, dazu Brotscheiben und eine große Schüssel mit Rahmgurkensalat. Gleichzeitig ertönte ein „Jöh" aus drei Kehlen, und in der Tat war die Auseinandersetzung um die bevorstehende Wahl umgehend vergessen. Jeder schnappte sich eine Scheibe Brot, packte ein Schnitzel darauf und schlug dann voller Genuss die Zähne hinein.

„So lass' ich mir das gefallen", schmatzte der Vater.

Das freilich hielt ihn nicht davon ab, unmittelbar nach dem Essen, als Zedlnitzkys Frau Kaffee und Aschenbecher nach draußen brachte, den Gesprächsfaden wieder aufzugreifen.

„Ich meine, Paul, du hast natürlich recht, dass der Genosse Steyrer kein Charismatiker ist. Und besonders geschickt ist er's auch nicht angegangen. Aber du musst zugeben, dass das alles ein ganz lockeres Heimspiel geworden wäre, wenn die Sache mit dem anderen da nicht so eskaliert wäre."

Zedlnitzky blies den Rauch seiner „Smart" in die warme Nachmittagsluft. Da hatte der Vater fraglos den Nagel auf den Kopf getroffen. Denn auch er selbst hätte bis vor wenigen Wochen nicht im Traum daran gedacht, dass der Unsympathler von den Schwarzen auch nur den Funken einer Chance besäße, gewählt zu werden. Alles an dem Mann war abstoßend. Auf Zedlnitzky wirkte die Erscheinung des ehemaligen Ministers wie jene von Nosferatu aus dem Horrorfilm: lang, dünn, leicht gebückt und mit einer großen Krummnase versehen. Obwohl es schon einige Jahre her war, dass Zedlnitzky den Film mit Klaus Kinski im Kino gesehen hatte, erinnerte er sich deutlich an dessen Physiognomie. Doch Kinski hatte selbst diesem Ekel noch eine faszinierende Note verliehen, vor allem durch sein Augenspiel. Jene des Kandidaten jedoch waren kalt und abweisend.

Es waren gerade die Gesten, die der Mann zu setzen versuchte, die ihn verrieten. Sein Lachen hatte nichts Fröhliches, seine ausladenden Armbewegungen nichts Einladendes. Seine Partei bewarb ihn als einen Mann, dem die Welt vertraue. Er, Zedlnitzky, vertraute ihm von Anfang an nicht. Dem Herrn würde er keinen Gebrauchtwagen abkaufen. Und daher war sich Zedlnitzky von Anfang an sicher, dass der aalglatte Diplomat genauso verlieren würde wie fünfzehn Jahre zuvor, als er gegen Franz Jonas angetreten war.

Und dann, vor knapp zwei Monaten, war plötzlich die Debatte um die NS-Vergangenheit des Kandidaten wie eine Sturmflut über das Land hereingebrochen. Eine Wochenzeitung publizierte dessen Wehrstammkarte, aus der hervorging, dass er gleich mehreren NS-Gliederungen angehört hatte. Und nur wenige Tage danach überschlugen sich ausländische Medien mit Meldungen über den ehemaligen UN-Generalsekretär, wonach dieser an der Verfolgung jugoslawischer Widerstandskämpfer ebenso beteiligt gewesen war wie an der Verschleppung griechischer Juden, die dann anschließend ermordet wurden. Tatsächlich war er nach dem Krieg sogar von der US-Armee wegen Mordes gesucht worden, hieß es plötzlich, und aus einem Unsympathler wurde zunehmend ein Ungeheuer. Genüsslich hatten seine Gegner die Schlagzeile der „New York Post“ herumgereicht, die erklärte, der Mann sei ein „SS-Butcher“ gewesen.

Doch wenn die Amerikaner gedacht hatten, dass nun durch das kleine Österreich ein Aufschrei der Empörung gehen würde, dann sahen sie sich gründlich getäuscht. Zum Entsetzen der SPÖ und der Antifaschisten begann sich die halbe Bevölkerung des Landes auf einmal mit dem Widerling zu solidarisieren. Dabei verteidigte sich der nicht einmal sonderlich geschickt. Weinerlich beteuerte er, er habe im Krieg nichts anderes getan als Hunderttausende andere Österreicher auch, er habe als Soldat seine Pflicht erfüllt. Zedlnitzky war die ganze Debatte eigentlich egal, er verfolgte sie eher wie ein mäßig spannendes Fußballmatch zweier österreichischer Mittelständler. Doch als eingefleischter Ermittler musste er sich eingestehen, dass es ihn erstaunte, wie man mit einer derart lahmen Rechtfertigung durchkommen konnte.

Jedenfalls sprach über den Kandidaten der SPÖ, der verzweifelt um Aufmerksamkeit buhlte, kein Mensch mehr. Zedlnitzky wusste zwar auch nicht, was der hätte tun müssen, um sich wieder in den Vordergrund zu spielen – wahrscheinlich nackt vom Donauturm springen. Doch selbst dann hätten fünf Minuten später wieder alle damit begonnen, vom anderen Kandidaten zu reden.

Und jetzt, drei Tage vor dem Urnengang, setzte niemand mehr auch nur einen Groschen auf Steyrer. Das Wahlkampfteam der ÖVP hatte überaus clever reagiert. Schon zu Ostern waren Plakate mit dem Slogan „Wir Österreicher wählen, wen wir wollen“ über das Land verteilt worden, gefolgt von dem trotzigen „Jetzt erst recht“, das selbst Zedlnitzky an diverse Durchhalteparolen aus längst vergangenen Tagen erinnerte. Als er nun mitfühlend auf seinen Vater blickte, da wusste er, dass dessen Sache verloren war. Österreich würde die nächsten sechs Jahre mit Präsident Nosferatu das Auslangen finden müssen.

Immerhin erstaunlich, dachte er sich, während er gemächlich die Zigarette ausdrückte, dass er ausgerechnet in einem solchen Moment selbst mit einem Fall, der möglicherweise in die NS-Zeit zurückreichte, konfrontiert wurde. Kurz überlegte er, ob er dem Vater davon erzählen sollte, doch schließlich gestand er sich ein, noch viel zu wenig über die ganze Sache zu wissen, um schon konkrete Fragen stellen zu können. Und als seine Mutter den Guglhupf auf den Balkon trug, da war ohnehin jede Debatte vergessen.

Eigentlich, so gestand er sich in der beginnenden Abenddämmerung ein, war es ein vergnüglicher Tag gewesen. Die Kinder hatten gemeinsam mit ihren beiden Cousins den Ententeichpark unsicher gemacht, und er selbst hatte entspannt den Wolken dabei zugesehen, wie sie dem Kurpark Oberlaa zustrebten. So ließ es sich leben. Die allgemeine Hysterie um den Atomunfall in Tschernobyl schien sich gleichfalls gelegt zu haben, und so konnte man doch durchaus in Erwägung ziehen, am Sonntag eine Landpartie zu machen, zumal das Wetter ja auch weiterhin so schön bleiben sollte, wenn man den Wetterfröschen des ORF Vertrauen schenken durfte.

Den unausgesprochenen Familiengesetzen zufolge war es jedoch geboten, noch vor dem formellen Abendessen wieder aus der elterlichen Wohnung abzurücken. Zwar würde die Mutter beiden Jungpaaren das Angebot machen, doch auch noch zum Abendbrot zu bleiben, doch wurde dies lediglich pro forma ausgesprochen, und niemand wäre bestürzter über eine Annahme dieser vorgeblichen Einladung als die Mutter selbst, die in einem solchen Fall nicht wissen würde, was sie nun noch anbieten könnte. Und dem Vater war anzusehen, dass er nun in Ruhe seine „Zeit im Bild“ und dann den Feiertagsfilm anschauen wollte, um dann ebenfalls in aller Ruhe ins Schlafzimmer zu marschieren. Zedlnitzky nickte also seiner Frau zu, und die übernahm pflichtbewusst die Initiative.

„Ja“, sagte sie daher, „wir müssen dann. Weißt eh, Schwiegermama, wenn wir jetzt nicht aufbrechen, dann kriegen wir die zwei Wildfänge nie ins Bett.“

Die Mutter machte auf enttäuscht. „Na geh'! Jetzt schon?"

Auch Vater kannte seinen Part ganz genau: „Na ja, wenn sie doch müssen. Die Kinder brauchen ihren Schlaf."

Mutter tat nun auf verständnisvoll und nickte vermeintlich gottergeben. Wie alle anderen wusste auch sie, dass man dieses Thema keinesfalls ausreizen durfte.

„Aber wirklich schön, dass ihr da wart."

„Wir werden dann auch gleich gehen", ließ sich nun, ebenfalls der jahrelang geheim geübten Regie folgend, Zedlnitzkys Schwester vernehmen.

„Unsere Buben haben ja morgen wieder einen harten Tag."

Jedem der Anwesenden war klar, dass es in einer Favoritner Volksschule keine harten Tage gab, aber darum ging es auch nicht. Man versicherte sich gegenseitig, wie gerne man noch länger Gast bzw. Gastgeber gewesen wäre, verabschiedete sich dann umständlich und sah schließlich zu, schleunigst das Weite zu suchen.

In der Alaudagasse gingen Schwester und Schwager zu ihrem altmodisch wirkenden Lada, während Zedlnitzky mit seinem Anhang den eigenen Wagen ansteuerte. Verteilerkreis und Raxstraße hießen die nächsten Ziele, und noch ehe die altbekannte Signation der „ZiB" ertönte, saß Zedlnitzky bereits wieder in seinem bequemen Fernsehsessel.

Er sah sich dann auch noch die Spätnachrichten an, doch nicht, weil er am Weltgeschehen so interessiert gewesen wäre, sondern weil er einfach zu faul gewesen war, aufzustehen und den Sender zu wechseln. So blieb er noch eine ganze Weile lümmelnd in seinem Fauteuil sitzen, ehe ihn mehrmaliges Gähnen davon überzeugte, dass er doch besser an der Matratze horchen sollte. Er erhob sich schwerfällig, schaltete erst den Fernseher, dann das Wohnzimmerlicht aus, ehe er sich ins Schlafzimmer begab, wo seine Frau wieder einmal über ihrem Buch eingeschlafen war. Sanft entwand er es ihr, dann schlug er die Bettdecke zurück, zog sich langsam den Pyjama an und kroch dann zu ihr in die Schlafstatt.

„Gute Nacht“, sagte er leise, dann löschte er die Nachttischlampe.

Dezentes Schnarchen kündete nur wenig später davon, dass hier zwei Menschen tief und fest schliefen.

Wien, 28. Mai 1955

Die Zeiten wurden immer besser. Nicht nur, dass der Mangel endlich der Vergangenheit angehörte und man fast alles wieder normal erwerben konnte, war es der Regierung auch gelungen, den Alliierten einen Staatsvertrag abzuschwatzen. Er hatte in der Wochenschau gesehen, wie Außenminister Figl erst im Spiegelsaal des Belvedere mit seiner charakteristisch schnarrenden Stimme „Österreich ist frei" gerufen hatte, um danach den unterfertigten Vertrag am Balkon des Schlosses einer jubelnden Menge zu zeigen, als wäre er ein mittelalterlicher König, der seinen Stammhalter präsentierte. Mit seinem Enthusiasmus hatte er sogar den grimmigen Sowjet Wjatscheslaw Molotow angesteckt, der sich zu einem Winken hinreißen ließ. Bis Oktober, so hieß es, würden die Alliierten abziehen, dann wären die Österreicher endlich wieder unter sich.

Es war nicht so, dass er sich nicht immer noch davor fürchtete, eines Tages doch aufzufliegen, aber mit jedem Tag, der verging, fühlte er sich ein klein wenig sicherer. Der Krieg lag nun schon über zehn Jahre zurück, und irgendwie schien es, als hätte niemand mehr ein sonderliches Interesse, sich noch groß mit den damaligen Ereignissen zu befassen. Mehr noch, die beiden großen Parteien buhlten offen um ehemalige Nationalsozialisten und wussten etliche davon in ihren Reihen.

Jene Ex-Nazis, die meinten, standhaft bleiben zu müssen, hatten ihr eigenes Lager begründet, und während der VdU noch einige liberale Aushängeschilder als Tarnung benutzt hatte, traten die hartgesottenen Nationalsozialisten nun immer ungenierter ins Licht der Öffentlichkeit zurück. Er musste schmunzeln, als er von den Plänen erfuhr, eine „Freiheitspartei" zu gründen, denn an deren Wiege stand mit Anton Reinthaller ein ehemaliger SS-Brigadeführer, der sogar Hitlers Regierung angehört hatte. Wer wollte ihm da noch etwas ans Zeug flicken, wenn ein derartig hochkarätiger Kriegsverbrecher Chef einer Parlamentspartei werden durfte? Dies umso mehr, als seine Adlaten ein ehemaliger Reichspropagandaredner und ein Angehöriger einer SS-Brigade, die im Hinterland Geiselerschießungen durchzuführen hatte, waren. Gegen solche Gestalten war er buchstäblich ein kleines Licht.

Doch all das kümmerte ihn nicht mehr. Er hatte das Nationale hinter sich gelassen. Im BSA lernte er sozialistische Funktionäre wie Heinrich Gross, Albert Massiczek oder Oskar Weihs kennen, die allesamt keinerlei Probleme mit ehemaligen Nationalsozialisten hatten. Er hielt es dennoch für ratsamer, bei seiner ursprünglichen Darstellung zu bleiben, und er fuhr gut damit.

Wenige Tage nach dem Abschluss des Staatsvertrags konnte er zum Doktor promovieren, und mithilfe des BSA erhielt er umgehend eine akzeptable Stelle für sein Gerichtsjahr.

Er war ein unscheinbarer, kleiner Jurist an einem Wiener Bezirksgericht, als im Oktober 1955 endlich die letzten Alliierten aus Wien abzogen. Unwillkürlich atmete er auf. Er befand sich in guter Deckung, und die Nazijäger, sie schossen sich auf die neue Partei Reinthallers ein, der mit seiner Gruppe den VdU endgültig geschluckt und daraus die „Freiheitliche Partei Österreichs“ geformt hatte. Solange dort die Reichsredner, Gauleiter und Bauernführer aus und ein gingen, brauchte er sich keine Sorgen zu machen, das jemand bei den Roten nach Braunen suchte.

Besonders stolz war er auf seine seinerzeitige Eingebung, sich als vertriebener Sudetendeutscher ausgegeben zu haben. Mit der Errichtung der kommunistischen Tschechoslowakei 1948 senkte sich der Eiserne Vorhang zwischen Böhmerwald und Mühlviertel, zwischen Südmähren und Weinviertel, sodass kaum damit zu rechnen war, dass es irgendwann einmal einen Dokumentenaustausch zwischen den beiden Staaten geben würde. Kein Amt in ganz Österreich würde von ihm erwarten, dass er versuchte, in Liberec um eine Geburtsurkunde oder einen Meldezettel einzukommen. Nein, für die gesamte Republik blieb er ein Verfolgter, der um sein angestammtes Recht gebracht worden war. Diese Leidensrolle kaufte ihm jeder ab, er musste sie nicht einmal besonders deutlich zur Schau zu stellen. Je mehr Zeit verging, und je verklärter die Sudetendeutschen auf ihre ehemalige Heimat blickten, desto wohler konnte er sich in seiner Rolle fühlen.

Er brauchte nur noch ein wenig Gras über die Sache wachsen zu lassen, dann konnte er sich endgültig ungefährdet an die Öffentlichkeit wagen. Er war 33, und die Zeit arbeitete für ihn. Die Roten waren im Gegensatz zu den Schwarzen mit Akademikern nicht gerade gut bestückt, und so durfte er durchaus damit rechnen, in einem der roten Ministerien einen gut dotierten Job zu bekommen. Und wenn er seine Karten weiterhin richtig ausspielte, dann war er in ein paar Jahren vielleicht Sektionschef und Ministerialrat. Oder er setzte doch auf eine juristische Karriere. Zumindest in Wien gab es auch etliche rote Richter, und wer weiß, als solcher kam man vielleicht auch irgendwann an alte Akten heran. Die möglicherweise ganz plötzlich verschwanden. Dann würde er wirklich frei sein. Frei sein für immer.

Wien, 2. Mai 1986

Zedlnitzky brauchte eine gute Weile, bis er sich daran erinnerte, dass er für 9 Uhr morgens einen Termin mit der Archivarin des Dokumentationsarchivs vereinbart hatte. Zu seinem Glück hatte er sich eine entsprechende Notiz auf seinem Stehkalender eingetragen, sodass er fristgerecht sein Büro verlassen und das entsprechende Gebäude in der Wipplingerstraße aufsuchen konnte. Dieses war nicht weit vom Sicherheitsbüro entfernt, und so entschloss er sich, die kurze Wegstrecke zu Fuß zurückzulegen. Tatsächlich war er zehn Minuten später am Barocktor des alten Rathauses angelangt.

Dort musste er sich erst einmal orientieren. Ein unscheinbares Metallschild verwies ihn auf die Stiege III, die er im zweiten Versuch auch zu entdecken vermochte. Er öffnete die schwere Glastür und ging eine Wendeltreppe hinauf. Kaum am Treppenabsatz angekommen, sah er sich rechter Hand einer weiteren Pforte gegenüber, die mit einer Art Sprechanlage gesichert war. Er betätigte den vorgesehenen Druckknopf, worauf ein Licht anging. Zedlnitzky vermutete, dass es sich um eine Kontrollkamera handelte, und so hielt er seinen Ausweis in die Höhe. Tatsächlich ertönte ein Summen, und er konnte die Tür nun öffnen.

Vor ihm lag eine ziemlich heruntergekommene Ausstellung, deren Exponate teilweise mit schweren grauen Vorhängen abgedeckt war. Nur einige Vitrinen waren einsehbar, und er wunderte sich nicht wenig über einen mit Farbe bespritzten Wanderschuh, den die daneben aufgestellte Infotafel als „Schuh, ca. 1986“ bezeichnete, der eine „Leihgabe der Klamper-Foundation of modern Fetishism“ sei. Er zog die Augenbrauen hoch und war dermaßen irritiert, dass ihm der schlafende Portier am Fenster erst auffiel, als dieser ein Schnarchen von sich gab. Aber gut, so dachte Zedlnitzky, nachdem er sich vom ersten Schrecken erholt hatte, der Mann war fraglos um die 80 und hatte seine besten Tage lange schon hinter sich.

Als Zedlnitzy noch überlegte, ob er den Pförtner nichtsdestotrotz wecken sollte, kam ein anderer Rentner federnden Schritts aus einer linken Seitentür, wurde seiner gewahr und fragte ihn nach seinem Begehr.

„Ich habe einen Termin bei Frau Doktor …“, er sah auf seinem Notizzettel nach, „Klamper …“ Die zweite Silbe des Namens begann sich allmählich zu verlieren, und seine Stimme ging in ein undeutliches Gemurmel über, während er noch einmal den Schuh in der Vitrine in Augenschein nahm.

„Ah, die Gillie“, meinte der Pensionist, „die finden S' ganz hinten. Geh'n S' mir einfach nach. Dort muss ich eh auch hin.“

Eilig strebte der Mann einem Korridor zu, sodass Zedlnitzky Mühe hatte, dessen Tempo zu halten. Die Räumlichkeiten des Archivs erinnerten ihn an jedes x-beliebige Amt dieser Republik, das in den 60ern eingerichtet worden war, denn überall regierten verschiedene Grautöne und Plastik. Selbst der Boden war aus billigstem Laminat, sodass Zedlnitzky nicht zu sagen vermochte, was mehr quietschte – der Fußboden oder die Schuhe seines Vordermanns. Nach einigen Metern weitete sich der Gang ein wenig, denn rechter Hand waren die Toiletten untergebracht. Dann folgte ein fensterloser Zwischenraum, ehe er die drei Prunkräume erreichte, die noch aus dem Barock stammten und deren Fenster direkt auf die Wipplingerstraße gingen.

„Gleich da links“, erklärte der Alte und entschwand nach rechts.

Zedlnitzky folgte der Anweisung und stand unerwartet einer überaus aparten Rothaarigen von maximal 30 Jahren gegenüber, deren Löwenmähne mit der bordeauxroten Bluse kontrastierte, die in einem viel zu kurzen Minirock steckte. Als die Frau seiner ansichtig wurde, sprang sie auf und bewegte sich mit einem aufreizenden Gang auf ihn zu, wobei sie ihre Arme an der Seite anwinkelte, als würde sie sich durch eine Menschenmenge durchkämpfen müssen.

„Sind Sie der Herr Inspektor?“, fragte sie und wirkte ob ihrer Augengläser noch investigativer, als es ihre schneidende Stimme schon vermuten hatte lassen.

Zedlnitzky nickte beinahe schüchtern.

„Ich hab schon alles für Sie vorbereiten lassen. Viel haben wir ja nicht über den Dinotti, weil der kein Politischer war, nicht wahr.“

Zedlnitzky musste ein fragendes Gesicht an den Tag gelegt haben, denn die Klamper fühlte sich dazu bemüßigt, ihre Aussage näher zu erklären.

„Schauen Sie, im Widerstand waren ja primär Leute aktiv, die sich irgendeiner Partei zugehörig gefühlt haben. Zumeist Kommunisten oder Sozialisten, es gab aber auch Konservative und Liberale, diverse christliche Gruppierungen und natürlich die nationalen Minderheiten, also vor allem die Tschechen und die Slowenen. Und der Dinotti, der gehörte keiner der genannten Gruppen an, der war einfach nur ein Mensch, der halt nicht viel vom Nationalsozialismus gehalten hat, und deswegen ist er dann auch verurteilt worden.“ Sicherheitshalber wiederholte Zedlnitzky die zuvor geübte Kopfbewegung.

Wirklich spannend ist der Dinotti objektiv ja nur, weil er als einer der wenigen das Massaker in Stein überlebt hat.“

„Ja, genau. Das habe ich seinem Lebenslauf entnommen. Aber, um ganz ehrlich zu sein, ich habe keine Ahnung, worum es bei diesem Massaker überhaupt gegangen ist. Ich meine“, fügte Zedlnitzky entschuldigend hinzu, „ich bin ganz gut im Bilde über die Konzentrationslager und die Massenmorde und das alles, auch weiß ich, dass im Zweiten Weltkrieg immer wieder einmal irgendwo ganze Dörfer ausradiert worden sind, aber was, bitte schön, hat das mit der Strafanstalt zu tun?"

Die Klamper lächelte. „Gegen Kriegsende haben die Nazis nicht so recht gewusst, was sie mit ihren Gefangenen machen sollen. Ein paar waren dafür, sie laufen zu lassen, andere wollten einfach alle umbringen. Und genau diese Diskussion hat es in Stein eben auch gegeben." Sie hielt einen Augenblick inne. „Aber wissen Sie was? Im 14. Bezirk lebt ein pensionierter Rechtsanwalt. Anton Hirsch. Der hat dieses Massaker auch überlebt. Mit dem sollten Sie reden. Der kann Ihnen viel darüber erzählen."

„Wenn das möglich wäre, dann wäre das sicher hilfreich", statuierte er.

„Na, dann täte ich sagen, Sie schauen sich einmal unsere Akten da durch, und ich such' ihnen einstweilen die Nummer vom Toni raus, da können Sie sich dann mit ihm in Verbindung setzen."

Zedlnitzky signalisierte dankbare Zustimmung und setzte sich an einen der kärglichen Tische, auf dem die für ihn vorbereiteten Dokumente lagen.

Viel kam dabei tatsächlich nicht heraus. In einem orangefarbenen Kuvert befand sich eine Kopie eines Gestapo-Berichts vom Februar 1940 über die Festnahme Dinottis und weiters eine Abschrift des Urteils vom Mai 1941. Dinotti war, wie Zedlnitzky schon wusste, zu zehn Jahren Haft verurteilt worden, zudem zu, wie es hieß, dauerndem Ehrverlust. Ihm wurde kraft Urteils Wehrunwürdigkeit attestiert, außerdem verfiel sein Vermögen an das Reich. Zedlnitzky blätterte vor und zurück, doch mehr war beim besten Willen nicht zu finden. Als die Klamper zu ihm an den Tisch trat, um ihm einen Zettel mit Hirschs Telefonnummer zu überreichen, fragte er unwillkürlich: „Ist das alles?"

Die Klamper machte eine entschuldigende Geste. „Ich sagte Ihnen ja, der Dinotti war kein exponierter Mensch.

Ich habe mich zwischenzeitlich auch bei unseren ehrenamtlichen Mitarbeitern hier im Archiv umgehört. Die sagen übereinstimmend, dass der Dinotti nach 1945 nie auf einer Veranstaltung oder bei einem Gedenktreffen war. Ich glaube fast, dem ist sein Widerstand mehr passiert, als dass er ihn bewusst gesetzt hätte."

Zedlnitzky hob die Augenbrauen: „So etwas gab es?"

„Natürlich. Leute mit einem ausgeprägten Gerechtigkeitssinn zum Beispiel. Die fanden die Diktatur einfach nicht in Ordnung und haben das dann auch kundgetan. Es gab damals, müssen Sie wissen, auch anständige Menschen. Nicht nur Denunzianten und Opportunisten, die, sagen wir mal, ihre Pflicht erfüllt haben." Zedlnitzky hatte die Anspielung auch ohne das schnelle Augenzwinkern verstanden. Dinotti war also ein Eigenbrötler gewesen. Einer, der sich sozusagen um Kopf und Kragen geredet hatte. Aber war es nicht wesentlich wahrscheinlicher, dass so einer, nachdem er den Krieg glücklich überlebt hatte, von dieser Zeit des Grauens gar nichts mehr wissen wollte? Wieso sammelte er dann all diese Materialien? Kam er nicht los von den Schatten seiner Vergangenheit? Von den Schatten von Stein? Sann er doch auf Vergeltung?

Nun, so unlogisch klang das gar nicht, wenn man es recht bedachte. Der Mann hatte sich schon während der NS-Zeit nach Gerechtigkeit gesehnt, umso mehr musste dieser Wunsch unter demokratischen Vorzeichen in ihm geblüht haben. Unterlagen wie jene, die er in Dinottis Kammer gefunden hatte, die hob man sich nicht auf, um sich an die Zeiten der unendlichen Qualen zu erinnern. Nein, die waren die Gedächtnisstütze, um eines Tages handeln zu können. Die Frage war also nur noch, was es mit diesem Birgler auf sich hatte.

Ein schneller Blick auf die Uhr überzeugte ihn davon, dass er den Zeitzeugen noch am Vormittag treffen konnte. Er bat, von der Archivleitung aus einen Anruf machen zu dürfen. Zu seiner Freude meldete sich Hirsch umgehend. Ja, er sei zu Hause, ja, er wolle sich gern unterhalten, und ja, er freue sich, wenn er der Exekutive von Nutzen sein könne, lautete das Credo des Anwalts. Zedlnitzky verabschiedete sich also von der Archivarin und sah zu, dass er in den 14. Bezirk kam.

Zwanzig Minuten später klopfte er an die Tür des ehemaligen Anwalts. Der Anblick des 70-Jährigen überraschte ihn. Der Mann wirkte wesentlich jünger. Er war zwar nicht groß gewachsen, doch sein Gesicht hatte etwas Attraktives. Seine wachen Augen hatten einen schelmischen Blick, und mit seinen penibel zurückgekämmten Haaren und seinem dünnen Schnurbart wirkte er wie ein englischer Gentleman-Offizier.

„Ah, freut mich", begann der Advokat, „nur herein mit Ihnen."

Hirsch führte ihn in sein Büro und fragte, ob er ihm etwas aufwarten könne. Zedlnitzky lehnte dankend ab, erkundigte sich ob des schweren Glasaschenbechers, der auf dem Tisch stand, ob er rauchen dürfe. Hirsch nickte nur und setzte sich sodann.

„Also, Herr Inspektor, was kann ich für Sie tun?"

„Es geht mir um das Massaker von Stein vor 41 Jahren …"

Hirschs Lächeln verschwand.

„Obwohl das schon so lange her ist, wird mir immer noch ganz anders, wenn ich daran denke. Sie haben ja keine Ahnung, Herr Inspektor, wie viele Hundert Menschen damals von der SS einfach so hingeschlachtet wurden."

„Und weil ich keine Ahnung habe, Herr Doktor, brauche ich jemanden, der es mir erzählt."

Hirsch erhob sich und begab sich in einen Nebenraum. Zedlnitzky hörte eine Wasserleitung. Offensichtlich gingen dem Mann die Erinnerung an die grausamen Ereignisse immer noch an die Nieren. Nach einer kleinen Weile kam er zurück, tat, als wäre nichts gewesen, und setzte sich wieder.

„Im April 1945", begann er ohne Umschweife, „war die Lage für die Nazis verzweifelt. Jeder, der halbwegs bei Sinnen war, wusste, dass ihre Sache verloren war. Doch auf diese Erkenntnis reagierte jeder auf seine Weise. Die einen versuchten überzulaufen, andere, sich irgendwie mit der neuen Situation zu arrangieren, und wieder andere suchten den bewussten Untergang. Und das war auch bei der Wachmannschaft von Stein nicht anders."

Zedlnitzky nickte und dämpfte seine Zigarette aus.

„Stein ist damals aus allen Nähten geplatzt. Die hatten da an die zweitausend Häftlinge untergebracht. Und innerhalb der Leitung entspann sich offenbar eine Debatte, wie man mit diesen Häftlingen verfahren sollte."

Hirsch stand noch einmal auf und verschwand ein weiteres Mal im Nebenraum. Wieder war die Wasserleitung zu hören. Diesmal kehrte der Anwalt allerdings mit einem Glas Wasser zurück.

„Zuerst haben sie versucht, Häftlinge zu überreden, sich freiwillig für den Endkampf zu melden. Das versuchten sie auch bei mir. Ich erinnere mich noch genau, wie der Sekretär des Gefängnisdirektors Kodré zu mir in die Zelle kam und mir gut zuredete. Man würde all meine Vergehen vergessen, ich könne mich als guter Deutscher bewähren und wäre nach dem Krieg ein gemachter Mann." Hirsch nickte mit einem spöttischen Lächeln auf den Lippen. „Ja, so verzweifelt waren die, dass sie uns mit solch einer plumpen Lüge kamen."

Zedlnitzky räusperte sich. „Und wie haben Sie reagiert?"

„Ich habe ihn einfach nur wortlos angesehen, und er hat verstanden. Er ist ebenso wortlos aus meiner Zelle verschwunden."

Zedlnitzky widerstand der Versuchung, sich gleich noch eine Zigarette anzuzünden, obwohl er merklich angespannt war. „Und was ist dann passiert?“

„Offenbar war es in der Leitung zu einem Konflikt gekommen. Alois Baumgartner, der stellvertretende Direktor, verfocht weiterhin die harte Linie und wollte die Häftlinge nach Deutschland verfrachten. Kodré aber hatte die Sache verloren gegeben und vertrat die Ansicht, man solle uns einfach ziehen lassen und selbst das Weite suchen.“

Zedlnitzky konnte diesen Standpunkt gut nachvollziehen. Aber er war viel zu interessiert, um Hirsch in seiner Erzählung unterbrechen zu wollen.

„Der Baumgartner ist mit seiner engsten SS-Truppe, wie es schien, abgerückt, und der Oberaufseher hat unsere Sachen aus den Magazinen tragen lassen und uns erklärt, wir sollen erst unseren Kram und dann uns selbst packen. Das haben sich die Leute natürlich nicht zweimal sagen lassen, und jeder suchte aus den Haufen, die im Hof aufgeschichtet worden waren, sein Zeug zusammen.“

Zedlnitzky sah den Erzähler fragend an: „Zweitausend Leute gleichzeitig im Gefängnishof? War das nicht ein unglaubliches Chaos?“

Hirsch lächelte verschmitzt. „Natürlich. Das können Sie sich gar nicht vorstellen. In Wirklichkeit hat jeder genommen, was irgendwie gepasst hat. Das war die einzige Chance. Und ich erinnere mich an die Furcht, die auf beiden Seiten geherrscht hat. Wir Häftlinge hatten Angst, es mit einer Falle zu tun zu haben, und die Wachmannschaften fürcheten, dass wir sie überwältigen und uns rächen könnten.“

„Haben Sie Ihre Sachen wiedergefunden?“

Hirsch winkte ab. „Aber geh’! Ich hab’ auch einfach nur genommen, was mir irgendwie gepasst hat. In einem solchen Moment darfst nicht heikel sein.“

Er nahm wieder einen Schluck aus seinem Wasserglas. „Jedenfalls hieß es, jeder, der seine Sachen hat, soll die Strafanstalt verlassen. Na, ich geh Richtung Tor. Auf einmal taucht der Kodré selber auf und hält gerade mich an. Er fragt mich, ob ich wisse, wer den Befehl gegeben habe, die Zellen und Magazine zu öffnen. Da ist mir klargeworden, dass es unter dem Personal zwei Richtungen gab. Die einen wollten um jeden Preis Himmlers Befehl ausführen, die anderen wollten uns in die Freiheit entlassen."

„Himmlers Befehl?" Zedlnitzky war sich nicht sicher, ob er nicht etwas verpasst hatte.

„Na, uns nach Deutschland zu verfrachten", erklärte Hirsch kurz angebunden. Danach räusperte und sammelte er sich wieder. „Als ich mit meinem Kollegen Alfred Kramberger, einem Slowenen aus Zagreb, beim Außentor ankomme, sehe ich, wie der Wachmann Pomassl den zweiten Stellvertreter des Direktors an der Gurgel packt und schreit: ‚Du Schwein, du bist an all dem schuld.' Und in diesem Augenblick …" – Hirsch benötigte wieder einen Schluck Wasser – „bemerke ich vor dem Tor auf der Straße drei SSler und neben ihnen Baumgartner, der offenbar SS und Volkssturm zu Hilfe gerufen hatte."

Hirsch brauchte wieder einen Augenblick. Er sah scheinbar gedankenverloren aus dem Fenster, und Zedlnitzky, den es kaum mehr auf seinem Sessel hielt, griff instinktiv nach einer weiteren Zigarette. Mit fahrigen Bewegungen zündete er sie an und blies den Rauch hektisch aus.

„Sofort habe ich die Gefahr erkannt. Ich ziehe Alfred zurück Richtung Hof. Er versteht nicht gleich, doch ich überzeuge ihn davon, dass wir nur eine Chance haben, wenn wir zurück in die Haftanstalt flüchten. Kaum erreichen wir die Hofmitte, als hinter uns Maschinengewehre aufbelfern. Von irgendwoher ertönt der Ruf ‚Zurück, Bande!', und wir laufen in wilder Panik Richtung Zellentrakt."

Zedlnitzky entging nicht, wie heftig Hirsch atmete, und er schämte sich, dem Mann all das anzutun. Aber er konnte jetzt nicht mehr zurück.

„Gerade als wir den Gang erreichen, detoniert knapp unter dem Erdgeschossfenster eine Handgranate und wir werden von Mörtel und zersplittertem Glas überschüttet. Ein Junge, der erst kurz zuvor eingeliefert worden ist, hatte nicht so viel Glück. Er krümmt sich hinter uns in der Tür. Wir schleifen ihn ins Innere des Gebäudes. Er hat eine Kugel abbekommen und blutet entsetzlich. Und wie ich noch verzweifelt nach etwas suche, mit dem wir ihm das Bein abbinden können, brechen seine Augen und er sackt in sich zusammen."

Zedlnitzky wusste nicht, was er sagen sollte. Er hatte sich nach langen Jahren bei der Polizei für abgebrüht gehalten, doch jetzt, so gestand er sich ein, war ihm schlecht.

„Mir wurde klar, dass wir nur in den hinteren Zellen eine Überlebenschance hatten, also renne ich, den Kramberger hinter mir herziehend, in den hintersten Flügel. Aus einem Gangfenster sehe ich, wie die SS auf alles schießt, was sich bewegt. Kramberger und ich werfen uns in einer Zelle auf den Boden und legen uns flach hin. Wir zittern vor Angst und sind nicht fähig, auch nur ein Wort zu sprechen."

Das schien für Hirsch auch in diesem Moment zu gelten, denn seine Stimme war immer brüchiger geworden. Er fuhr sich mit der Hand durch die Haare und atmete tief durch.

„Ich weiß nicht, wie lange das Schießen gedauert hat, aber irgendwann war endlich Ruhe. Direkt unter uns knirschen Stiefel. Ganz vorsichtig schleiche ich mich zum Fenster und versuche, ungesehen hindurchzuspähen. Ich sehe Kodré und seinen zweiten Stellvertreter an der Wand stehen. Jemand brüllt etwas. Dann donnert eine Salve los. Kodré und sein Stellvertreter werden gegen die Wand geschleudert und sinken dann langsam zu Boden. An der Wand zeichnet sich eine rote Blutspur ab."

Zedlnitzky verschluckte sich fast. „Was? Die haben einfach den Gefängnisdirektor abgeknallt?"

Hirsch nickte nur. „Den und 600 andere auch."

Der Gruppeninspektor blies Luft aus. Ihm war buchstäblich flau im Magen.

„Wollen S' jetzt auch ein Glaserl Wasser?"

Zedlnitzky nahm dankbar an. Für eine kleine Weile saßen die beiden einander schweigend gegenüber, jeder seinen Gedanken nachhängend. Erst nach einiger Zeit gelang es Zedlnitzky, sich wieder des eigentlichen Grundes seines Hierseins zu erinnern.

„Sagen Sie, Herr Doktor, ist Ihnen in diesem Zusammenhang der Name Birgler untergekommen?"

Hirsch verzog sein Gesicht zu einer Grimasse. „Der war der Schlimmste von allen. Ein richtiger Sadist. Der Baumgartner hat den nach dem Massaker sogar noch belobigt, weil er mehr Leute erschossen hat als alle anderen."

„Wissen Sie zufällig, was aus dem geworden ist?"

Hirsch schien nachzudenken. „Was ich weiß, haben den die Amis geschnappt. Er ist nicht in Wien vor Gericht gestanden, sondern in Salzburg. Auch wegen anderer Delikte, soweit ich mich erinnere. Jedenfalls hat man ihn dort zum Tod verurteilt. Aber ich glaube, dem ist dann im letzten Augenblick die Flucht gelungen. Jedenfalls hat es geheißen, er habe sich nach Südamerika absetzen können, wo er einem der dortigen Diktatoren seine Dienste angeboten hat. So gesehen könnte aus dem Schlächter von Stein mittlerweile der Schlächter von Paraguay geworden sein."

„Das heißt, Sie glauben nicht, dass der Birgler noch in Österreich lebt?" Der Anwalt zeigte sich skeptisch. „Also das täte mich sehr wundern! Wie hätte er das denn anstellen sollen? Ich meine, nach dem wird ja offiziell sicher immer noch gefahndet, denn immerhin gibt es ein rechtskräftiges Urteil, das der Vollstreckung harrt."

Richtig, sagte sich Zedlnitzky, wie hätte Birgler das anstellen sollen?

Und doch schien es, als ringe Hirsch mit sich, ob er noch etwas hinzufügen solle. Zedlnitzky bemühte sich um eine aufmunternde Miene, und tatsächlich gab sich der Anwalt nach einem kleinen Moment einen Ruck: „Um ehrlich zu sein, der Birgler verfolgt mich. Mein ganzes Leben lang seit jenen Ereignissen. Ehrlich, in den unmöglichsten Momenten habe ich ganz plötzlich das Gefühl, ihn ganz deutlich und leibhaftig vor mir zu sehen."

Zedlnitzky konnte sich das durchaus vorstellen. Wenn man so etwas Traumatisches durchgemacht hatte, dann konnte das nicht ohne Folgen für das weitere Leben bleiben. Er, Zedlnitzky, hätte zwar weit eher damit gerechnet, dass man in einer solchen Lage Albträume haben würde, doch warum sollte man nicht auch im wachen Leben Sinnestäuschungen unterliegen?

„Ja", fuhr Hirsch fort, „ich weiß es noch ganz genau. Als ich an der Wiener Uni mein Studium fortsetzte, da war mir, als hätte ich ihn plötzlich mitten unter den Kommilitonen erblickt. Was natürlich ganz unmöglich war. Aber so ist es mir halt erschienen. Und Jahre später habe ich mir eingebildet, ihn vor Gericht zu sehen. Aber nicht als Angeklagten, falls Sie das meinen, nein, im Rahmen eines Prozesses, bei dem ich als Rechtsanwalt dabei war. Damals wollte ich dieses Phantom sogar darauf ansprechen, aber ehe der Prozess vertagt wurde, war es auch schon wieder verschwunden. Und so ging es mir all die Jahre. Dieser Birgler sitzt in mir wie ein Stachel im Fleisch."

Zedlnitzky sah sein Gegenüber voller Mitgefühl an. „Wir Nachgeborenen", meinte er schließlich, „haben leider gar keine Ahnung, wie das damals alles gewesen ist, wie man sich gefühlt haben muss und vor allem, wie man mit solchen Erlebnissen umgeht. Ich kann nur hoffen, dass in Ihrem Fall trotz allem die schönen Momente im Leben überwogen haben."

Die letzten Worte hatte er nur noch krächzend hervorgebracht, da seine Kehle mit jeder Silbe noch trockener geworden war. Ihm war nicht nur schlecht, er fühlte sich auch so.

Anton Hirsch aber lächelte mitfühlend. „Danke, das haben Sie schön gesagt. Und ja, unter den gegebenen Umständen hat es das Leben mit mir schließlich doch noch gut gemeint. Ich habe eine wundervolle Frau, einen wunderbaren Sohn, und mein Berufsleben verlief unterm Strich doch recht erfolgreich. So gesehen hege ich keinen Groll mehr."

Zedlnitzky fühlte sich regelrecht erleichtert. Er dankte dem Anwalt wortreich und versicherte ihm, welch große Hilfe er gewesen sei. Hirsch meinte, es sei nicht der Rede wert gewesen. Zudem hoffe er, der Inspektor werde bei seinen Ermittlungen erfolgreich sein. Zedlnitzky wünschte Hirsch alles Gute und sah dann zu, dass er wieder auf die Straße kam.

In seinem Auto sitzend, rekapitulierte er das eben Gehörte. Hirsch hatte also wie Dinotti besagtes Massaker überlebt. Und er ging davon aus, dass Birgler dabei eine besonders unheilvolle Rolle gespielt hatte. Zedlnitzky blickte auf das Aktenkonvolut, das auf dem Beifahrersitz lag. Dieses würde er sich nun zu Gemüte führen müssen, denn dadurch würde das Bild wohl noch klarer werden.

Kaum wieder im Büro angekommen, packte er seinen Stapel aus und breitete die einzelnen Schriftstücke auf seinem Schreibtisch aus. Als Erstes nahm er das Urteil des Volksgerichtshofs näher in Augenschein. Dieses hatte mit fünf Todesurteilen geendet, wobei Zedlnitzky die Namen Baumgartner und Pomassl, die ganz oben auf der Liste der Angeklagten standen, schon bekannt waren. Erwähnenswert schien ihm aber auch die Rolle des Volkssturmführers Pilz, der gleich den anderen beiden zum Tod verurteilt und am

28. Februar 1947 auch tatsächlich hingerichtet worden war. Logischerweise konzentrierte sich Zedlnitzky in der Folge auf die Vernehmungen und die Aussagen dieser drei Personen.

Gemeinsam war ihnen, dass sie sich auf Befehlsnotstand auszureden versuchten. Selbst Baumgartner, der ja der ranghöchste Vertreter der Gruppe gewesen war, berief sich auf eine Order, die er vom Gauleiter persönlich erhalten haben wollte. Pilz wiederum erklärte, er sei durch das besonders rücksichtslose Verhalten seines unmittelbaren Stellvertreters förmlich genötigt worden, sich an dem Morden zu beteiligen, widrigenfalls er selbst von diesem erschossen worden wäre.

Und da war er wieder, dieser unheilvolle Name. Willi Birgler!

Der habe alle in eine Art kollektive Sinnestrübung getrieben und buchstäblich in eine Form von Mordlust hineingesteigert, durch die auch sie, Pilz und seine Kameraden, zum Mitmachen gezwungen worden seien, wollten sie nicht gleich Anstaltsleiter Kodré als Leichen an der Wand enden. Pomassl wiederum stritt ab, den stellvertretenden Direktor gewürgt und ein Schwein genannt zu haben. Diese Tat sei vielmehr von Birgler gesetzt worden, der dann auch persönlich die Exekution von Kodré vorgenommen habe.

Und Baumgartner rechtfertigte sich damit, auf das Geschehen keinen Einfluss mehr gehabt zu haben, da Birgler sich eine MP geschnappt und auf alles geschossen habe, was sich irgendwie bewegte. Auf diese Weise habe Birgler schon mehrere Dutzend Häftlinge ermordet gehabt, als er die Waffe gegen Baumgartner richtete und diesen aufforderte, mitzumachen oder aber selbst zum Opfer zu werden.

Tatsächlich stellten die Anwälte der Hauptangeklagten im Prozessverlauf den Antrag, Birgler herbeizuschaffen, doch entweder war damals nicht bekannt, dass Birgler in Salzburg einsaß, oder aber das Gericht sah es nicht als erforderlich an, diesen dem Verfahren beizuziehen. Gemeinsam mit zwei weiteren Angeklagten erhielten die drei Rädelsführer die Höchststrafe, der sie in der Folge dann auch nicht entgingen. Ob die drei Birgler kollektiv belastet hatten, weil dieser nicht greifbar war und ihnen so die Gelegenheit bot, die eigene Schuld geringer erscheinen zu lassen, oder ob Birgler wirklich wie ein Berserker gewütet hatte, darüber konnte er nur Vermutungen anstellen. Aber er begann zu begreifen, warum Hirsch und offenbar auch Dinotti ein besonderes Interesse an diesem Ungeheuer hatten.

Zedlnitzky trommelte mit den Fingern auf die Tischplatte. War es wirklich Birgler gewesen, der Dinotti dermaßen aufgescheucht hatte, dess dieser sich in seiner Dachkammer verbarrikadiert hatte? Und wenn ja, war Birgler Dinottis Mörder? Zedlnitzky gestand sich ein, dass diese Annahme abenteuerlich klang. Aber bislang hatte er keinen besseren Verdächtigen. So gesehen war jede These spekulativ.

Wieder einmal konsultierte er den Chronometer. Beinahe zwei Uhr nachmittags. Kein Wunder, dass er Hunger verspürte. Und um zwei, das wusste er aus jahrelanger Erfahrung, schloss die Kantine. Eilig schob er den Sessel zurück, schnappte sein Sakko und eilte in den ersten Stock, um wenigstens noch ein Sandwich und eine Nussecke zu ergattern.

Holdselig kehrte er nach 15 Minuten mit beidem zurück. Dazu hatte er noch einen Kaffee erstanden, sodass der Rest des Arbeitstages ohne gröbere Beeinträchtigung durch Hunger oder Durst vergehen konnte.

Nach weiteren zwei Stunden schmerzten ihn seine Augen. Er rieb sich die Nasenwurzel und seufzte. Für's Erste hatte er, so sagte er sich, genug getan. Alles Weitere musste bis Montag warten. Zedlnitzky sah sich um und erkannte, dass niemand mehr da war, dem er ein schönes Wochenende hätte wünschen können. So nahm er seine Sachen an sich und schickte sich an, sich nach Hause zu begeben.

Plötzlich und unerwartet läutete das Telefon. Neugierig hob er ab und meldete sich.

„In mein Büro. In 15 Minuten", schnarrte es ihm entgegen.

Zedlnitzky brauchte eine Weile, bis ihm bewusst wurde, dass ihn da eben Staatsanwalt Reichenberger einbestellt hatte, und dies auf höchst unorthodoxe Weise. Denn noch ehe er hatte antworten können, hatte Reichenberger schon wieder aufgelegt. Zedlnitzky gönnte sich noch eine Zigarette, dann machte er sich langsam auf den Weg, wobei er darüber nachgrübelte, was der Staatsanwalt wohl von ihm wollte und weshalb sein Ton dabei so forsch gewesen war.

Die Sekretärin ließ ihn entwürdigend lange warten, und in Zedlnitzky stieg nun auch Groll auf. Immerhin war es Freitagnachmittag, das Wochenende stand vor der Tür, und ihm fiel absolut nichts ein, das so dringend gewesen wäre, dass man es partout noch um 4 Uhr nachmittags besprechen musste. Endlich läutete der Apparat auf dem Schreibtisch der Vorzimmerdame. Sie hob ab, ließ ein leises „Ja" vernehmen und legte wieder auf.

„Der Herr Doktor lässt jetzt bitten", flötete sie in Zedlnitzkys Richtung.

Dieser erhob sich und öffnete die schwere Doppeltüre, die ihn in Reichenbergers Reich führte. Der wirkte wie üblich schwer beschäftigt. Er sah eine gute Weile gar nicht erst aus seinen Akten auf und tat, als ob er das Eintreten Zedlnitzkys nicht bemerkt hätte. Der Inspektor musste lächeln. Dass die Mächtigen immer den Drang hatten, ihren Untergebenen zu zeigen, dass sie mächtig waren! Doch halt, das stimmte nicht, korrigierte er sich selbst. Die wirklich Mächtigen waren unprätentiös, freundlich und erstaunlich entspannt. Es waren jene, die gerne Macht besäßen, diese aber nur in bemerkenswert geringem Ausmaße hatten, die derlei Demonstrationen benötigten. Und insgesamt gesehen war Reichenberger weit davon entfernt, über nennenswerten Einfluss zu verfügen.

Zedlnitzky wartete also in Ruhe, bis der Staatsanwalt ihn zur Kenntnis zu nehmen geruhte. Geräuschvoll schloss dieser einen Aktendeckel und blickte dann endlich auf.

„Sellnitzky, Sie Tiefflieger! Machen Sie das eigentlich absichtlich?"

Er hatte ihm keinen Platz angeboten.

„Was, bitte schön?"

„Fragen Sie nicht so dumm", kam es knurrend von der anderen Seite des Schreibtischs. „Wir haben einen ermordeten Dentisten und Sie spielen Hugo Portisch."

„Wie belieben?"

Reichenberger lehnte sich in seinem Sessel zurück. „Ich hab' Sie am Vormittag gesucht, und da hieß es, Sie seien in irgendeinem Archiv über den Zweiten Weltkrieg. Mir sitzt der Minister im Genick, wann man mit einer Anklage rechnen kann, und ich muss mir von Ihren Kollegen sagen lassen, Sie beschäftigen sich mit irgendeinem längst vergangenen Käse, den kein Mensch mehr hören kann."

„Mit Verlaub, Herr Doktor, aber ich vermute das Motiv für die Ermordung Dinottis in genau jener Vergangenheit."

„Ach Papperlapapp. So ein Blödsinn! Wie kommen Sie denn auf so einen Schwachsinn? Sie glauben doch nicht ernsthaft, dass sich jemand über 40 Jahre Zeit für eine Abrechnung lässt. So ein Mordmotiv, das ist immer viel konkreter. Geld, Eifersucht, Neid, Ehre, na, Sie wissen schon, was ich meine. Das werden Sie auf der Polizeischule gelernt haben, was Motive sind. Da brauchen wir nicht diesen unappetitlichen Nazikram wieder auszugraben. Schlimm genug, dass das in der gegenwärtigen Wahlauseinandersetzung aufgekommen ist. Aber manche Journalisten lernen es eben nie. Denen ist alles recht für eine billige Schlagzeile."

Schön langsam wurde es Zedlnitzky zu bunt. Er zog ungefragt einen Sessel erst zu sich, dann zu Reichenbergers Schreibtisch und setzte sich.

„Schauen Sie, Herr Doktor! Ich habe das aktuelle Umfeld des Dinotti ziemlich gut durchleuchtet. Da gibt es niemanden, der auch nur das allergeringste Motiv haben könnte. Dinotti hatte weder Schulden, noch kannte er Leute, die ihm etwas schuldeten. Er war als Dentist praktisch schon in Pension, verkehrte kaum in der Öffentlichkeit und lebte insgesamt sehr zurückgezogen. In dieser Hinsicht ist bei ihm nichts zu holen."

Reichenberger trommelte ungeduldig mit seinen Fingern auf der Tischplatte.

„Dafür ist mir beim genaueren Augenschein seines Hauses ein Dokument aufgefallen, das Dinotti offenbar kurz vor seinem Tod noch einmal eingehend studiert haben dürfte. In dem Dokument geht es um einen SS-Mann namens Willi Birgler, der seinerzeit federführend am Massaker in Stein beteiligt war. Und ..."

Dem Staatsanwalt schien nun endgültig der Kragen zu platzen: „Haben Sie die Nazizeit erlebt, Sellnitzky? Haben Sie das? Ich glaube kaum! Also! Erzählen Sie mir nix von solchen alten Kamellen. Ich war dabei ... Ich meine, ich habe sie erlebt, die Nazizeit. Ich bin ein Zeitzeuge. Und ich sage Ihnen, wenn es damals irgendwelche offenen Rechnungen gegeben hat, dann sind die gleich damals beglichen worden, als noch Wildwuchs herrschte. Für uns heute ist das völlig ohne Bedeutung, und wenn der Herr Bundeskanzler und sein Schmierblattl das hundertmal glauben."

„Aber ..."

„Nix aber. Jetzt red' ich, und Sie hören zu. Sie haben selber g'sagt, Sie hätten sein Umfeld ziemlich gut durchleuchtet. Ziemlich gut ist offenbar nicht gut genug! Vergessen S', was da damals war, das spielt überhaupt keine Rolle. Wir sind ja nicht in einem grauslichen Hollywood-Schinken. Nein, nein, der Dinotti wird irgendjemandem auf die Zehen gestiegen sein, und der hat ihm dafür die Schleifen gegeben. Da brauchen wir keine Schatten aus der Vergangenheit. Schon allein der Gedanke an so etwas ist derart hanebüchen, dass ich mich ernsthaft fragen muss, ob Sie für diese Art Arbeit nicht zu wenig qualifiziert sind."

Zedlnitzky atmete tief durch. Dann nahm er einen neuen Anlauf. „Haben Sie schon einmal von Simon Wiesenthal gehört?"

„Der Mercedeshändler", versuchte Reichenberger einen reichlich matten Scherz.

„Der hat den Eichmann aufgespürt. In Argentinien. Oder die Klarsfeld, die hat den Barbie in Bolivien gefunden. Sie wissen schon, der sogenannte ‚Schlächter von Lyon', dem jetzt demnächst der Prozess in Frankreich gemacht werden wird. Es gibt noch unzählige ehemalige Naziverbrecher, die sich irgendwo in der Welt verstecken. Was, wenn der Dinotti den Birgler ausfindig gemacht hat?"

Reichenberger schnaubte ärgerlich. „Birgler, Birgler! Wer soll das überhaupt sein? Und was ist das mit diesem angeblichen Massaker, von dem Sie da reden?"

Zedlnitzky unterdrückte ein Grinsen. Es war ihm tatsächlich gelungen, den Staatsanwalt in die Defensive zu bringen. Jetzt musste er nur noch in aller Ruhe seine Argumente ins Treffen führen, und Reichenberger würde nichts anderes übrig bleiben, als ihn gewähren zu lassen.

„Das angebliche Massaker ereignete sich tatsächlich am 6. April 1945 in der Strafanstalt Stein an der Donau. Damals wollte der Gefängnisdirektor Kodré die Gefangenen freilassen, weil es keine Lebensmittel mehr gab und sich die Front rasch näherte. Dagegen hat die SS quasi geputscht und gemeinsam mit ein paar verhetzten Volkssturmmännern nicht nur Hunderte Häftlinge erschossen, sondern auch den Kodré, dem sie Feindbegünstigung vorgeworfen hat."

„Aha", schnaubte der Staatsanwalt, „und was hat das alles mit dem Dinotti zu tun?"

„Der Herr Dinotti", entgegnete Zedlnitzky mit genüsslicher Langsamkeit, „war damals einer der Häftlinge, die dieses Massaker überlebt haben. Während besagter Birgler einer jener SSler war, die an jenem Tag besonders gewütet haben. Der Birgler soll schon davor viele Menschen ermordet und eine wahre Blutspur durch Niederösterreich gezogen haben. Er wurde 1946 in Salzburg rechtskräftig zum Tod durch den Strang verurteilt, konnte sich aber der Vollstreckung des Urteils durch Flucht aus seinem Gefängnis entziehen."

Erstmals schien der Staatsanwalt ins Grübeln zu kommen. „Sie meinen also, der Dinotti hat irgendwo seinen ehemaligen Peiniger wieder getroffen?"

Zedlnitzky nickte. Und erschrak gleich darauf, als Reichenberger die Faust auf den Tisch knallen ließ.

„Schon wieder so ein Blödsinn! Sie haben ja selbst gesagt, dass diese ehemaligen Nazis nach dem Krieg nach Südamerika geflüchtet sind. Nach Argentinien und Bolivien und sonst wohin. Sie glauben doch nicht ernsthaft, dass ein zum Tod verurteilter Kriegsverbrecher seelenruhig in dem Land bleibt, in dem ihm der Strang oder mittlerweile zumindest lebenslänglich droht. Das wär' doch absurd."

„Das vielleicht schon. Aber wer weiß, vielleicht war der Birgler ja auch 40 Jahre im Ausland. Und jetzt ist es ihm vielleicht dort zu heiß geworden. Ich habe das gerade ein wenig im, Fischer Weltalmanach' nachgelesen. Diese ganzen südamerikanischen Staaten, wohin die Nazis damals geflohen sind, die waren allesamt Militärdiktaturen. Jetzt aber kehrt ein Land nach dem anderen zur Demokratie zurück. Den Barbie zum Beispiel, den haben die Franzosen auch nur gekriegt, weil ihm die neue bolivianische Regierung ihren Schutz entzogen hat.

Möglicherweise saß der Birgler auch dort irgendwo und hat sich gedacht, jetzt wird's da eng. Oder", und an dieser Stelle hob Zedlnitzky den Zeigefinger, „aber er ist schwer krank. Ich meine, der Mann ist jetzt 64 oder so. Da kann man Krebs kriegen oder sonst etwas Schwerwiegendes. Und da ist er vielleicht auf seine alten Tage sentimental geworden und wollt' in seiner Heimat sterben. Nur, dass das mit dem Sterben nicht so schnell gegangen ist. Und plötzlich erkennt ihn der Dinotti von damals wieder. Und der Birgler will zwar in Österreich sterben, nicht aber in gesiebter Luft. Also versucht er, sich mit Dinotti zu arrangieren, versucht vielleicht, ihn zu bestechen. Und als das nicht funktioniert, erschlägt er ihn."

Reichenberger schüttelte missbilligend den Kopf. „Das ist doch alles Larifari. Selbst wenn Ihre Grundannahme stimmen sollte und der Birgler wieder in Österreich ist, und selbst wenn der Dinotti ihn irgendwo erkannt hat und auffliegen lassen wollte, dann hätte der Dinotti den Birgler doch nie in seine Ordination gebeten. Der hätt' sich doch vor diesem Nazi gefürchtet wie der Teufel vor dem Weihwasser."

Zedlnitzky musste sich eingestehen, dass der Staatsanwalt einen schwachen Punkt in seiner Argumentation gefunden hatte. Darüber würde er noch genauer nachdenken müssen, sagte er sich. Hierüber galt es noch eine plausible Theorie zu entwickeln, wie es kommen konnte, dass Dinotti seinen späteren Mörder, wenn es denn Birgler war, überhaupt so nahe an sich heranließ. Denn dass Dinotti bestechlich gewesen wäre, hielt er für völlig abwegig. Doch warum hatte er Birgler dann nicht sofort angezeigt? War er sich nicht sicher gewesen? Doch selbst dann hätte er den Mann wohl kaum zu sich gebeten, er hätte vielmehr nach einer Möglichkeit gesucht, sich an ihn heranzuschleichen, um ihn genauer in Augenschein nehmen zu können, aber keinesfalls hätte er zugelassen, dass Birgler ihn erwischen konnte.

Zedlnitzky blickte sehnsuchtsvoll auf den schweren Glasaschenbecher, der auf Reichenbergers Schreibtisch stand. Gerne hätte er sich jetzt eine Zigarette angezündet, um während des Rauchens seine Gedanken zu ordnen. Doch danach zu fragen hätte Reichenberger wohl als weitere Provokation gewertet.

„Haben S' gehört, was ich g'sagt hab'?"

Der scharfe Ton des Staatsanwalts riss ihn wieder aus seinen Gedanken. Anstatt sich zu entschuldigen, sah Zedlnitzky Reichenberger nur fragend an. Der richtete seine Augen theatralisch gegen die Decke und machte dabei eine gottergebene Geste, die wohl bedeuten solle, er sei mit lauter Idioten gestraft.

„Die Birgler-Spur dürfen S' in der Hinterhand behalten. Aber die ist nicht, ich wiederhole, nicht prioritär. Sie schau'n sich jetzt noch einmal alle seine Patienten an. Und wenn das hundertmal lauter Pensionisten sind. Vielleicht hat der Dinotti da ja etwas verpfuscht, und darum wollte sich wer rächen."

Verpfuscht? Was konnte ein Zahnklempner verpfuschen? Glaubte der Staatsanwalt ernsthaft, ein ehemaliger Patient brachte seinen Dentisten um, weil dieser ihm die Zahnschmerzen nicht gelindert oder, notabene, den falschen Zahn gezogen hatte? Das konnte unmöglich Reichenbergers Ernst sein.

„Sie glauben ernsthaft …"

„Ich glaube gar nix! Aber es soll schon vorgekommen sein, dass ein Dentist irgendetwas falsch gemacht hat. Und wer weiß, vielleicht ist einer seiner Patienten daran gestorben. Und ein Hinterbliebener machte den Dentisten für dessen Tod verantwortlich."

Der Staatsanwalt schien von seiner eigenen These begeistert, denn er fuhr in immer schnellerem Ton fort. „Und weil unser Täter weiß, dass er vor Gericht für seine Sache nicht Recht bekommen würde, greift er zur Selbstjustiz." Reichenberger zuckte mit den Schultern. „Alles schon einmal vorgekommen."

Zedlnitzky musste sich beherrschen, um nicht vernehmlich Missfallen zum Ausdruck zu bringen.

Reichenberger blickte derweilen demonstrativ auf seine Uhr.

„Na gut“, resümierte er, „für heute kann man das eh vergessen. Und die Wochenendruhe ist Ihnen sicherlich auch heilig. Aber am Montag fangen Sie gleich in der Früh damit an, alle Patientenakten der letzten zwei Jahre durchzuackern. Und mit alle meine ich auch alle. Haben wir uns verstanden?“

Zedlnitzky nickte matt.

„Gut! Am Dienstag erstatten Sie mir dann wieder Bericht. 14 Uhr bei mir. Und dann will ich Ergebnisse sehen, weil nächste Woche müssen wir einen Täter präsentieren, sonst reißt uns nicht nur der Herr Minister den Allerwertesten auf, das macht dann auch die Presse. Und zwar genüsslich.“

„Vielleicht könnten wir aber genau der Presse einen Zund wegen dem Birgler geben“, startete Zedlnitzky einen letzten Versuch, „die fahren derzeit doch eh auf alles ab, was mit der Nazizeit zu tun hat. Vielleicht konzentrieren die sich dann auf das und lassen uns in Ruh'.“

„Sag, sind Sie so blöd oder tun Sie nur so? Ich hab' ihnen doch gerade klipp und klar gesagt, diese Nazisache hat keine Priorität! Auf die greifen wir höchstens dann zurück, wenn uns das Wasser bis zum Hals steht, verstanden? Und jetzt will ich darüber kein Wort mehr hören!“

Zedlnitzky blieb nichts mehr zu sagen übrig. Er wartete, dass Reichenberger ihn entließ, doch der vertiefte sich demonstrativ in seine Akten und schenkte seinem Gegenüber keine Beachtung mehr.

„Ich darf mich empfehlen?“, fragte Zedlnitzky schließlich nach einer Weile.

Der Staatsanwalt reagierte ohne aufzusehen mit einer wegscheuchenden Handbewegung.

„Schönes Wochenende dann", sagte Zedlnitzky am Weg zur Tür. Er bekam keine Antwort. Trottel, dachte er, während er zusah, wieder in sein Büro zu kommen.

Von dort rief er seine Frau an, um ihr mitzuteilen, dass er sich nun auf den Heimweg mache. Die Idee, sich das Rapid-Spiel live im Stadion anzuschauen, hatte er in Wirklichkeit nie ernsthaft in Erwägung gezogen. Der Tag war hart und lang gewesen, und so sehnte er sich nach nichts mehr, als entspannt auf der Couch dem Wochenende entgegenzudämmern. Mochten ihn andere für faul halten, aber ein Sportler würde nicht mehr aus ihm, das stand nun einmal fest.

Das Nachtmahl bestand aus Fischstäbchen mit Kartoffelpüree, und er konnte nicht behaupten, dass dies seine Laune gebessert hätte.

„Mit dem Kinderzeugs kannst mich jaucken", zischte er seiner Frau in einem unbemerkten Moment zu, „das werd' ich in 30 Jahren noch nicht mögen."

Doch er musste einsehen, dass die Kinder das „Zeugs" liebten und er als Vater eben zurückstecken musste. So zog er sich mit einem Bier vor den Fernseher zurück und drohte der Nachkommenschaft mit einer Streichung des sonntägigen Praterbesuchs, wenn ihre Lautstärke jene des Fernsehers übertönen sollte.

Erfreulicherweise war Jackie bald schon müde, und so schlief sie schon, noch ehe der Hauptabendfilm begann. Freitag war Krimitag, und Zedlnitzky freute sich stets auf den imaginären Vergleichskampf mit den Fernsehkollegen. Und doch war er jedes Mal aufs Neue enttäuscht, wie hanebüchen die jeweiligen Stories waren. All die Fälle, die in den diversen Serien gebracht wurden, zeichneten sich dadurch aus, mit der Realität nicht das Geringste zu tun zu haben. Glaubte man den Machern von „Derrick", dann passierten Morde nur im gehobenen Milieu, denn jeder Täter hatte eine Wohnung, von der er, Zedlnitzky, nur träumen konnte. Wenn es sich nicht gleich um ein Einfamilienhaus oder gar eine Villa handelte.

Doch „Derrick“ stand am Freitag ohnehin nicht am Programm. Da wurde „Der Alte“ gegeben. Zedlnitzky trauerte Siegfried Lowitz nach, der nach 100 Folgen offenbar genug von seiner Figur als Kriminalhauptkommissar Köster gehabt hatte. Erst Anfang des Jahres war es gewesen, da er sich bei seinem letzten Fall einen Bauchschuss eingefangen hatte. An den neuen „Alten“, einen Mann namens Schimpf, musste sich Zedlnitzky erst noch gewöhnen. Und er konnte sich auch nicht erklären, was der Neger in der Serie sollte, und wenn er hundertmal „Huber“ mit Nachnamen hieß. Nicht, dass er etwas gegen Ausländer hatte, beileibe nicht, aber nach über zehn Jahren bei der Exekutive wusste er, dass eher eine Frau Bundeskanzlerin würde, als dass man bei der Kriminalpolizei einen Mohren zum Kommissar machte.

Die aktuelle Folge trug den Titel „Der Trugschluss“, und Zedlnitzky fand ihn ziemlich passend. Es war ein Trugschluss gewesen, sich von dieser dünnen Geschichte einen entspannenden Abend zu erwarten. Und obwohl es erst kurz nach 9 Uhr war, drehte er den Fernseher ab und begab sich ins Schlafzimmer, wo er sich mit der Lektüre von „Jerry Cotton“ darauf vorbereitete, alsbald sanft einzuschlafen.

Wien, 20.6.1970

Nach einem Vierteljahrhundert war es den Roten endlich gelungen, die Mehrheit im Land zu erobern. Nicht, dass er sie gewählt hatte. Es musste genügen, dass er regelmäßig Mitgliedsbeiträge zahlte, da brauchte er nicht auch noch für die Partei zu stimmen. Zwar war er wie jedes Mal brav zur Wahl gegangen, doch in der Kabine war jeder allein, und wie jedes Mal hatte er sich darauf beschränkt, eine Obszönität auf den Stimmzettel zu kritzeln. So weit kam es noch, dass er dieses System mit seiner Kür legitimierte. Und doch musste er bald nach der Wahl schmunzeln. Ausgerechnet der Häuptling der Sozis, der einer jüdischen Familie entstammte, berief mehr ehemalige Nazis in sein Kabinett als alle seine Vorgänger. Die Geschichte ging wirklich oft ihre eigenen Wege.

All das konnte ihm freilich rechtschaffen egal sein. Viel wichtiger war, dass die Roten jetzt jede Menge Leute brauchten, um die neu errungenen Posten in der Verwaltung mit eigenen Gefolgsmännern zu besetzen. Da musste doch auch für ihn ein attraktives Angebot dabei sein. Jeden Morgen, seit die Regierung Kreisky ihr Amt angetreten hatte, wartete er auf den entscheidenden Anruf. Und während er wartete, malte er sich aus, wohin man ihn setzen würde. Als Sektionschef in ein Ministerium, wie er es schon vor 15 Jahren erträumt hatte. Oder doch noch eine Karriere in der Justiz? Er musste sich eingestehen, dass ihn Letzteres mehr reizte, aber auch, dass seine Geduld von Woche zu Woche geringer wurde. Wenn nicht bald etwas geschah, dann blieb er buchstäblich übrig.

In diesen Momenten, in denen er mit seinem Schicksal zu hadern begann, zwang er sich selbst zur Mäßigung. Er sagte sich dann, dass er trotz allem nicht unzufrieden sein dürfe, denn immerhin habe er doch einiges erreicht. Zumal, wenn man bedachte, dass er eigentlich schon seit fast einem Vierteljahrhundert tot sein sollte.

Die Erinnerung an jene fernen Tage in Glasenbach, sie war ihm mehr und mehr entschwunden, und beinahe war es ihm, als müsse er sich die Ereignisse aktiv ins Gedächtnis rufen, um sie für wahr halten zu können. Dann erst tauchten verschwommene Bilder auf, in denen er sich in Handschellen auf einer harten Anklagebank sitzen sah, konfrontiert mit massiven Vorwürfen in einer Sprache, die er nicht verstand. Was er selbst vorbrachte, schien niemanden zu interessieren, ja, ihm war, als würde seine Rechtfertigung die Richter sogar belustigen. Und doch war er wie vor den Kopf gestoßen gewesen, als sie ihr Urteil sprachen und ihm der Übersetzer monoton zu verstehen gab, dass er aufgehängt werde.

Eigentlich hasste er diese Gedankengänge, und er versuchte sie dann schleunigst loszuwerden. Er griff zu Alkohol, der ihm half, das eben wieder Vergegenwärtigte zu verdrängen. Und doch, so gestand er sich ein, war es faszinierend, dass er viele Augenblicke jener Verhandlung vollständig vergessen hatte, während ihm aus den Jahren davor schier unzählige Szenen in Erinnerung geblieben waren. Aber das waren ja auch die schönen Tage gewesen. Jene, in denen er über Leben und Tod anderer hatte entscheiden können, in denen er es war, der bestimmte, in denen er absolute Macht genossen hatte. Dafür hatte er dann einen hohen Preis zahlen müssen, und wenn die Gesinnungsgenossen ihm nicht in letzter Minute zur Freiheit verholfen hätten, dann wären von ihm nur noch ein paar brüchige Knochen übrig.

Nur noch ein einziges Mal eine derartige Macht auskosten zu können, das war eine wunderbare Vorstellung für ihn. Doch dass daraus Wirklichkeit werden könnte, daran glaubte er beinahe selbst nicht mehr. Bis an jenem Junitag endlich der ersehnte Anruf kam. Wenig später wusste er, dass er nicht umsonst Jus studiert hatte. Und in seiner neuen

Funktion würde er tatsächlich wieder über Leben oder Tod entscheiden können. Nun, vielleicht nicht buchstäblich, aber doch im übertragenen Sinn.

Er lächelte. Erst verhalten, dann breiter und immer breiter, bis sein Lächeln in ein lautes Lachen überging, das nicht mehr enden wollte. Was war das doch für ein göttlicher Witz!

Es gab zwar immer noch ab und zu Tage, an denen er schweißgebadet aufwachte und sich in Panik davor fürchtete, doch noch aufzufliegen, doch meist hatte er sich dann recht schnell wieder im Griff. Jedes Mal nach solchen Attacken nahm er sich vor, endlich den „Akt Birgler" für immer verschwinden zu lassen, doch tat er es nie. Denn er ging davon aus, dass ihn sein Interesse für diesen Fall weit mehr verdächtig machen würde und er somit schlafende Hunde wecken könnte.

Wien, 3. Mai 1986

Samstag war stets ein Tag, den er genießen konnte. Seine Frau kümmerte sich um das Frühstück und sorgte dafür, dass die Kinder zeitgerecht in der Schule waren. Dann hatte er den ganzen Vormittag für sich in einer erfreulich ruhigen Wohnung. Kaum waren die kleinen Plagegeister aus dem Haus, stand er auf, stellte neuen Kaffee zu und zündete sich eine „Smart“ an. Automatisch griff er zur Zeitung und schlug den Sportteil auf. Schon nach wenigen Augenblicken wusste er, dass es ein Fehler gewesen war, nicht aufs Match zu gehen. Rapid hatte gewonnen, aber es schien ein mörderisch spannendes Spiel gewesen zu sein, jedenfalls weitaus faszinierender als der lahme TV-Film, den er sich stattdessen angesehen hatte.

Bereits in der 16. Minute hatte Karl Brauneder, der Verteidiger, die Grünweißen in Führung gebracht, doch die Admira glich durch Binder nur wenig später aus. Pacult und Kranjcar ließen den Vorspung auf 3:1 anwachsen, ehe Manfred Zsak noch vor der Pause der Anschlusstreffer gelang. Weber und nochmals Pacult schienen bis zur 55. Minute alles klarzumachen, ehe Admira doch noch auf 5:3 herankam. Aber letztlich hatte Rapid den Vorsprung über die Zeit gebracht und lag damit dem Erzrivalen weiter knapp auf den Fersen. Ein Sieg beim Derby in drei Wochen konnte das Steuer im letzten Moment noch herumreißen. Und dieses Derby stieg im Horr-Stadion, keine zwei Kilometer von seiner Wohnung entfernt. Vielleicht, sagte er sich, während er den Kaffee vom Herd nahm, sollte er wenigstens dann ins Stadion gehen.

Er dämpfte die Zigarette aus und legte die Zeitung beiseite. Aus dem oberen Kästchen holte er eine Schale hervor, in welche er den Kaffee goss. Dann hielt er im Kühlschrank Nachschau, was sich dort an Essbarem fand. Er zog zwei

Längen Kabanossi hervor und schnitt sich dazu eine Scheibe Brot ab. Damit ausgestattet, setzte er sich wieder an den Küchentisch und fuhr mit der Lektüre der Zeitung fort.

Eine weitere Zigarette später kam seine Frau vom Einkaufen zurück. Zedlnitzky war erstaunt, wie schnell die Zeit vergangen war. Er lächelte ihr zu, doch ihr Gesichtsausdruck ließ ihn umgehend besorgt werden.

„Was ist denn los?", fragte er erstaunt.

„Im Konsum sind's alle total irre geworden", begann sie, „die haben gekauft wie die Blöden. Ich hab' erst gar nicht verstanden, was da los ist, aber dann hab' ich mit der Filialleiterin geredet, und die hat es mir erklärt."

Zedlnitzky richtete sich auf. Sie hatte seine ganze Aufmerksamkeit.

„Das mit diesem Tschernodings dürfte doch ärger sein, als dein Vater und die Regierung glauben. Da kommt eine riesige atomare Wolke auf uns zu, heißt es, und die Nachrichten raten dazu, dass alte Menschen und Kinder nicht mehr aus dem Haus gehen!"

Sie sah ihn an, als ob der Weltuntergang bevorstünde. „Meinst du, die haben recht?"

Zedlnitzky war ratlos. Er hatte gestern noch die Nachrichten verfolgt, und da war von all dem nicht die Rede gewesen.

„Also ich glaub' das nicht", sagte er endlich.

Seine Frau stellte die Einkaufssackerln auf den Tisch.

„Es heißt, man dürfe keine Erdbeeren essen. Und die Milch, der sollte man auch nicht trauen. Weil die Kühe ja das Gras fressen, und da setzt sich dieses Atomzeugs zuerst fest." Sie sah ihn forschend an. „Du bist doch bei der Polizei. Dir würden sie es doch zuerst sagen, wenn das wirklich so gefährlich ist, oder?"

Er atmete durch, tippte dann mit dem Finger auf die Zeitung.

„Du, die haben gestern am Abend Bundesliga gespielt.

Glaubst du, die lassen die Leute stundenlang im Stadion herumsitzen, wenn sie glauben, das wäre gefährlich? Ich denke, das wird alles künstlich aufgebauscht. Du kennst das doch. Die Zeitungen brauchen irgendeine marktschreierische Schlagzeile, irgendwer liest das und erzählt es weiter, mit Ausschmückungen natürlich, weil er sich wichtig machen will, und der Nächste auch gleich, und auf ja-nein ist das gleich die größte Katastrophe der Weltgeschichte. Das ist wie bei der stillen Post."

Seine Frau wirkte etwas beruhigter. Er selbst konnte das nicht von sich behaupten. War es wirklich vernünftig, mit den Kindern in den Prater zu gehen? Andererseits, was für ein Leben war das, wenn man sich zu Hause verbarrikadierte und den Weltuntergang zu ignorieren versuchte? Er griff nach einer weiteren Zigarette. Solange die Politiker sich noch auf der Straße zeigten, so lange mochte die Gefahr noch nicht allzu groß sein. Mit diesem Gedanken tröstete er sich.

„Und jetzt reden wir nicht mehr von diesem Blödsinn, sondern gönnen uns ein gutes Frühstück. Und weißt was? Am Nachmittag gehen wir ins Amalienbad. Das wird uns alle auf andere Gedanken bringen."

Der Gesichtsausdruck seiner Frau erhellte sich. „Das ist eine gute Idee", pflichtete sie ihm bei.

Und es ist nicht im Freien, dachte er.

Zwei Salamibrote und eine „Smart" später kündigte Lärm vom Gang her das Eintreffen der Kinder an. Peter war wie immer als Erster in der Küche und schleuderte seine Schultasche achtlos in die Ecke, wofür er von seiner Mutter eine tadelnde Geste erntete.

„Sie haben uns den Fußball gestrichen", platzte er heraus, „echt ätzend. Statt dem mussten wir im Turnsaal irgendwelche doofen Übungen machen. Echt für'n Hugo."

„Warum denn das?", fragte die Mutter erstaunt.

Zedlnitzky ahnte die Antwort.

„Der Turnlehrer hat gemeint, es sei nicht sicher draußen. Wegen dem Atom und so."

Zedlnitzkys Frau blickte ihren Mann an. Der zuckte entschuldigend mit den Schultern.

„Ich sag' dir doch, die sind alle hysterisch."

Das schien ihr nicht zu genügen.

„Jetzt einmal ehrlich! Was wissen wir denn bis jetzt? Haben wir schon irgendetwas aus Russland gehört? Irgendwas von Toten, Verstümmelten, Verseuchten? Nein! Also wozu dann die Panik?"

Ihr Blick ruhte immer noch auf ihm.

Er fuhr daher fort: „Wir haben in dem Land was weiß ich wie viele Sirenen. Die täten längst schon laut aufheulen, wenn Feuer am Dach wäre. Tun sie aber nicht! Also, nur die Ruhe!"

Er hatte keine Lust, sich durch dieses unappetitliche Thema den Samstag verderben zu lassen.

„Und weißt du, was die mit Leuten machen, die wirklich in eine solche Wolke gekommen sind? Weißt du das? Die duschen sie einfach ab! Mit Wasser! Also: Amalienbad."

Sie fuhr auf: „Also du glaubst es auch."

„Gar nix glaub' ich. Aber wir haben Spaß im Bad, und sicher ist es auch noch. Zwei Fliegen mit einer Klappe."

Peter fuhr herum: „Wir geh'n ins Bad? Leiwand!" Selig grinsend schlug er seine Zähne in ein Marmeladebrot.

„Aber iss nicht zu viel, bald gibt's Mittagessen."

Zedlnitzky musste schmunzeln. Da hatten sie eben erst gefrühstückt, und schon sollte es den nächsten Gang geben. Wenn sie so weitermachten, dann würden sie dick wie das Michelin-Mandl werden, und zwar unabhängig davon, ob es die Wolke nun gab oder nicht.

Er hatte damit gerechnet, gegen 2 Uhr im Bad einzutreffen. Aber wie stets hatte er die Rechnung ohne die Familie gemacht. Bis endlich alle ausgehfertig waren, näherten sich die Zeiger der Uhr schon sehr stark der drei. Und natürlich hatte Zedlnitzky den Kindern versprechen müssen, nach dem Badbesuch noch zum „Tichy" zu gehen, der seit Donnerstag wieder seine Pforten für die Saison geöffnet hatte. Während er darauf wartete, dass auch Jackie endlich ihre Schuhe anzog, warf er noch einen prüfenden Blick aus dem Fenster. Ignorierte man die Vorstellung einer atomaren Wolke, die über der Stadt schwebte, dann sprach nichts dagegen, zu Fuß zum Bad zu gehen. Sie gingen hinunter zur Davidgasse, der sie über den Belgradplatz bis zur Laxenburger Straße folgten. Von dort waren es dann nur noch vier oder fünf Quergassen, und schon sahen sie den beeindruckenden Bau, der noch aus der Zwischenkriegszeit stammte.

Zedlnitzky erstand an der Kassa ein Familienticket und schickte sich sodann an, seine Herde aufzuteilen. Seine Frau begab sich mit Jackie zu den Damenkabinen, er selbst ging mit Peter in den Herrenbereich. Erwartungsgemäß war der Sohn ungleich schneller fertig, denn er hatte bereits zu Hause die Badehose anstelle der Unterhose angezogen, sodass er nur sein T-Shirt und seine Jeans abzustreifen brauchte, und schon konnte er Richtung Schwimmbecken enteilen. Das „Sei vorsichtig" das Vaters hörte er schon nicht mehr.

Zedlnitzky hatte in der Zwischenzeit sein Hemd und das Unterleibchen abgelegt, dann zog er auch die Stoffhose aus, ehe er sich seiner Socken entledigte. Kurz blickte er sich um, ehe er eilig auch aus dem letzten Bekleidungsstück schlüpfte. Hektisch zog er die Badehose hoch, froh, seine Männlichkeit wieder verhüllt zu wissen. Er sperrte den Spind ab und ging nun ebenfalls in Richtung des großen Bassins.

Dort stellte er sich demonstrativ zwischen zwei Liegen, die er auf diese Weise für die Seinen beanspruchte. Ungeduldig sah er auf die Treppe, von der er seine Frau erwartete, denn erst, wenn auch ihre Handtücher auf den Liegen lagen, war der Anspruch auf selbige quasi amtlich. Dass Frauen immer so trödeln mussten, dachte er murrend.

„Ah da bist", hörte er die Stimme seiner Frau hinter sich. „Ich hab' uns dort drüben an der Ecke ein paar Liegestühle reserviert. Das ist doch viel bequemer als zu stehen, meinst nicht auch."

Zedlnitzky rang nach einer plausiblen Antwort, schluckte seinen Groll dann jedoch schweigend hinunter. Ohne weitere Entgegnung folgte er seiner Frau zu dem von ihr gewiesenen Bereich. Einem lauten Platsch folgte ein Wasserschwall, der ihn an der rechten Seite traf. Natürlich! Peter hatte schon wieder einmal eine Arschbombe machen müssen. Wenn ihn der Bademeister dafür an den Ohren zog, würde er, Zedlnitzky, nicht zugunsten seines Sohnes intervenieren.

Er setzte sich zu seiner Frau auf die Pritsche und besah sich in aller Ruhe den zentralen Bereich des Bades. „Schön, haben sie's renoviert", meinte er.

„Sie haben ja auch lange genug gebraucht dafür", kam es lapidar zurück, und er wusste, dem war wenig entgegenzuhalten, denn sieben Jahre waren fürwahr eine lange Zeit. Aber es hatte sich gelohnt. Man kam sich beinahe wie ein Fürst vor, wenn man das beeindruckende Ensemble auf sich wirken ließ. Beinahe fühlte er sich ein wenig schäbig, als er sein Romanheft aus der Tragtasche seiner Frau holte. „Jerry Cotton" passte zu diesem Gebäude wie Jogging High zum Opernball.

Weit kam er mit der Lektüre ohnehin nicht. Trotz dreier Schusswechsel auf zwei Seiten wurde ihm langweilig. Er lehnte sich zurück und gedachte, ein wenig vor sich hinzudösen. Zufällig geriet der Bauch seiner Frau dabei in seinen Blick, und er ertappte sich dabei, wie er sie verstohlen musterte. Für ihre 30 sah sie immer noch überaus appetitlich aus, befand er. Der Bauch war trotz zweier Schwangerschaften flach wie die Puszta, und ihr Busen hatte ihn ja schon erregt, als sie beide noch Teenager gewesen waren. Durch das azurblaue Oberteil ihres knappen Bikinis stachen ihre aufgestellten Brustwarzen durch, und Zedlnitzky merkte plötzlich, wie er sich genüsslich mit der Zunge über die Lippen leckte. Seine Frau schien tatsächlich ein wenig zu schlummern, denn sie lag reglos da und hatte die Augen geschlossen. Langsam hoben und senkten sich ihre Brüste, korrespondierend mit ihrem Atem. Zedlnitzky dachte an die versäumten Chancen in den letzten Tagen, und eine unbändige Lust überkam ihn. Er musste sich beherrschen, um diese apfelgroßen Verlockungen nicht einfach zu berühren, was in aller Öffentlichkeit mehr als unschicklich gewesen wäre. Zumal für einen Polizisten. Er registrierte, wie wenig dieses Bikini-Oberteil verdeckte. Die halbe Brust blieb nackt, und er sehnte sich nach intimer Nähe. Vor seinem geistigen Auge sah er sich, wie er sich von diesen wunderbaren Knospen abwärts zu ihrem Bauchnabel küsste, um dann einfach den Slip hinunterzuziehen und seine Liebkosungen bei ihrem Spalt fortzusetzen. Am liebsten hätte er seine Frau geweckt, sie nach oben in eine Umkleidekabine geschleppt, um dort endlich, endlich wieder einmal ungestört Sex zu haben.

„Haha, schau, der Alte hat einen Steifen!"

Verwirrt fuhr Zedlnitzky herum und erblickte zwei Knaben um die 14, die blöd lachend vor ihm standen und mit dem Finger auf ihn zeigten. Instinktiv hob er den rechten Arm und führte ihn vor sein Gesicht, den beiden Blödianen damit eine verkehrte Ohrfeige androhend. Die beiden erstarben in ihrem Gelächter und rannten dann tuschelnd davon. Erst, als sie abgedreht hatten, wagte Zedlnitzky einen Blick auf seine Körpermitte, und noch ehe jemand „Polizei" hätte sagen können, lag „Jerry Cotton" aufgeschlagen über seiner Badehose. Allerdings erfüllte das Heft nur ansatzweise seinen Zweck, denn es bildete einen recht ansehnlichen Hügel, sodass es nicht unbedingt großer Fantasie bedurfte, zu erahnen, was sich darunter befand. Und wenn in just diesem Augenblick die Beleuchtung des Bades ausgefallen wäre, hätten dennoch alle Badegäste problemlos weiterlesen können, denn Zedlnitzkys Gesicht glich einer überreifen Tomate und strahlte wie der explodierte Block von Tschernobyl.

Nach einigen Sekunden, in denen er mit Schrecken darauf gewartet hatte, ob seine Frau die Szene mitbekommen hatte, erhob er sich eilig und sprang vom Beckenrand mit einem Köpfler ins Wasser. Er kraulte in größtmöglicher Geschwindigkeit zum anderen Ende des Bassins, und erst, als er wieder zum Ausgangspunkt zurücklangte, hatte er das Gefühl, dass seine Erektion abgeklungen war. Dennoch wartete er noch einen Augenblick, ehe er sich wieder aus dem Becken wagte.

Er trottete zu seinem Liegestuhl zurück und ließ sich dort vorsichtig nieder. Seine Frau hatte immer noch die Augen geschlossen und schien zu dösen.

„Ich find' das süß", sagte sie, ohne sich zu bewegen.

Er fuhr herum und zeigte ein fragendes Gesicht. „Ich meine, da rennen jede Menge junger Dinger herum. Einige sogar oben ohne, und du hast trotzdem nur Augen für mich. Das ist doch ... sehr schmeichelhaft."

Gegen seinen Willen zogen sich seine Mundwinkel nach oben. „Sag ihm das", meinte er endlich

Doch die Dramaturgie des Badbesuchs folgte fixen Regeln. Und dazu gehörte, dass Jackie plötzlich verheult vor ihnen stand und sich bitter darüber beklagte, dass Peter sie vollkommen ignorierte. Zedlnitzkys Frau setzte eine gütige Miene auf und verlautete, den bösen Bruder brauche ja keiner. Sie kletterte aus ihrem Liegestuhl und erklärte ihrem Gatten, sie gehe sich einmal ein wenig mit der Tochter amüsieren. Zedlnitzky nickte nur und versuchte, „Jerry Cotton" doch noch etwas abzugewinnen.

Er war schon beinahe sechs, als die vier wieder im Freien standen, und erstmals seit Stunden waren Jackie und Peter wieder ein Herz und eine Seele. Jeder von ihnen zog einen Elternteil hinter sich her, nach Kräften bemüht, die Distanz zum „Tichy" in Rekordgeschwindigkeit zu überbrücken.

Dort herrschte das übliche Getümmel, doch Zedlnitzky gelang es, mit seinem Blick für das Wesentliche einen freien Tisch zu erspähen und diesen auch sofort für seine Familie zu requirieren. Wie immer wunderte er sich, warum alle drei die Karte studieren wollten, denn es stand außer Zweifel, wofür sie sich letztlich entscheiden würden. Doch anscheinend gehörte das zum Ritual dazu, und so ließ er sie gewähren, auch wenn das bedeutete, dass er länger auf seinen Eiskaffee warten musste.

Beim dritten Anlauf klappte es endlich, und die Kellnerin konnte die Bestellung aufnehmen. „Eismarillenknödel", klang es unisono aus zwei Kinderkehlen, „ein gemischtes Eis mit Schlag, und zwar Erdbeer, Vanille und Schokolade", tat Frau Zedlnitzky kund, die zum Glück die Kellnerin ansah, sodass sie nicht bemerkte, wie ihr Mann jedes einzelne ihrer Worte lautlos mitsprach. „Einen Eiskaffee", statuierte er schließlich, um sich gleich danach eine „Smart" zu gönnen.

Die Idee, die Kleinen ins Bad mitgenommen zu haben, erwies sich als goldrichtig. Sie hatten sich nach Kräften ausgetobt, und so wurden sie vor der Zeit müde. Jackie ging noch vor dem Sport tatsächlich freiwillig ins Bett, und Peter hing zunehmend apathisch am Boden herum, sodass er schließlich keinen Widerstand mehr leistete, als ihn seine Mutter gegen 22 Uhr in sein Zimmer schickte.

Zedlnitzky befand, es sei nun wieder einmal Zeit für ein Bier und eine Zigarette, und so lehnte er sich entspannt zurück, während er Gene Hackman dabei über die Schulter sah, wie der sich mit der „French Connection" anlegte.

„Er sollte auf seine Nase aufpassen", meinte Zedlnitzky augenzwinkernd zu seiner Frau und registrierte wohlgefällig, dass diese sich an ihn kuschelte.

Wenige Minuten später stellte er sich die Frage, warum er sich eine wilde Verfolgungsjagd auf einer Hochschaubahn ansehen sollte, wenn er eine viel tollere Hochschaubahn im eigenen Schlafzimmer haben konnte. Er sah seine Frau fragend an, die mit einem Wimpernschlag Einverständnis signalisierte. Und während Detective Jimmy Doyle in Brooklyn sinnlos herumballerte, wusste Inspektor Paul Zedlnitzky ganz genau, wann und warum er in Favoriten herumballern würde.

Wien, 24. Juni 1983

Die „Ära Kreisky“ war seit genau einem Monat Geschichte. Der Alte hatte sich überaus wacker geschlagen und war tatsächlich zu einer Institution geworden. Dass man in dem verzopften Österreich als Sozi gleich dreimal hintereinander eine absolute Mehrheit holen könnte, das hatte wohl nicht einmal er selbst gedacht. Und doch war es so gekommen.

Ihm, Birgler, konnte es nur recht sein. Schön langsam, ganz unscheinbar, war er Sprosse um Sprosse die Karriereleiter emporgeklettert, bis er auf jenem Posten gelandet war, den er nun, mit 61, einnahm. Anfänglich war er ja ein wenig skeptisch gewesen, ob es für ihn vernünftig sei, an so exponierter Stelle zu stehen. Denn damit war automatisch verbunden, dass er immer wieder einmal im Licht der Öffentlichkeit stand. Ein Interview hier, ein Bericht da, und nicht selten war dabei sein Gesicht zu sehen. Er hatte zwar gründlich vorgesorgt, hatte sich einen schmucken Vollbart wachsen lassen, den er ebenso färbte wie sein Haupthaar und sogar seine Augenbrauen, doch man konnte nie vorsichtig genug sein. Es hieß ja – nicht zuletzt in seinem ureigenen Metier –, dass es die Augen seien, die einen verrieten, doch auch daran hatte er gedacht. Wer, so fragte er sich manchmal mit einem stillen Lächeln, würde ernsthaft vermuten, dass seine aschenbecherdicken Gläser in der Brille nur aus Fensterglas waren?

Eigentlich erstaunte es ihn, dass darauf noch niemand gekommen war, denn wer so starke Gläser trug, der hatte in der Regel Augen wie Zehnschillingmünzen, doch seine sahen hinter dem Glas logischerweise ganz normal aus. Ihn selbst hätte ein solcher Anblick sofort stutzig gemacht. Doch anscheinend hatte die alte Erkenntnis, dass etwas, das für alle offensichtlich ist, meist übersehen wird, doch seine Richtigkeit. Und genau deshalb war er schon seit Jahren nicht mehr nervös, wenn die Fernsehkameras durch den Gerichtssaal schwenkten. Er war er, und niemand sah den Birgler in ihm.

Wobei, wenn er es genau bedachte, dann hatte es schon immer wieder Momente gegeben, in denen es eng zu werden drohte. Er erinnerte sich an den kleinen Rechtsanwalt, der ihn einmal während eines Prozesses die ganze Zeit nicht aus den Augen gelassen hatte. Sicherheitshalber war er unmittelbar nach Ende der Verhandlung durch eine Hintertür entschlüpft. Er hatte umgehend Nachforschungen angestellt, um wen es sich bei dem Mann handelte. Und er hatte richtig gelegen. Hirsch, so hieß der Advokat, war tatsächlich politischer Häftling in Stein gewesen. Er hatte seine Lehren aus dieser Begegnung gezogen und dafür gesorgt, dass sie sich im Gerichtssaal nicht mehr begegneten. Immer, wenn bei einem Prozess ein Angeklagter Hirsch als Rechtsvertreter benannte, ließ er sich vertreten.

Die Position, die er nach 25 Jahren im Staatsdienst errungen hatte, schien ihm hoch genug zu sein. Er verdiente mehr als ordentlich, mehr, als er je würde ausgeben können, und er stand dennoch nicht so im Mittelpunkt des Interesses, dass sich jemand für seine Biografie interessieren würde. Ein paar Jahre würde er sein Amt noch versehen, dann würde er sich in ein kleines Häuschen irgendwo an der Adria zurückziehen und seinen Lebensabend genießen. Und dass sich dann noch jemand an ihn und sein Vorleben würde erinnern können, das war so wahrscheinlich wie eine erneute Kandidatur Bruno Kreiskys bei den nächsten Wahlen.

Allerdings hatte es ihn ziemlich amüsiert, dass Kreiskys Nachfolger als Bundeskanzler ausgerechnet eine Koalition mit der FPÖ eingegangen war. Irgendwie wurde man die alten Kameraden einfach nicht los. Nun war sogar sein eigener Minister einer von den Blauen. Doch Ofner war, wie die anderen auch, viel zu jung, um aktiv etwas mit dem Nationalsozialismus zu tun gehabt zu haben. Also ging von ihm auch keine Gefahr aus. Zwar war Ofner während des Krieges Zögling der „NAPOLA" gewesen, und viele beschrieben ihn als strammen Rechten, doch er, Birgler, bezweifelte, dass der Minister in seiner Freizeit die Viten seiner Untergebenen unter die Lupe nahm.

Die anderen beiden FPÖ-Minister, Steger und Frischenschlager, waren überhaupt Liberale, von denen erst recht keine Spur in alte Tage vermutet werden konnte. Unter den Staatssekretären fiel ihm nur jener im Landwirtschaftsministerium auf, denn der war der Sohn des sogenannten „Schlächters von Wilna". Birgler konnte sich noch gut an den Prozess gegen den SS-Mann erinnern, der 1962 in der Steiermark begonnen hatte, nachdem er zuvor jahrelang unbehelligt in seiner Heimat gelebt hatte.

Natürlich war es wieder einmal dieser Wiesenthal gewesen, der den „Schlächter von Wilna" ausfindig gemacht hatte. Vor diesem Wiesenthal fürchtete sich auch Birgler am meisten, denn der hatte sich ja sogar mit Bruno Kreisky angelegt. Allerdings pflegte sich Birgler dann immer mit dem Satz zu beruhigen, dass er in Stein wahrscheinlich keinen einzigen Juden ermordet hatte, weshalb er mutmaßlich nicht in Wiesenthals Radar kommen würde. Außerdem hatte jener Prozess vor nunmehr über 20 Jahren eindrucksvoll bewiesen, dass man auch als Mörder in diesem Lande straffrei davonkommen konnte, wenn man nur dreist genug war.

Die Verteidiger des „Schlächters" hatten die Zeugen der Anklage drangsaliert, verhöhnt und mit ihrem präpotenten Gehabe richtiggehend verunsichert. So war es ihnen gelungen, so etwas wie „berechtigte Zweifel" zu säen, die dann tatsächlich zum Freispruch geführt hatten. Weiß Gott, der Mann hatte wahrscheinlich noch mehr Menschen liquidiert als er selbst, doch er lebte glücklich und zufrieden in seinem steirischen Häuschen und durfte sich darüber freuen, dass der Sohnemann in der Regierung jenes Landes saß, das ihn hatte einbuchten wollen.

Natürlich war das politische Klima durch die Bildung der neuen Koalitionsregierung wieder rauer geworden, doch er blieb ruhig. Er ließ sich nur noch für völlig harmlose Fälle einteilen, bei denen nicht die Gefahr bestand, dass sich die Presse sonderlich dafür interessierte. Auf diese Weise erwarb er sich am Ende sogar noch die Sympathie der Kollegen, die es ihm dankten, dass er die unglamourösen Causen übernahm, wodurch sie bei den spannenden Prozessen brillieren und sich im Scheinwerferlicht sonnen konnten.

Er sparte indes fleißig und war überzeugt, bald sein Häuschen am Meer erwerben zu können, ohne sich dafür verschulden zu müssen. Hielt die Regierung eine volle Legislaturperiode durch, dann konnte er vor den nächsten Wahlen Anfang 1987 mit Erreichung des Höchstalters in Pension gehen, und seine Pension würde erfreulich hoch ausfallen. Zwar musste er aus naheliegenden Gründen auf die Kriegsjahre verzichten – er konnte ja schwer angeben, als fiktive Person bei irgendeiner Einheit gedient zu haben –, doch würde er 1987 insgesamt 32 durchgehende Jahre im Staatsdienst aufweisen, was zusammen mit vier Jahren des Studiums die erforderliche Zahl an Beitragsjahren sogar um zwölf Monate überstieg. Also würde er 80 Prozent des Letztgehalts als Pension bekommen, und dazu noch ein nettes Körberlgeld von der VÖEST, bei der er ja davor auch einige Jahre beschäftigt gewesen war.

Er konnte also auf die Welt blicken und sie gut finden. Mit jedem Jahr, das verging, wurde die Zahl jener, die ihn noch enttarnen konnten, zwangsläufig geringer. Wie viele Menschen mochte es noch geben, die damals dabei gewesen waren? Überlebt hatten, soweit er sich entsann, rund tausend Häftlinge. Viele davon waren schon 1945 bejahrt gewesen. Jetzt, fast vier Jahrzehnte später, mochte es vielleicht noch ein, zwei Dutzend geben, die ihm gefährlich werden konnten. Doch wie hoch war die Wahrscheinlichkeit, dass ausgerechnet so jemand vor Gericht landete? Eben! Er sollte sich eher vor herabfallenden Dachziegeln hüten, dachte er bei sich.

Wien, 4. Mai 1986

Als Zedlnitzky gegen 9 Uhr morgens erwachte, war er zuerst über die Ruhe im Haus erstaunt. Konnte es wirklich sein, dass die Kinder noch schliefen? Er schlich sich auf leisen Sohlen aus dem Schlafzimmer und öffnete vorsichtig die Tür zu Jackies Zimmer. Tatsächlich! Die Kleine klammerte sich selig an ihren Teddy und war ganz offensichtlich noch im Land der Träume. Wenn sie nicht krank war, kam das einer veritablen Sensation gleich. Zedlnitzky schloss ganz sanft die Tür und begab sich zu Peters Reich, wo die nächste Überraschung auf ihn wartete. Peter war wach. Und dennoch war er leise. Ein Wunder war geschehen. Der Knabe lag in seinem Bett und las. Jawohl, er las. Freiwillig. Ohne elterlichen Zwang. Zedlnitzky warf einen Blick auf den Umschlag: „Die Nibelungen". Die Kinderbuchvariante von Gustav Schwab. Ja, die hatte er seinerzeit auch gern gelesen. Kein Wunder, dass Peter sich in diesen Stoff vertiefte.

„Guten Morgen", sagte er leise. „Möchtest du einen Kakao?"

Peter sah nur kurz auf und nickte. Zedlnitzky tat es ihm gleich und begab sich dann in die Küche. Dort stellte er Kaffee und Milch zu, dann strebte er den Ort an, wo er sich erleichtern konnte. In der Zwischenzeit war auch seine Frau in der Küche angekommen. Nur mit ihrem weißen Nachthemd bekleidet, legte sie Eier in einen Topf, der mit Wasser gefüllt war und den sie anschließend auf den Herd stellte. Zedlnitzky konnte der Versuchung nicht widerstehen und kniff ihr herzhaft in ihr Hinterteil, was sie mit einem Klaps auf seine Hand bestrafte, nicht ohne dabei auf ein Lächeln zu vergessen. Zedlnitzky grinste idiotisch und schickte ihr eine Kusshand, ehe er sich in Richtung Badezimmer verabschiedete.

Als er frisch gewaschen wieder zurückkam, stand schon ein mehr als ansprechendes Frühstück auf dem Tisch. Zedlnitzky freute sich über Schinken und Käse, dazu hatte seine Frau auch noch Butter und Marmelade hinzugefügt, auf die sich erwartungsgemäß Peter stürzen würde, während für Jackie ohne ihr Nutella der ganze Tag verdorben gewesen wäre.

„Was meinst du? Gehen wir erst wählen und fahren dann in den Prater, oder umgekehrt?"

Die Frau hatte rasch ihre Antwort parat: „Zuerst wählen. Dann können wir im Prater bleiben, so lange wir wollen."

Zedlnitzky war froh, dass die Sorgen seiner Frau hinsichtlich der atomaren Bedrohung anscheinend geschwunden waren. Es nutzte ja nichts, sich in Panik zu ergehen, denn ändern konnte man diese Dinge ja ohnehin nicht. Und solange sich Minister ins Fernsehen stellten und demonstrativ Milch tranken, schien die Gefahr nicht übergroß zu sein.

„Weißt du, wo das Wahllokal ist?"

Zedlnitzky fühlte sich auf dem falschen Fuß erwischt. „Da, wo wir immer wählen?", mutmaßte er schließlich. In Österreich waren die Wahllokale traditionell in Schulen und Ämtern untergebracht, und daran änderte sich höchstens dann etwas, wenn einmal ein Gebäude aufgegeben wurde. Und doch hatte Zedlnitzky das Bedürfnis, die Postsendung des Innenministeriums zu finden, um seine Vermutung schwarz auf weiß bestätigt zu sehen. Denn auch an einem schönen Tag wollte er keinen Extrameter unnütz machen.

„Aber das steht doch eh auf diesem Kaszettel, den uns die Wahlbehörde g'schickt hat", ergänzte er sohin seine Aussage. „Und wo ist der?", gab seine Frau zurück. „Was weiß denn ich! Du kümmerst dich um die Post!" Zedlnitzky atmete auf. Er war aus dem Schneider. Mit diesem Satz hatte er seiner Frau den schwarzen Peter zugeschoben. Seine Frau stand auf und ging ins Vorzimmer. Gleich bei der Tür hatten sie eine Kommode stehen, auf der irgendwann einmal eine Schüssel postiert worden war, in welcher Schlüssel, Sicherungen und andere Bedarfsgüter gelagert werden sollten. Doch seit Jahren diente sie als Auffangbecken für mehr oder weniger erwünschte Post, und so stauten sich in besagtem Behältnis meist Dutzende Werbeprospekte, unter die sich ab und zu verschämt eine Ansichtskarte von der Schwiegermutter oder der Erbtante mischte. Zedlnitzkys Frau kam also mit einem ganzen Papierpacken zurück und begann, während sich Zedlnitzky eine weitere Zigarette anzündete, diesen zu sortieren. Es war regelrecht erschreckend, wie viele Firmen auf die Idee kamen, die Menschen warteten sehnsüchtig darauf, von ihnen mit bedrucktem Papier überhäuft zu werden. All das warf seine Frau unbesehen weg. Und auch die neuesten Angebote eines Busunternehmens für Fahrten nach Budapest, Sopron oder seit Neuestem auch Bratislava.

Zedlnitzky lächelte. Die berühmten Heizdeckenfahrten. Die zuständigen Kollegen stöhnten immer wieder über Leute, die nach einer solchen „Reise" verzweifelt versuchten, aus ihren Knebelverträgen wieder herauszukommen. Das Prinzip war ebenso einfach wie perfid. Der Reiseveranstalter versprach den Teilnehmern eine wunderschöne Besichtigung der Fischerbastei oder der Soproner Altstadt, dazu noch eine gemütliche Rast mit Kaffee und Kuchen. Und während die Kundschaft, die zumeist aus Pensionisten bestand, sich noch darüber freute, dieses Schnäppchen für 49 Schilling erstanden zu haben, schwatzte ihnen ein aalglatter Vertreter Heizdecken, Wasserkocher oder, warum nicht, ein zwanzigteiliges Kaffeeservice auf. Und weil dieser Kauf dann im Ausland zustande kam, war „Konsumentenschutz" ein Fremdwort. Die Leute saßen dann auf irgendwelchem Zeug, das sie nicht brauchten, und aus 49 Schilling für Budapest waren fast 1000 geworden, wofür die Pensionisten in der ungarischen Hauptstadt fürstlich essen und in einem Viersternehotel hätten übernachten können.

Zedlnitzky wusste auch nicht, warum ihm der alte Witz plötzlich wieder einfiel, aber er brachte ihn zum Lachen: Warum wird in Sopron jede halbe Stunde die österreichische Bundeshymne gespielt? Damit die Österreicher drei Minuten lang stramm stehen müssen, sodass die Ungarn auch eine Chance haben, etwas einzukaufen. Seine Frau sah ihn fragend an. „Warum lachst denn auf einmal?" Er wehrte ab: „Ach nichts, ich hab nur grad an den blöden Witz mit der Bundeshymne in Sopron denken müssen, wie ich den Prospekt da g'seh'n hab'."

Seine Frau kannte den Witz natürlich auch, und so schmunzelte auch sie. „Ja, wenn schon Ungarn, dann im Sommer und am Plattensee", statuierte sie.

„Apropos, nehmen wir was zum Essen mit, oder willst ins Schweizerhaus?", fragte Zedlnitzky.

Seine Frau zeigte sich skeptisch: „Glaubst, dort kriegen wir einen Platz?"

„Na ja, vielleicht nicht g'rad um 12. Aber wir haben eh spät gefrühstückt, und wenn wir's bis zwei aushalten, dann werden wir schon ein Platzerl finden." Seine Frau lächelte: „Hast recht, dann erspar ich mir das Brotemachen."

Zedlnitzky warf einen Blick auf die Uhr. Es war an der Zeit, die Kinder einzusammeln und sich auf den Weg zu machen. Er ging zu ihren Zimmern und klatschte vernehmlich in die Hände.

„Wenn ihr in den Prater wollt, dann macht euch fertig. Sonst fährt die Liliputbahn ohne euch."

Bei Jackie hatte seine Ansage die erwünschte Wirkung. Sie ließ ihre Barbie fallen und begann sofort, hektisch nach ihren Schuhen zu suchen. Peter hingegen beeindruckte die Schmalspurbahn schon seit einigen Jahren nicht mehr.

„Und mit dem Scooter ist's natürlich auch nichts", schickte Zedlnitzky in das Zimmer seines Sohnes hinterher. Na bitte, nun war auch der in Eifer verfallen.

Zwanzig Minuten später verließ die Familie Zedlnitzky endlich den Victor-Adler-Hof. Als wäre dies schon der eigentliche Ausflug marschierten die Kinder artig neben ihren Eltern her, und beinahe war es Zedlnitzky, als spiegelte sich in den Gesichtern von Peter und Jackie so etwas wie Stolz, als sie neben ihm stehen und ihm zusehen durften, wie er im Tausch gegen seinen Führerschein den Stimmzettel ausgefolgt bekam. Er hieß sie vor der Kabine warten und trat dann allein ein. Ohne lange zu überlegen, machte er bei „Kurt Steyrer" sein Kreuz und faltete das Papier anschließend zusammen, um es in das blaßblaue Kuvert zu stecken. Nach kaum einer halben Minute stand er wieder vor der Kommission und warf seine Stimme in die Plastikurne. Der Vorsitzende nickte ihm zu und folgte ihm seinen Führerschein wieder aus. Gleich danach bekam auch Frau Zedlnitzky ihren Reisepass retourniert, und mit einem kurzen Gruß verließen sie nach kaum zwei Minuten das Wahllokal.

Die nächsten Meter legten sie schweigend zurück, was Jackie irritierte.

„Warum sagt ihr denn nichts?", fragte sie.

„Weil sie ihre Stimme abgegeben haben", erklärte Peter mit einer Grimasse. Er kannte den uralten Witz schon und fand ihn dementsprechend nicht komisch. Die Eltern aber sahen sich um einen Lacher gebracht. Aufgeräumt steuerte Zedlnitzky seinen Wagen an, um endlich die ganze Mischpoche in den Prater zu verfrachten.

Eigentlich hätte er klüger sein müssen. Naturgemäß war an einem schönen Sonntag weit und breit kein Parkplatz zu finden. Er drehte bereits die dritte Runde, ehe er entnervt aufgab. Er stellte den Wagen am Beginn der Hauptallee ab und hieß seine Familie auszusteigen. Dann legte er sein Polizeischild hinter die Windschutzscheibe und hoffte, dieses mochte die Kollegen davon abhalten, ihm einen Strafzettel zu verpassen.

Kaum im Wurstelprater angekommen, vereinbarte Zedlnitzky mit seiner Frau einen fixen Treffpunkt, an dem man sich wieder einfinden wollte. Gleich danach teilten sie sich in zwei Pärchen auf. Seine Frau würde mit Jackie die Grotten- und die Liliputbahn unsicher machen, während er mit Peter zunächst ein paar Scooter rammen wollte, ehe er an einer Schießbude dem Sohnemann das richtige Schießtraining zu verpassen gedachte. Und wenn sich Peter geschickt anstellte, dann durfte er danach noch eine Runde Gokart fahren.

Nach einer guten Weile an der Schießbude fragte er sich, ob der Standbesitzer seine Gewehre manipuliert hatte. Obwohl er alles richtig machte, das Ziel korrekt über Kimme und Korn anvisierte, gingen seine Schüsse permanent daneben. Er war drauf und dran, sich vor seinem eigenen Sohn lächerlich zu machen. Zum Glück wusste niemand hier, dass er Polizist war, sonst würde das Vertrauen in die Exekutive noch tiefer sinken, als dies nach einer „Kottan"-Folge der Fall war.

„Ja servus, Paul! Bringst deinem Sprössling bei, wie man es nicht macht?"

Zedlnitzky drehte sich um und erblickte Hackl, der breit grinsend neben ihm stand. „Ha, ha", machte Zedlnitzky nur, um dann doch einen Gruß hinterherzuschicken. „Peter, das ist der Kollege Hackl. Er arbeitet in meiner Gruppe", klärte er seinen Sohn auf.

„Na, dann wollen wir dir einmal zeigen, wie man so etwas richtig macht", verkündete Hackl und ließ sich einen Karabiner aushändigen. Theatralisch lud er durch und legte an.

Zedlnitzky konnte nicht hinsehen. Wahrscheinlich landete der eitle Geck jetzt fünf Treffer am Stück und bekam für seine zehn Schilling einen Teddybären oder einen Donald Duck, den er dann ganz gönnerhaft an Peter weiterreichen würde, worauf der Sohn dem Rest der Mischpoche lauthals berichten würde, wie toll der Kollege Hackl am Gewehr sei.

Wie war das eben? Hackl hatte geschossen, und nichts war heruntergefallen?

„Noch zu wenig Zielwasser getrunken heute", hörte Zedlnitzky dessen Rechtfertigung. Doch auch der zweite Schuss ging daneben. Und der dritte. Zedlnitzkys Leichenbittermiene hellte sich allmählich auf.

„Das gibt's ja nicht", fluchte Hackl und beäugte aufmerksam das Gewehr.

„Ich hab' auch nichts getroffen", mischte sich nun ein weiterer Standbesucher ein, „obwohl alle bestätigen können, was ich sonst für ein guter Schütze bin."

Drei Gesichter wandten sich dem Standbesitzer zu, der abwehrend die Hände hob.

„Ich hab' nix manipuliert", rechtfertigte er sich, „treffen müssen die Herren schon selber."

„Das seh' ich aber anders", knurrte Hackl und hob seine Kokarde hoch, „ich glaub', das sehen wir uns jetzt ein bisserl genauer an."

Zedlnitzky konnte deutlich erkennen, wie der Standler zu transpirieren begann.

„Darf ich auch einmal", quengelte Peter, dem die Debatte unter den Erwachsenen offensichtlich auf die Nerven ging.

„Bitte, versuch dein Glück", replizierte Zedlnitzky und klopfte ihm aufmunternd auf die Schulter.

„Warte", kam es vom Standbetreiber, „nimm den, der ist leichter." Er reichte dem Jungen einen anderen Karabiner, der aus Plastik gemacht zu sein schien. Peter legte an und drückte im selben Augenblick auch schon ab, ohne lang gezielt zu haben.

„Anfängerglück", murmelte Hackl und sah gemeinsam mit Zedlnitzky, wie eine Papierblume langsam zu Boden trudelte. Die aber blieb nicht lange einsam. Eine zweite, eine dritte und eine vierte segelte zu Boden. Nur der fünfte Schuss verfehlte sein Ziel, was es dem Betreiber ersparte, Peter ein

Plüschtier überreichen zu müssen. Und Peter, der mit jedem Schuss euphorischer geworden war, stand unendlich traurig da und schien sich zu schämen, obwohl die Erwachsenen kein einziges Mal eine Kugel im Ziel versenkt hatten.

Zedlnitzky schickte dem Standler einen harten Blick. Der ahnte, was von ihm erwartet wurde.

„Ich glaub', der letzte war ein Blindgänger. Du darfst gratis noch einmal schießen."

Sofort leuchteten die Augen des Jungen wieder, und nur Bruchteile einer Minute später hielt er einen ziemlich großen Teddy in seinen Armen, während Hackl meinte, der junge Mann werde dereinst in die Fußstapfen seines Vaters und Großvaters treten und zur Zierde der Wiener Kriminalpolizei werden. Der Schießbudenbesitzer wischte sich den Schweiß von der Stirn, als ihm die Männer streng zunickten, ehe sie schließlich abzogen.

Zedlnitzky blickte demonstrativ auf die Uhr.

„Du, Hackl, ich treff' mich gleich mit meiner Frau im Schweizerhaus. Weißt eh, volles Haus und so. Magst mitkommen?"

Die Frage war rein rhetorisch gemeint, weshalb Zedlnitzky auch das „volle Haus" extra betont hatte. Die unterschwellige Botschaft war bei Hackl angekommen.

„Du, nein, sehr lieb, aber weißt, ich treff' mich später noch mit ein paar Freunden im Walfisch. Ein andermal, dann aber gern."

Zedlnitzky nickte erleichtert und wünschte dem Kollegen noch einen schönen Sonntag. Dann marschierte er mit dem stolzen Sohn auf den verabredeten Treffpunkt zu.

Gleich am Zaun war ein Tisch frei, und den requirierte er umgehend, indem er sein Zeug darauf postierte. Er hieß Peter, es nicht aus den Augen zu lassen, während er lossprintete und auf dem Weg zum Tisch noch ein paar andere Ausflügler überholte.

Als sie alle vier im Gastgarten des Schweizerhauses saßen, erzählte Peter voller Stolz, was er mit dem Karabiner zuwege gebracht hatte, und Zedlnitzky klopfte ihm dabei anerkennend auf die Schulter. Die Mutter war zwar nicht so begeistert von der Schießerei, aber dennoch trug sie gebührend Stolz zur Schau. Peter registrierte, mit welch großen Augen Jackie den Bären fixierte. Mit der Geste eines wahren Gentleman drückte Peter ihr das Plüschtier in die Hand.

„Den habe ich für dich geschossen, Jackie. Ich hoffe, du magst ihn."

Nun strahlte auch das zweite Kind wie angesichts des Christbaums.

„Danke", brachte Jackie noch hervor, ehe sie den Bären knuddelte und ihn so fest an sich presste, dass buchstäblich kein Blatt Papier mehr zwischen die beiden gepasst hätte.

Der Bär nahm reglos zur Kenntnis, dass er ab sofort auf den Namen „Balu" zu hören hatte, was Zedlnitzky durchaus passend fand, zumal eine Ähnlichkeit zu der Figur aus dem „Dschungelbuch" durchaus gegeben war.

Zedlnitzky stemmte ein zweites Krügel und war erstaunt darüber, dass ihm mitten in dieser entspannten Atmosphäre der aktuelle Fall wieder einfiel. Wenn er daran dachte, dass er am folgenden Tag den Wehwehchen irgendwelcher Pensionisten nachspionieren musste, wurde ihm übel. Er hasste solche Routinearbeiten, und ganz besonders hasste er sie, wenn sie so offenkundig unnötig und unnütz waren. Wie konnte man nur allen Ernstes annehmen, dass ein Patient zu einer solch drastischen Form des Protests gegen eine Zahnbehandlung griff? Das war so offenkundig absurd, dass man sich fragen musste, ob der Staatsanwalt noch richtig tickte. Aber bitte, wenn es Reichenberger glücklich machte, dann würde er halt die ganzen Patientenbögen durchlesen. Das Ergebnis wusste er zwar jetzt schon, aber der Dioptrien-Otto hatte dann wenigstens seinen Willen gehabt.

Es wäre halt günstig, wenn es irgendwo eine Stelle gäbe, die sich systematisch mit Fällen wie jenem von Willi Birgler befassten. Vielleicht, so fasste er neuen Mut, wusste man ja bei Interpol etwas. Immerhin war Birgler offiziell seit 1946 auf der Flucht. Da musste doch irgendwann einmal ein offizieller Haftbefehl ausgestellt worden sein. Und zu diesem sollte es einen entsprechenden Aktenlauf geben. Die Frage war nur: Wo? In Paris? Oder vielleicht sogar im eigenen Haus? Ob man das Archiv damit befassen sollte? Zedlnitzky war sich im Klaren darüber, dass er mit einer solchen Vorgangsweise den Staatsanwalt nur zusätzlich provozieren würde. Aber nachfragen musste ja noch erlaubt sein.

Zedlnitzky überlegte, wen er bei der Registratur kannte. Eigentlich niemanden, musste er sich eingestehen. Aber vielleicht hatte sein Vater noch einen Draht zu den Kollegen dort. Das allerdings würde bedeuten, dass er diesem alles erzählen musste, und im Grunde war er es leid, sich dauernd gute Ratschläge geben zu lassen. Er wurde in wenigen Tagen 31, da musste einmal mit der Bevormundung Schluss sein. Allerdings würde es guttun, sich mit jemandem zu beraten, der eine gesunde Distanz zu der ganzen Sache hatte. Er überlegte, ob er die Sache mit seiner Frau besprechen sollte, doch jetzt war dazu ohnehin keine Zeit. Die Kinder waren schon wieder einmal vollkommen überdreht, und es würde eine gute Weile dauern, bis sie sich wieder normal verhalten würden.

Zedlnitzky rang mit sich, ob er sich noch ein drittes Bier genehmigen sollte. Seine Frau nahm ihm die Entscheidung ab.

„Du, die zwei geben ja doch keine Ruhe, bevor sie nicht haben, was sie wollen. Ich geh' mit ihnen rüber und kauf' ihnen ein Jolly oder ein Twinni. Du kannst dich ja einstweilen noch an einem Seidl erfreuen, während du auf uns wartest."

Er lächelte dankbar. Kurz überschlug er, ob er dann noch

fahrtauglich sein würde, doch zwei Krügel und ein Seidl Bier bedeuteten, so viel wusste er aus einschlägigen Schulungen, knapp 0,9 Promille. Allerdings saß er seit zwei Stunden da im Gastgarten, also hatten sich 0,2 davon auch schon wieder verflüchtigt. Und bis sie endlich beim Auto sein würde, wäre noch eine Stunde ins Land gezogen, also brauchte er keine Sorge haben, das zulässige Limit von 0,8 Promille zu übersteigen. Beglückt über diese Erkenntnis hob er die Hand und orderte noch ein kleines Bier.

Er trank es in schnellen Zügen, und eine angenehme Wärme machte sich in ihm breit. Und eine gewisser Gleichmut gegenüber den Widrigkeiten des Falls. Morgen war schließlich auch noch ein Tag, und es gab absolut keinen Grund, warum er sich hier an diesem lauschigen Plätzchen das Hirn zermartern sollte. Er zündete sich noch eine Zigarette an und blies den Rauch in den wolkenlosen Himmel.

Wolkenlos! Ob das wirklich stimmte? Oder waren die unsichtbaren Schwaden aus der Ukraine bereits hier eingetroffen? Er nahm noch einen kräftigen Schluck. Jetzt dachte er auch schon wie diese Hysteriker! Ja, es mochte schon sein, dass es bei Atomkraftwerken Unfälle gab. Klar, die gab es überall. Aber wenn bei Malta die Staumauer brach, dann konnte man halb Oberkärnten abschreiben. Und in einem solchen Fall blieb sicher keine Zeit für eine allfällige Evakuierung. Sicher war letztendlich im Leben nur eines, und zwar der Tod.

Und gesund war auch ein relativer Begriff, übte er sich weiter in seiner mentalen Meditation. Wenn er etwa all diese Jane Fondas und Sidney Romes im Fernsehen sah, wie die zu irgendeiner Kreischmusik auf und ab hüpften, dann konnte das nicht gesund sein. Na ja, ihm konnte es egal sein. Er hatte sein Bier und seine Zigaretten, da war man auf jeden Fall auf der sicheren Seite, Atom hin oder her. Das würden die Grünen auch in Jahrzehnten nicht madig machen können, denn das gehörte zum Lebensstil wie der Anzug mit Krawatte und der Sommerurlaub am Wasser.

Zedlnitzky dämpfte seine Zigarette aus und hielt Ausschau nach seinem Anhang. Wo die wieder blieben? Endlich machte er die drei in der Menge aus und verdrehte die Augen. Jackie hatte es wieder einmal geschafft, sich zu bekleckern. Na, wenigstens hatte „Balu" nichts abgekriegt, stellte er bei genauerer Begutachtung fest. Der hätte nämlich gegen eine Runde Waschmaschine sehr wohl Protest eingelegt. Wenn auch stummen.

Er hätte die Kinder gerne zu etwas mehr Tempo angehalten, doch ihm war bewusst, dass für sie der Prater weitaus spannender war als die Verkündung eines Wahlergebnisses, und so ließ er sie schließlich gewähren. Wie der Urnengang ausgegangen war, konnte er später immer noch in Erfahrung bringen, zumindest dann, wenn sein Vater ihn anrief, um das Resultat wortreich zu kommentieren. Also schlenderten sie betont langsam dem Ausgang zu, noch das eine oder andere Mal an einer vermeintlichen Attraktion haltend, ehe es Zedlnitzkys Frau endlich gelang, die Rangen Richtung Auto zu steuern.

Dort angekommen atmete Zedlnitzky auf. Sein Schild hatte ihn wieder einmal gerettet. Er verfrachtete eilig die Kinder auf die Rückbank, dann wartete er darauf, bis seine Frau sie angegurtet und anschließend selbst am Beifahrersitz Platz genommen hatte, ehe er den Wagen wendete und auf den Praterstern zuhielt. Je näher sie dem Ring kamen, desto dichter wurde der Verkehr, und er fragte sich, warum alle Welt immer ausgerechnet dann unterwegs sein musste, wenn er nach Hause wollte. Die Blechlawine war so umfangreich, dass nicht einmal die grüne Welle Staus verhindern konnte, denn immer wieder sprang zwischendurch eine Ampel auf rot.

Erst, als er bei der Paulanerkirche die Wiedner Hauptstraße erreicht hatte, ging es etwas flotter. Kein Wunder, diese Straße hatte praktisch keine Ampeln mehr, also lief der Verkehr zügig und flott, was auch die anderen Verkehrsteilnehmer sichtlich entspannte. Binnen weniger Augenblicke hatte er es zum Matzleinsdorfer Platz geschafft, sodass seine letzte Sorge der Frage galt, ob er einen akzeptablen Parkplatz finden würde. Das Schicksal meinte es gut mit ihm, direkt neben seinem Gemeindebau fand sich genügend Raum, das Auto dort abzustellen. Er sperrte ab und blickte im Gehen auf die Uhr. In weniger als zwei Minuten würden die Abendnachrichten beginnen.

Zedlnitzky konnte sich selbst nicht erklären, weshalb ihn das Ergebnis der Wahlen plötzlich doch zu interessieren begonnen hatte. Er vermutete, es hatte etwas mit einer Art Wettbewerbsphilosophie zu tun. Wenn schon ein „Rennen" stattfand, und sei es auch nur um ein Amt, so wollte man schließlich doch wissen, wie es ausging, selbst wenn es sich dabei um eine „Sportart" handelte, die einen normalerweise nicht sonderlich fesselte.

Er hatte sich am Heimweg dabei ertappt, wie es für sich selbst Prognosen abgab. Wien, Kärnten, Burgenland waren für ihn klares „Steyrer-Land". Da würde der SPÖ-Kandidat deutlich die Nase vorn haben. Der „andere" wiederum würde in Vorarlberg, Tirol und Niederösterreich dominieren. Mithin entschied sich das Rennen also in den beiden Schwellenbundesländern Oberösterreich und Steiermark, wo sich die Frage stellte, ob die Industrie- oder die Agrargebiete die Oberhand behalten würden.

Er überließ es also seiner Frau, sich um die Kinder zu kümmern, griff sich ein Bier aus dem Kühlschrank und machte es sich vor dem Fernseher bequem. Eben ertönte die Signation für die „Zeit im Bild" und er rechnete immer noch mit einem Kopf-an-Kopf-Rennen. Seines Erachtens würden beide Kandidaten auf rund 45 Prozent kommen. Der Grünen traute er knappe zehn Prozent zu, den Rechtsaußen ließ er außen vor. Der konnte froh sein, wenn er in Kärnten ein paar Stimmen bekam, befand Zedlnitzky. Und schon meldete sich der Kommentator mit einer ersten Hochrechnung.

Noch Stunden später konnte es Zedlnitzky nicht fassen. Dass er so danebenliegen konnte, war wirklich unglaublich. Steyrer hatte selbst in den roten Hochburgen kaum reüssiert. Die Detailzahlen, die im Laufe der Sendung genannt worden waren, wiesen für Steyrer gerade einmal 51 Prozent in Wien aus, wo die SPÖ bei Gemeinderatswahlen zumeist satte 60 Prozent bekam. Im Burgenland und in Kärnten hatte es jeweils für 49 Prozent gereicht, doch dort war der Kandidat der ÖVP mit 47 bzw. 44 Prozent nahe dran. Selbst in Wien hatten vier von zehn für den Herrenreiter gestimmt, während die Grüne in ihrer eigenen Hochburg gerade einmal auf acht Prozent gekommen war.

Die Bundesländerergebnisse waren für Steyrer noch verheerender. In Salzburg etwa hatte es nicht einmal für den Vierer vorne gereicht, während der Gegner fast 55 Prozent der Stimmen eingefahren hatte. Und im wilden Westen, wo Rote aus Tradition nichts zu bestellen hatten, musste sich Steyrer mit 29 bzw. 26 Prozent bescheiden, während es jeweils satte absolute Mehrheiten für den Ex-UNO-Generalsekretär gab.

All das war für Zedlnitzky nur noch die genauere Erklärung für den ernüchternden Anfangsbefund, der beinahe dazu geführt hatte, dass ihm die Bierflasche aus der Hand gefallen wäre. Der Kommentator aus dem Innenministerium hatte das bundesweite Endergebnis verkündet, und da hatten dem Konservativen nur rund 16.000 Stimmen gefehlt, um seinen roten Kontrahenten bereits im ersten Wahlgang ultimativ zu besiegen. Zwar würde es jetzt eine Stichwahl brauchen, doch die paar Voten würde der Ungustl schon durch den anderen Altnazi bekommen, sagte sich Zedlnitzky und unterdrückte nur mit Mühe einen Fluch. Nicht, dass ihm Steyrer so sympathisch gewesen wäre, aber dem anderen gönnte er nach allem, was gewesen war, einen so epochalen Erfolg auch nicht.

Vor allem, als dann die Interviewrunde begann. Allein schon durch dieses schmierige Grinsen des VP-Mannes fühlte sich Zedlnitzky provoziert. Aber gut, der Mann hatte ja auch leicht lachen. Der endgültige Sieg war ihm praktisch nicht mehr zu nehmen. Das wusste auch Kurt Steyrer, der daneben aussah wie der sprichwörtlich begossene Pudel. Zedlnitzky fragte sich, warum die Grüne so grinste, denn ihre fünf Prozent waren nicht gerade überwältigend, wenn man bedachte, dass sie und ihre Bewegung von den Medien mehr als zuvorkommend behandelt worden waren. Aber wahrscheinlich blickte die Kandidatin schon in die Zukunft und rechnete mit dem Einzug ins Parlament nach der nächsten Nationalratswahl. Und so ein Abgeordnetenmandat war ja auch recht einträglich.

Amüsant war für Zedlnitzky mithin nur das quengelnde Gequäke des kleinen Kärntners, der sich bitter über die Ungerechtigkeit der Zeitungen beklagte, die aus dem ÖVP-Mann genau das gemacht hatten, was eigentlich er hätte sein wollen und sollen. Eine solche Weltsicht hatte schon wieder etwas unfreiwillig Komisches. Bitte, bitte, der Nazi möcht' aber ich sein!, dachte Zedlnitzky und freute sich darüber, wenigstens einen Moment lang an diesem Abend etwas zum Schmunzeln zu haben.

Gleich darauf fiel ihm jedoch sein Vater ein, für den jetzt wohl die Welt zusammenbrach. Ob er ihn anrufen sollte? Besser nicht, bei einer solchen Laune, wie sie der Vater jetzt gerade haben musste, war es wohl besser, in Deckung zu bleiben. Früher oder später würde er sich von sich aus melden, und dann war man besser gewappnet. Also nahm sich Zedlnitzky noch eine Zigarette und ging in die Küche, wo seine Frau am Tisch saß und die Sonntagszeitung las. Er schüttelte den Kopf. „Unglaublich", sagte er nur, und dann: „Hättest du dir das gedacht? Ich mein', dass es so arg wird?"

Sie bemühte sich um eine mitfühlende Miene, entgegnete aber nichts.

„Na aber echt", blieb er bestimmt.

Sie sah ihn an. „Wann bist du zuletzt einem Bundespräsidenten persönlich begegnet?", meinte sie dann.

„1966. Beim Bundesjugendsingen. Dem Jonas", erklärte er.

„Und wann hat zuletzt ein Bundespräsident auf dein Leben Einfluss genommen?"

Zedlnitzky dachte nach, ihm wollte partout keine Antwort einfallen.

„Siehst du", bilanzierte seine Frau schließlich, „es kann dir also egal sein, wer in der Hofburg sitzt."

Sie wandte sich wieder der Zeitung zu. Zedlnitzky aber wollte partout das letzte Wort haben.

„Nein, kann es nicht. Immerhin muss ich mir jetzt die nächsten sechs Jahre den sein Gfries anschau'n, wenn ich im Büro sitz'."

„Dann schau halt ned hin."

„Aber das hängt direkt bei der Uhr."

„Dann stell dir den Wecker auf den Schreibtisch."

Zedlnitzky wurde unwirsch.

„Dass ihr Frauen immer das letzte Wort haben müsst", statuierte er.

„Müssen wir ja gar nicht", sagte sie, scheinbar in einen Artikel vertieft. Dennoch entging ihm ihr Schmunzeln nicht.

„Na, dann ist es ja gut."

„Eben."

„Ich geh' jetzt wieder ins Wohnzimmer."

„Ist gut."

Das war doch kindisch. Da waren sie, zwei ausgewachsene Menschenkinder, und suchten nach einem Satz, mit dem sie die Unterhaltung beenden konnten, ohne dass der jeweils andere noch etwas draufsetzte.

„Der Klügere gibt nach", schickte Zedlnitzky noch in den Raum, ehe er eilig ins Wohnzimmer strebte. Schon fast bei der Couch angelangt, hörte er ihr „Ist recht". Sie hatte schon wieder gewonnen. Er ließ sich auf die Sitzbank plumpsen und tröstete sich mit einem Schluck Bier.

Gelangweilt blickte er auf die Fernsehseite der Zeitungsbeilage. An einem Tag wie diesem reduzierte sich die Wahlmöglichkeit auf 50 Prozent, denn im zweiten Kanal wurde über das Ergebnis des Urnengangs philosophiert. Zedlnitzky hoffte auf einen Krimi im anderen Programm. Doch er sah sich enttäuscht. Kein „Tatort", kein „Derrick", ja nicht einmal die Wiederholung einer „Kottan"-Folge.

Kottan hatte praktisch zur selben Zeit wie Kreisky die Bühne verlassen. Im März vor drei Jahren war letztmalig eine neue Folge ausgestrahlt worden. Wenn er ehrlich war, dann musste er zugeben, dass „Kottan" nur am Anfang wirklich gut gewesen war. Die ersten Folgen mit Peter Vogel waren, trotz aller Situationskomik, noch echte Kriminalfälle gewesen, was, mit Abstrichen, auch noch für die Episoden mit Franz Buchrieser gegolten hatte. Die Filme mit Lukas Resetarits waren fraglos witzig gewesen, die Kriminalhandlung konnte man dabei aber getrost vergessen. Jedoch, wenn man es genau bedachte, galt das ja für die meisten TV-Krimis.

Na ja, aber in der Not frisst der Teufel ja Fliegen, wie es so schön heißt, und so ließ sich Zedlnitzky von dem faden Abendprogramm berieseln, bis aus den Zimmern der Kinder kein Geräusch mehr zu vernehmen war.

Zedlnitzky begab sich beschwingt ins Badezimmer, um sich ein wenig frisch zu machen. Hoffnungsfroh ging er danach ins Schlafzimmer.

Seine Frau lag im Bett und las eine ihrer Liebesschmonzetten. „Stürmische Gefühle“ las er, nachdem er neben ihr unter die Decke gekrochen war.

„Die hätte ich auch“, ergänzte er dann.

Seine Frau sah ihn von der Seite an: „Du bist ja echt unersättlich.“

„Was willst du! Ich bin 30. Da hat man noch Bedürfnisse.“

Er wartete auf ihre Reaktion, doch es kam keine. Sie las unbeirrt weiter in ihrem Roman. Alles eine Frage der besseren Nerven, dachte er sich und verschränkte die Arme hinter dem Kopf. Irgendwann würde ihr das Lesen langweilig werden, und dann konnte er einen neuen Versuch starten.

Als die blonde Jeannette erstmals mit Doktor Meister allein im OP war, konnte sie endlich ihren „stürmischen Gefühlen“ freien Lauf lassen. Und Frau Zedlnitzky musste sich eingestehen, dass ihr dabei auch ein wenig anders wurde. Während sie mit voller Konzentration Zeile um Zeile verschlang, wanderte ihre linke Hand langsam in Richtung der zweiten Betthälfte. Sie kletterte die Hüfte des Inspektors hoch und stieß nur wenig später auf dessen Penisspitze. Frau Zedlnitzky war ein klein wenig enttäuscht. Sie hätte sich für ihre Annäherung mehr Begeisterung erhofft. Doch der kleine Paul wirkte ziemlich desinteressiert. Frau Zedlnitzky riss sich endlich von der Lektüre los und starrte auf ihren Mann. Der hatte immer noch die Arme hinter dem Kopf verschränkt und die Augen geschlossen. Sein tiefer Atem signalisierte ihr, dass diesmal er eingeschlafen war.

Wien, 29. Januar 1985

Birgler hatte geglaubt, schon alles erlebt zu haben. Eigentlich sollte ihn nach einer derart langen Laufbahn nichts mehr verwundern. Dies umso mehr, als er kurz nach Weihnachten, als sich irgendwo in einer eiskalten Au einige Fanatiker halb zu Tode froren, um ein paar Bäume und einen gelsenverseuchten Sumpf zu retten, von der Personalabteilung erfahren hatte, dass ihm sein Studium zur Gänze angerechnet würde, er also die erforderlichen 35 Dienstjahre mit dem 30. Juni 1986 erreicht haben würde. Konsumierte er zudem seinen Urlaubsanspruch des entsprechenden Kalenderjahres nicht mehr und zog man zudem den offenen Urlaub des beginnenden Jahres in Betracht, so könne er davon ausgehen, dass er Mitte Mai 1986 seinen letzten regulären Arbeitstag absolvieren würde. Überschlagsmäßig, so hatte er sich ausgerechnet, bedeutete das etwa 300 Arbeitstage bis zur Pension. Die Sache mit dem Haus wurde damit immer aktueller.

Allerdings war er sich nicht sicher, ob er sich ein solches wirklich in Italien zulegen sollte. Die waren dort recht happig, wenn es um Nazis ging. Und das war genau der Punkt, der Birgler dann doch noch einmal ins Staunen gebracht hatte.

Vor wenigen Tagen hatte Italien nämlich völlig überraschend den SS-Mann Walter Reder freigelassen, der während des Krieges ganze Dörfer hatte ausrotten lassen. Reder war all die Jahre so etwas wie eine *cause célèbre* zwischen Österreich und Italien gewesen. Für die rechte Szene war er eine Art Kriegsgefangener, ja ein politischer Häftling, für die Linken ein Kriegsverbrecher und verstockter Nazi. Und dann ließen die Italiener ihn plötzlich laufen, und ausgerechnet ein FPÖ-Minister empfing den „Mörder von Marzabotto“ mit Handschlag am Flughafen.

Birgler dachte belustigt an all die Linksblinker in der SPÖ, denen ob der Vergangenheit der FPÖ von Anfang an unbehaglich gewesen war. Was mussten die sich jetzt denken? Dabei war es nicht einmal der Justizminister gewesen, der den Staatsempfang für einen verurteilten Kriegsverbrecher organisiert hatte, oder der chronisch rechts ausrutschende Landesrat aus Kärnten, nein, es war der Verteidigungsminister, der sich all die Jahre als Liberaler geriert hatte. Die Politik in diesem Land glich doch immer wieder einer Provinzposse.

Natürlich hagelte es sofort Rücktrittsaufforderungen sonder Zahl, doch die Freiheitlichen machten die Reihen dicht und drohten der SPÖ damit, die Koalition platzen zu lassen, wenn sie ihren Minister fallen ließ. Die SPÖ-Granden wussten natürlich, was dies in der Praxis bedeutete. Auch wenn die ÖVP jetzt so tat, als würde sie das antifaschistische Erbe des Landes wie ihren eigenen Augapfel hüten, sie würde kein Problem damit haben, ihren Misstrauensantrag sofort zurückzuziehen, wenn die FPÖ bereit war, künftig mit ihr zu koalieren. Die SPÖ würde also, dessen war sich Birgler sicher, die Zähne zusammenbeißen und den Händeschüttler halten. Und damit wieder einmal den letzten Rest Ansehens, der ihr noch geblieben war, aufs Spiel setzen.

Nun, ihm, Birgler, konnte es recht sein. Die Nazidebatte hatte sich wieder einmal an jemandem anderen entzündet. Er ließ sich Kataloge kommen, in denen er sich diverse Objekte zwischen Venedig und Triest ansah. Er wollte nicht unbedingt in eine Stadt, aber auch die klassischen Touristenorte wie Jesolo oder Caorle waren nichts für ihn. Das war ihm einfach viel zu sehr Hausmeisterstrand, als dass er sich dort würde wohl fühlen können. Ihm gefielen die Bilder von Eraclea, das einen schönen Sandstrand hatte. Er würde im Frühsommer einmal dorthin fahren, sagte er sich, um sich den Ort persönlich anzusehen. Und ein kleines, apartes Haus mit Terrasse, Garten und Meerblick gab es schon um

150.000 Schilling, was durchaus vernünftig klang. Zu Hause sah er sich seine Sparbücher durch und kam dabei zu der Erkenntnis, dass er ein solches Haus sogar bar bezahlen konnte, wenn er die Sparbücher auflöste. Kein Wunder, dass die Kollegen ihn immer öfter mit einem „O sole mio“ auf den Lippen im Landesgericht antrafen.

Wien, 5. Mai 1986

Zedlnitzky wachte mit einer miesen Laune auf. Schuld daran war der merkwürdige Traum, den er in der Nacht gehabt hatte. Darin war er mordsmäßig geil gewesen, und zu seiner großen Freude hatte seine Frau begonnen, ihm den Schwanz zu wichsen. Seine Erregung steigerte sich mehr und mehr, doch just als er unmittelbar davor war, zog sie ihre Hand zurück und verhinderte so, dass er kam. Er wollte es sodann allein zu Ende bringen und sich einfach selbst einen runterholen, doch irgendwie konnte seine Hand seinen Penis nicht finden. Und so blieb er, wieder einmal, unbefriedigt. Kein Wunder, dass er beim Aufwachen scharf wie Nachbars Lumpi war. Doch das nützte ihm gar nichts, denn Sex am Morgen war für seine Frau seit Geburt der Kinder ein Tabuthema. Fluchend schlurfte er ins Badezimmer. Den Gedanken, unter der Dusche zu onanieren, verwarf er sofort wieder. Er war 30 und nicht mehr 14. Oder noch nicht 50. Erst dann war man vielleicht wieder dermaßen am Sand, dass eine solche Form der Befriedigung akzeptabel erschien. Noch im Bademantel begab er sich in die Küche, um einen Kaffee zu trinken und eine zu rauchen, ehe die Kinder den Raum wieder gehörschädigend beschallten.

Montag! Er hasste Montage. Und ganz besonders hasste er diesen, denn er würde ihm nichts als leere Kilometer bringen, während das nächste Wochenende noch mindestens 40 Arbeitsstunden entfernt war. Außerdem hatte sein Vater am Vortag nicht angerufen, und das konnte nichts Gutes bedeuten. Offenbar war der alte Herr vom Ausgang der Wahl so geschockt gewesen, dass er sich in sich selbst verkrochen hatte. Dafür würde er allerdings heute in umso besserer Form sein. Und irgendwann alles via Telefon auf dem Sohn abladen. Davor fürchtete sich Zedlnitzky jetzt schon.

Er aß schnell ein Butterbrot, das er sich eilig gemacht hatte, ehe er ins Schlafzimmer zurückkehrte, um sich dort für den Tag anzukleiden. Der jäh ausbrechende Lärm signalisierte ihm, dass die Küche ab sofort Sperrgebiet war. Flüchtig küsste er seine Frau auf die Wange, winkte den Kindern und sah zu, dass er aus der Wohnung kam. Auf dem Weg zur Arbeit hoffte er, dass er wenigstens am Vormittag noch seine Ruhe haben würde.

Reichenberger musste ihn auf dem Kieker haben. Anders war es nicht zu erklären, dass er ausgerechnet in diesem Fall so viel Druck machte. Was erwartete der bloß? Dass er, Zedlnitzky, übers Wochenende an der Sache weitergearbeitet hatte? Warum also musste er nun schon wieder bei ihm antanzen? Verärgert machte er sich auf den Weg in Reichenbergers Büro. Kaum dort angekommen, blickte ihn dieser durch seine dicken Brillen an und kraulte dabei gedankenverloren an seinem Vollbart.

„Und, Herr Kollege, sind wir zu neuen Erkenntnissen gelangt?“

„Offen gesagt, nein, Herr Staatsanwalt. Wenn die Lösung des Falles nicht in der Vergangenheit zu suchen ist, dann bin ich nach wie vor ratlos.“

„Sie bleiben also bei dieser kruden These, ja?“ Reichenbergers Miene verdüsterte sich. „Ich sage Ihnen nun ein letztes Mal: durchforsten Sie, wenn Sie schon in der Vergangenheit herumstochern wollen, die Vergangenheit von diesem Dinotti. Irgendwann werden Sie auf etwas in den letzten Jahren stoßen, das ein neues Licht auf die Sache werfen wird. In den letzten Jahren, sage ich, nicht 1945. Und damit Ihnen die Sache leichter fällt, werde ich den Kollegen Schuchter ersuchen, Ihnen eine entsprechende Weisung zu erteilen, damit wir da jetzt endlich Fortschritte in dieser Causa machen. Der Mann ist seit einer Woche tot, und wir haben immer noch rein gar nichts in der Hand. So kann das nicht weitergehen. Entweder Sie haben Ende der Woche greifbare Ergebnisse, oder ich werde veranlassen, dass Sie von dem Fall abgezogen werden. Haben wir uns verstanden?"

Zedlnitzky blieb nichts anderes übrig als zu nicken.

„Gut. Dann wünsche ich frohe Verrichtung."

Reichenberger nahm die Brille ab und rieb sich die Nasenwurzel. Zedlnitzky beachtete er nicht mehr. Der murmelte schließlich einen Gruß und zog sich zurück.

Als er an seinen Schreibtisch zurückkehrte, war er noch missmutiger als bei seinem Eintreffen im Sicherheitsbüro eine halbe Stunde zuvor. Natürlich entging Pospischil die üble Laune seines Kollegen nicht.

„Warst beim Reichenberger?", fragte er, obwohl er die Antwort schon wusste.

„Ja", knurrte Zedlnitzky, „der hat mir schon wieder einen Anschiss verpasst. Den zweiten innerhalb von zwei Arbeitstagen." Er machte eine wegwerfende Handbewegung und verzog dabei das Gesicht. Pospischil hingegen bemühte sich um eine optimistische Haltung.

„Mach dir nichts draus", sagte er, „in einer Woche sind wir den alten Grantscherm los."

Zedlnitzky sah auf. „Wieso? Wird er versetzt?"

„Ja", nickte Pospischil, „und zwar in den Ruhestand. Sag bloß, das hast du vergessen?"

Zedlnitzky schalt sich innerlich einen Deppen. Das kam davon, dass er sich nie darum kümmerte, was rund um ihn im Büro so vor sich ging! Aber tatsächlich, Reichenberger musste 64 oder 65 sein, denn schon seit Jahren hieß es, er sei längst pensionsreif.

„Weißt", meldete sich Pospischil noch einmal zu Wort, „vielleicht macht er auch deswegen in dieser Sache so einen Druck. Er will halt seinem Nachfolger einen leeren Schreibtisch hinterlassen."

Nun ja, das war an sich nicht unverständlich. Jeder Beamte träumte davon, dass alle Fälle gelöst und aufgeklärt waren, wenn man das Büro räumte. Doch gerade bei Reichenberger war das absurd.

„Und was macht er, wenn am Tag vor seiner Pensionierung noch ein Mord passiert?“, platzte es aus Zedlnitzky heraus. „Sucht er dann um ein Ehrenjahr an, oder wie?“

Pospischil verharrte in Schweigen.

Zedlnitzky aber setzte nach. „Oder müssen wir eine Pressemitteilung herausgeben: An alle“, dabei machte er eine ausladende Geste mit beiden Armen, „potenziellen Verbrecher im Raum Wien: Bitte in den nächsten Tage keine Straftaten begehen, der Herr Staatsanwalt möchte seinem Nachfolger einen blütenweißen Schreibtisch ohne ungelösten Fall übergeben! So in der Art?“

Pospischil grinste: „Zuzutrauen wär's ihm. Also sag das nicht zu laut, sonst bringst ihn noch auf Ideen.“

Während sein Kollege immer noch gluckste, wandte sich Zedlnitzky angewidert dem Stapel mit den Patientenakten zu. Er hatte erst zwei davon abgelegt, als die Tür aufging. Oberstleutnant Schuchter zeigte sein Gesicht.

„Kollege“, sagte er mit belegter Stimme, „können Sie einmal kommen?“

Zedlnitzky traute seinen Ohren nicht. Das war aber flott gegangen. Offenbar hatte Reichenberger wirklich seinen Chef angerufen und bei dem Druck gemacht. Die Wunschzettel des Staatsanwalts konnte er ja getrost ignorieren, aber wenn von Schuchter eine Weisung kam, dann waren ihm tatsächlich die Hände gebunden. Theoretisch konnte er zwar versuchen, heimlich weiter in die von ihm präferierte Richtung zu ermitteln, aber wenn ihm Schuchter irgendwie auf die Schliche kam, dann saß er ordentlich in der Tinte. Einer Weisung zuwiderzuhandeln war ein Disziplinarvergehen und konnte unangenehme Konsequenzen haben.

Vor allem hing einem so etwas ewig nach. Im Zweifelsfall würde es immer und immer wieder hervorgekehrt, wenn man etwas gegen ihn in der Hand haben wollte. Auf diese Weise würde er seine ganze Karriere auf der untersten Stufe stecken bleiben.

Zedlnitzky verdrehte also heimlich die Augen und folgte Schuchter in dessen Reich. Der Oberstleutnant bot ihm Platz an.

„Es geht um den Herrn Staatsanwalt Reichenberger“, begann Schuchter.

Zedlnitzky machte eine abwehrende Geste. „Chef, du brauchst nicht weiterzureden, ich kann mir schon denken, was jetzt kommt.“

Schuchter strahlte ihn an. „Wirklich? Na fein. Und? Machst du's?“

Jetzt war Zedlnitzky verwirrt. Ging es nicht um die Weisung?

„Was machen?“, fragte er ratlos.

Schuchter beugte sich nach vor: „Aber du hast doch gesagt, du weißt Bescheid. Also ja oder nein?“

„Chef, ich glaub', ich war im falschen Film. Anscheinend weiß ich nicht, worum es geht.“

Sein Vorgesetzter verzog den Mund.

„Na um seinen Abschied nächste Woche! Da müssen wir doch eine kleine Feier organisieren. Immerhin haben wir fast zwei Jahrzehnte zusammengearbeitet, da können wir ihn nicht einfach so ziehen lassen. Und ich habe in den letzten Tagen den Eindruck gewonnen, ihr zwei habt einen besonderen Draht, so oft, wie der nach dir verlangt hat.“

Besonderen Draht! So konnte man das auch nennen, dachte sich Zedlnitzky. Offenbar hatte Schuchter nicht die geringste Ahnung, wie groß die Spannung zwischen dem Staatsanwalt und seinem Untergebenen gerade war.

„Und darum bin ich auf den Gedanken gekommen, du

könntest mir ein nettes, kleines Dossier zusammenstellen, damit ich nicht völlig unbedarft wirke vor versammelter Mannschaft."

Und wieder zeigte Schuchter seiner Vorderzähne.

„Du meinst, ich soll dir eine Rede schreiben?", fragte Zedlnitzky ungläubig.

„Na, na, na. Doch nicht eine Rede. Das würde ich mir ohnehin nie merken. Nein, einfach so ein paar Stichworte. Du weißt schon, Werdegang, berühmteste Fälle und vielleicht etwas Nettes aus dem Privatleben, was man unverfänglich zum Besten geben kann. Dass er Hobbyangler ist oder gern in Chören singt. So etwas halt. Was ein Lächeln auf die Gesichter der Anwesenden zaubert, ohne dass es für jemanden peinlich ist. Du verstehst schon."

„Aha. Und bis wann?"

„Die Verabschiedung ist heute in einer Woche um 14 Uhr hier bei mir im Büro. Mir wäre es aber recht, wenn du mir die Unterlagen schon am Freitag geben könntest, damit ich sie übers Wochenende noch ein wenig studieren kann."

„Und der Fall?"

„Der Zahnarzt?"

„Dentist. Ja, genau."

„Haben wir da schon Fortschritte gemacht?"

„Na ja, nicht wirklich. Aber ich habe da so eine Theorie …"

„Ojegerl, Paul! Wenn du schon eine Theorie hast …"

„Lass mich erst einmal ausreden, Chef. Ich glaube, die Lösung des Falls liegt in der Vergangenheit. Der Dinotti war in der NS-Zeit ein politischer Gefangener. Und ich denke, er hat einen seiner damaligen Peiniger wiedergetroffen oder zumindest wiedererkannt. Der hat das allerdings spitzgekriegt und dem Dentisten die Schleife gegeben, bevor dieser etwas ausplaudern konnte."

Schuchter wurde hellhörig.

„Eine Nazig'schicht'? Ui, das klingt unappetitlich. Gerade jetzt. Bist du dir sicher?" Zedlnitzky machte eine abwägende Handbewegung.

„Ich mein', was ist schon sicher, nicht? Aber ich würde meinen, diese Spur ist die heißeste."

Schuchter fühlte sich sichtlich unwohl.

„Also ausgerechnet jetzt, wo diese Sache mit dem … na, dem Dings, du weißt schon, dem …"

„… Kandidaten von der ÖVP?", half Zedlnitzky seinem Vorgesetzten aus.

„Ja, genau, also wo diese Sache mit dem so am Kochen ist, brauchen wir nicht noch eine Hitler-Reminiszenz. … Hast du schon irgendwem davon erzählt?"

„Nicht wirklich", antwortete Zedlnitzky ausweichend.

„Gut. Dann leg das vorerst einmal auf Eis. Der Fall hat keine hohe Priorität. Die Medien berichten nicht mehr über ihn, Politiker haben sich auch keine eingemischt, also vergiss das zunächst einmal. Schau, dass du was über den Reichenberger zusammenbekommst, und wenn das erledigt ist, dann schauen wir weiter."

„Und was, wenn ausgerechnet der Reichenberger in dieser Sache Druck machen sollte?" Zedlnitzky wollte sich einfach absichern.

Schuchter winkte ab. „Den halt ich schon hin, kümmer' dich nicht darum. Geh ins Archiv und stell was Schönes zusammen. Er wird's nächste Woche verstehen."

Als Zedlnitzky an seinen Schreibtisch zurückgekehrt war, empfand er die jüngste Entwicklung gar nicht einmal als so unangenehm. Es ersparte ihm, weiter in den Zahnbefunden alter Leute herumzustochern. Und so nebenbei zu erfahren, wie sein Widersacher zu dem wurde, was er nun war, konnte ganz interessant sein.

„Ich muss mal ins Archiv. Dringende Anforderung vom Chef", ließ er Pospischil gegenüber verlauten.

Nach der Mittagspause kam er mit einem verhältnismäßig dünnen Packen Papier in sein Büro zurück. Es gab einige Zeitungsausschnitte über beachtenswerte Fälle, ein paar Belobigungen, Presseaussendungen, die in Reichenbergers Namen abgesetzt worden waren, und die offiziell zugänglichen Teile der Personalakte, darunter ein eigenhändig von Reichenberger verfasster Lebenslauf. Der interessierte Zedlnitzky zugegebenermaßen am meisten.

Die Karriere des Mannes war unauffällig, aber stetig verlaufen. Seit er zum Doktor iuris promoviert worden war, befand er sich im Staatsdienst, und – kein Wunder bei einem Roten – seit 1970 hatte er ein paar nennenswerte Sprossen auf der Karriereleiter erklommen. Zedlnitzkys Blick schweifte auf die Frühzeit des Staatsanwalts.

„Hast du g'wusst, dass unser Herr Staatsanwalt eigentlich ein Böhm ist?", rief er Pospischil im Nebenzimmer zu.

„Echt?", kam es nach einer Weile zurück.

„Na ja, wahrscheinlich so ein Sudetendeutscher oder so. Weil er kam erst 1946 nach Österreich."

Pospischil war aufgestanden und sah Zedlnitzky von der Verbindungstür aus an.

„Was machst du da eigentlich? Sammelst Informationen, damit er dir nicht mehr auf den Wecker geht, oder wie?"

Zedlnitzky lächelte. „Du wirst es nicht glauben. Der Chef hat mich damit beauftragt, Materialien über Reichenberger zusammenzutragen, damit er nächste Woche eine schöne Abschiedsrede halten kann."

„Und damit hat er ausgerechnet dich betraut?"

„Tja, unser lieber Kollege Schuchter ist wie immer gut informiert."

Nun grinsten beide. Kopfschüttelnd ging Pospischil wieder in sein Zimmer zurück, während sich Zedlnitzky auf die Suche nach verwertbaren Informationen über Reichenberger machte.

In einer Ausgabe der „Öffentlichen Sicherheit“ wurde er fündig. Dort fand er alles, was Schuchter brauchen würde. Reichenberger war in diesem Interview erstaunlich gesprächig geworden, und so erzählte er, dass er sich am besten bei langen Wanderungen durch den Wienerwald erhole, wo er sich auch für wichtige Fälle sammle. Freimütig erklärte er zudem, er habe es nie zuwege gebracht, sich fest zu binden, was wohl damit zusammenhing, dass er als junger Mann in ein Mädchen aus seiner Heimat verliebt gewesen war, das er aber aus den Augen verloren habe, als er 1946 aus seinem Dorf vertrieben wurde. Innerlich hänge er wohl immer noch an ihr, weshalb in seinem Herzen nur noch Platz für die Gerechtigkeit gewesen sei. Zedlnitzky fand diese Art von pathetischer Schwülstigkeit fast schon wieder rührend.

Nicht minder verlogen wirkte auf ihn die Aussage, er, Reichenberger, dränge sich nicht so gern ins Licht der Öffentlichkeit. Er müsse sein Gesicht nicht täglich in den Zeitungen sehen, räsonierte der Staatsanwalt, immerhin sehe er es täglich im Spiegel.

Zedlnitzky ließ das Blatt sinken. Er hielt inne. Irgendetwas irritierte ihn, doch er vermochte nicht zu sagen, was. Automatisch griff er nach seinen Zigaretten und steckte sich eine an. Bei Prozessen gehe es um Wahrheitsfindung, nicht um persönliche Eitelkeiten. Er verbringe daher so viel Zeit wie nötig in den Gerichtssälen, aber so wenig Zeit wie möglich vor Kameras und Mikrofonen, las er weiter.

Jetzt wusste er, was ihn zuerst verunsichert hatte! Hirsch war ihm wieder eingefallen. Was hatte der Mann gesagt? Er habe den Eindruck gehabt, Birgler immer wieder einmal auf diversen Gerichten gesehen zu haben. Auf den Gerichten trieben sich ja nicht nur Anwälte, Richter und Beklagte herum. Da gab es ja auch noch jede Menge anderer Leute, die dort tätig waren. Journalisten beispielsweise. Aber auch Wachpersonal! Und was war Birgler vor 1945 gewesen? Eben!

Eine Art Euphorie erfasste ihn. Vielleicht war Birgler einfach ungeschoren davongekommen, weil er sich nach seiner Flucht in die Exekutive eingeschlichen hatte. Gleich darauf schwand seine jäh erwachte Begeisterung jedoch wieder. Bei der Justizwache mochten Hunderte Leute beschäftigt sein. Und etliche davon in vorgerücktem Alter. Wie sollte er da ausgerechnet einen ausmachen, der möglicherweise etwas zu verbergen hatte?

Aber klar! Er schlug sich mit der flachen Hand auf die Stirn. Hirsch! Das war doch die Lösung. Er musste sich einfach nur beschreiben lassen, wie Birgler seiner Meinung nach aussah. Am besten, man ließ ihn eine Phantomzeichnung anfertigen, dann konnte man damit die Landesgerichte abklappern und darauf hoffen, dass jemandem dazu etwas einfiel.

Zedlnitzky kramte in seinen Taschen. Wo hatte er nur die Telefonnummer von Hirsch aufgehoben? Seine Suche begann hektisch zu werden. Er verstreute den Inhalt seiner Taschen wahllos auf dem Schreibtisch. Kugelschreiber, Feuerzeuge, Bazooka-Kaugummis und Taschentücher verteilten sich unorthodox auf der Holzplatte. Er klopfte sich ab, wie es die Gangster machen, wenn sie jemanden filzen, doch er war buchstäblich sauber. Nirgendwo auch nur der geringste Fetzen Papier. Als er sich schon mit dem Gedanken abgefunden hatte, noch einmal im DÖW anrufen zu müssen, kam ihm plötzlich eine Idee. Er zog seine Brieftasche hervor und hielt im Geldscheinfach Nachschau. Tatsächlich. Da war er. Unversehrt und auskunftswillig. Zedlnitzky setzte sich wieder nieder und wählte die notierte Nummer.

Eine Frau meldete sich am anderen Ende der Leitung. Ihr Gatte sei leider nicht da, erklärte sie. Er sei am Samstag mit seinem Sohn nach Kärnten gefahren und werde erst morgen Abend wieder zurückkehren. Ja, sie denke schon, dass ihr Mann am Mittwoch in der Früh zu sprechen sein werde. Und ja, sie werde es ihm ausrichten.

„Der Toni wird sicher für Sie Zeit haben, keine Frage. Der freut sich immer über Besuch und etwas Abwechslung. Seien Sie doch einfach am Mittwoch um 9 Uhr da, dann können Sie meinen Mann fragen, was immer Sie wollen."

Zedlnitzky dankte der Frau und bestätigte noch einmal, dass er am übernächsten Morgen ihren Mann aufsuchen werde.

Danach schnaufte er durch. Er hatte keine Lust mehr, sich durch Papier zu wühlen. Es war ohnehin beinahe 16 Uhr, also hielt ihn nichts mehr länger im Büro. Er sah zu, dass er aus dem Haus kam, noch ehe jemand auf die Idee kommen konnte, ihn noch mit irgendetwas zu behelligen. Doch erst, als er im Auto saß und den Zündschlüssel drehte, erlaubte er sich aufzuatmen.

Der Verkehr war erträglich, sodass er noch vor fünf Uhr nachmittags zu Hause eintraf. Zu seiner Überraschung saß Peter wirklich an seinen Hausaufgaben, während Jackie mit ihrer Barbie spielte. Frau Zedlnitzky war mit der Zubereitung des Abendessens beschäftigt.

„Was gibt's denn?", fragte er hoffnungsfroh.

Die Antwort „Scheiterhaufen" verlangte nach einem Bier. Er hatte nie verstanden, was an einer Mixtur aus alten Semmeln, geriebenen Äpfeln und Rosinen so toll sein sollte, doch die Kinder liebten Derartiges natürlich, weil es süß war. Und seine Frau liebte die Kinder, weil sie süß waren. Also blieb ihm nur, zu essen, was auf den Tisch kam. Er ließ sich seufzend auf die Couch fallen, wobei er Mühe hatte, das Bier nicht zu verschütten, und studierte das Fernsehprogramm. Eine vergebliche Liebesmüh. Es war Montag, also die obligate Sportsendung mit Robert Seeger.

Na ja, er hatte ja immer noch „Jerry Cotton". Warum war es für die Romanhelden immer so leicht, ihre Fälle zu lösen? Stellte er sich in seiner Wirklichkeit ganz einfach zu blöd an, oder woran lag es, dass die Krimineser zwischen den Buchdeckeln selbst den abgefeimtesten und cleversten Schurken zur Strecke bringen konnten? Seit fast einer Woche hatte er einen Mordfall am Hals, und er war noch nicht einen einzigen Schritt weitergekommen. Lustlos stocherte er in der Mehlspeise herum.

Während des Abendessens drehte Zedlnitzky den Fernseher an. In den Nachrichten dominierte die Wahl vom Vortag. Jeder Provinzpolitiker gab seinen Senf dazu, außerdem wurde wortreich aus den internationalen Zeitungen zitiert, die sich größtenteils empört über den Wahlausgang äußerten. Vor allem die Amerikaner schäumten, und in den Niederlanden wurde zum Boykott Österreichs aufgerufen. Unwillkürlich musste Zedlnitzky an die Kärntner Badeseen denken, wo Holländer seit Jahrzehnten nach den Deutschen das größte Urlauberkontingent stellten.

„Vielleicht können wir heuer am Wörthersee Sommerferien machen", schlug er vor, „wenn die Edamer ausbleiben, dann nehmen die Kärntner uns mit Handkuss."

Seine Frau musterte ihn aufmerksam, um herauszufinden, ob er diesen Satz ernst gemeint hatte. „Der Plattensee ist mir trotzdem lieber", deponierte sie sicherheitshalber. Er zuckte nur mit den Schultern und spießte eine weitere Rosine auf.

Der Bericht über die Präsidentschaftswahl kam endlich zu einem Ende, doch gleich ging es mit Tschernobyl weiter, was Zedlnitzkys Laune ebenfalls nicht zuträglich war. Am liebsten hätte er abgedreht, doch aus irgendeinem Grund wartete er noch auf das Wetter, auch wenn absehbar war, dass es auch am nächsten Tag noch schön sein würde. Dennoch, man bekam sein Bauchgefühl gerne höheren Orts bestätigt.

Just als die Wetterkarte auftauchte, läutete das Telefon. Wie zu befürchten, war mit der dem Ergebnis entsprechenden Verspätung sein Vater am Apparat. Gottergeben hörte sich Zedlnitzky dessen Suada an, dabei durchaus überrascht, wie umfangreich das Vokabular seines Vaters in der Abteilung der Schimpfworte war. Und nur knapp konnte er sich lautes Lachen verkneifen, als der Vater plötzlich darüber philosophierte, dass man eigentlich auswandern sollte. Sein Erzeuger stand schon mit dem Hochdeutschen auf Kriegsfuß, wie wollte er da in England oder wo auch immer bestehen?

„Hörst, Papa, in Italien ist's auch nicht besser. Dort haben s' die Mafia. Spanien? Da tummeln sich immer noch die Faschisten. Und die Basken sprengen alle Daumen lang irgendwas in die Luft. Ja, ja, die Franzosen! Genau. Dort passt du hin, wie die Faust aufs Aug' … Na komm, jetzt nimm's nicht so tragisch. Du hast schon größere Trottel überlebt. Und bösere", versuchte er den Vater zu beruhigen. Doch der war so richtig in Fahrt gekommen und ließ sich durch nichts bremsen.

Zedlnitzky zündete sich eine „Smart" an und beschränkte sich darauf, alle zwanzig bis dreißig Sekunden „Ja" oder „Aha" oder auch „Ja, eh" zu sagen, bis Papa Zedlnitzky endlich die Luft ausging. Na bitte, 20 Uhr 15. Die Rettung. Der Herr Papa hatte wohl noch nie eine Folge von „Sport am Montag" versäumt.

Nach guten zwei Stunden mit „Jerry Cotton" fühlte Zedlnitzky eine bleierne Müdigkeit in sich. Er dämpfte seine Zigarette aus und stellte den Aschenbecher in die Spüle.

„Ich glaub', ich geh' ins Bett", sagte er nur und verschwand wortlos im Schlafzimmer.

Er hatte die Lichter schon längst gelöscht und starrte mit hinter dem Kopf verschränkten Armen in die Dunkelheit. Der Fall Dinotti ließ ihn nicht los. Irgendwie witzig, sagte er sich selbst. Reichenberger und Birgler hatten etwas gemeinsam. Bei Reichenberger gab es praktisch keine Hinweise auf die Zeit vor 1946, bei Birgler definitiv keine für die Zeit nach 1946. Aber gut, Reichenberger war ein aufgeblasener Emporkömmling. Klar, dass der seine Vergangenheit verstecken wollte, denn wahrscheinlich war er auch nichts Besseres gewesen als ein Arbeiter- oder Bauernkind. Doch von diesem Birgler sollte man doch irgendwie Informationen auftreiben können.

Zedlnitzky war sich sicher, er würde erst dann wieder Ruhe haben, wenn er sich mit Interpol in Verbindung gesetzt hatte. Es schien einfach denkunmöglich, dass jemand volle 40 Jahre auf der Flucht war, ohne dass dieser Jemand nicht irgendwo Spuren hinterlassen hatte. Er würde in Paris anrufen. Gleich am nächsten Morgen. Denn er musste ja sowieso einen Tag auf Hirsch warten, also war dieser Anruf seine beste Option. Zedlnitzky war endlich zufrieden mit sich, und so schlief er umgehend ein.

Wien, 22. April 1986

Was so ein hohler Zahn alles bewirken konnte. Keinen Monat vor seiner offiziellen Verabschiedung musste er doch tatsächlich Zahnschmerzen bekommen. Und das ausgerechnet, nachdem er den Kaufpreis für sein Häuschen in Eraclea auf den Tisch geblättert hatte. Tausender für Tausender, bis auf den letzten Groschen. Sein Geschäftspartner war anfänglich zwar ein wenig irritiert über die Barzahlung gewesen, doch schließlich schien er sogar beeindruckt zu sein. Er machte eine anerkennende Geste, dann drückte er ihm die Papiere in die Hand und klimperte mit dem Schlüssel in der Luft. Birgler hielt seine Rechte darunter, woraufhin der Mann den Schlüssel fallen ließ. Birgler schloss seine Hand und ging vergnügt zurück zu seinem Auto.

Just in diesem Moment durchzuckte ihn aus heiterem Himmel ein heftiger Schmerz in der rechten Backe. Zwei Tage lang versuchte er, das Problem mithilfe von Tabletten zu lösen, doch schließlich sah er sich gezwungen, ärztliche Hilfe in Anspruch zu nehmen.

Dabei war er seit einer halben Ewigkeit nicht mehr bei einem Zahnklempner gewesen. Er musste sich sogar bei einem befreundeten Hofrat erkundigen, ob der einen Arzt bei der Hand habe, den er empfehlen könne. Der Mann verwies ihn an einen Dentisten in Margareten. Der sei zwar alt, aber noch sehr zuverlässig. Und er habe selten Patienten, sodass man in der Regel sofort drankam und nicht ewig lang in einem Wartezimmer auf die Folter gespannt wurde. Birgler kam zu dem Schluss, ein Zahnschlosser sei so gut wie der andere, und so fuhr er aufs Geratewohl in die Krongasse, um sich das Problem vom Hals schaffen zu lassen.

Tatsächlich hatte er Glück. Die Praxis war offen, niemand war da. Ihn verwunderte zwar, dass der Dinotti nicht einmal eine Vorzimmerdame hatte, aber man sollte, so fand er, nicht von der Umgebung auf die Künste des Dentisten schließen.

Der ließ den Patienten sofort auf dem Behandlungsstuhl Platz nehmen und legte ihm eine weiße Schürze um, als er plötzlich erstarrte. Birgler entging diese Veränderung in der Haltung des Mannes nicht, und so fragte er, was denn los sei. Nichts, nichts, hatte der Dentist entgegnet, doch sein Blick war verräterisch. Irgendwas passte hier so gar nicht und alarmierte Birgler sofort. Die Zahnschmerzen waren von einem Augenblick zum nächsten verschwunden, denn von einer Sekunde zur anderen beschäftigten ihn ganz andere Gedanken.

Aus dem Augenwinkel studierte er den Dentisten. Er war alt, ohne Frage. Alt genug, um etwas wissen zu können. War er gar bei einer seiner früheren Taten dabei gewesen? War es möglich, dass er ihn nach 40 Jahren immer noch erkannte? Trotz Bart und Brille? Birgler überlegte, wie er mit der Situation umgehen sollte, doch der Dentist verurteilte ihn umgehend zur Tatenlosigkeit. Er hängte ihm einen Sauger in den Unterkiefer und begann, mit dem Bohrer den schadhaften Zahn zu behandeln. Birgler zuckte zurück, und seiner Kehle entrang sich ein gurgelndes „Au".

„Wollen Sie eine Spritze?"

Birgler nickte. Während die beiden darauf warteten, dass deren Wirkung einsetzte, taxierten sie sich gegenseitig.

„Kann ef fein, daff ich Fie von früher kenne?", fragte Birgler schließlich, „von irgendwo auf Niederöfterreich?"

Dinotti schüttelte den Kopf.

„Das glaub ich nicht, der Herr. Ich war zeitlebens immer in Wien."

Birgler hakte nach: „Und immer alf Dentift?"

Er erntete ein Nicken.

„Vertfeien Fie, wenn ich fo neugierig bin, aber Fie find in einem Alter, wo man möglicherweife an der Front war? Vielleicht waren wir im felben Bataillon?"

„Ich war nicht im Krieg. Untauglich."

„Na, da haben Fie nichtf verfäumt."

Birgler verfiel in Schweigen. So sehr er sich auch bemühte, das Gesicht des Dentisten rief keinerlei Erinnerung in ihm hervor. Aber die Art, wie er von ihm gemustert wurde, beunruhigte ihn immer noch.

„Sie waren im Krieg? Wo denn?", griff Dinotti nun den Gesprächsfaden auf, während er seine Bohrer sortierte.

„Ach, in Rufffland. Bin ganf am Fluff noch eingetfogen worden. Volkffturm."

Dinotti schien wissend zu nicken, und Birgler war sich nun endgültig sicher, dass der Mann ihm seine Geschichte nicht abkaufte. Allerdings gab es in dieser Situation nichts, was er unternehmen konnte. Der Dentist stocherte in seinem Mund herum, und das makabre Jaulen des Bohrers machte ihm das Denken schwer. Unwillkürlich fiel ihm der Film mit Dustin Hoffman ein, wo ein ehemaliger Nazi jemanden just am Zahnarztstuhl folterte. War dies hier ein Dacapo mit umgekehrter Rollenverteilung? Birgler brach der Schweiß aus. Er war vollkommen wehrlos, der Mann konnte seine Rache haben, und er, Birgler, würde nicht einmal wissen, wofür der Dentist sich rächte! War es Stein? Hadersdorf? Oder lag die Sache noch länger zurück, während seiner Zeit in Mauthausen vielleicht? Birgler hätte mit den Zähnen geklappert – wenn es denn möglich gewesen wäre.

Der Zahnschlosser ging scheinbar seelenruhig seiner Arbeit nach. Nach einer schieren Unendlichkeit legte er den Bohrer weg und griff nach merkwürdigen Instrumenten, mit denen er offensichtlich die Zahnruine fixierte, denn Birgler fühlte eine unangenehme Enge im Mund. Dann griff der Mann zu einer Art Nähnadel. Anscheinend holte er irgendetwas aus dem Loch heraus. Trotz der Spritze empfand Birgler Schmerz, und seine Hände umkrampften die Armlehnen des Behandlungsstuhls.

„So, gleich haben wir es", hörte er den Dentisten ein Ende seiner Qual ankündigen und hoffte inständig, der Mann würde ihm die Wahrheit sagen.

Einmal noch durchzuckte ihn ein stechender Schmerz, dann war die Nadel endlich wieder aus seiner Mundhöhle verschwunden.

„Ich musste eine Wurzelbehandlung machen, die war unumgänglich. Ich habe den Nerv ausgeschaltet und Ihnen eine Einlage gemacht. Die muss jetzt ihre Wirkung entfalten. Sie sollten in nächster Zeit nichts Hartes beißen. Am besten, Sie ernähren sich von weichen Speisen, Pasta oder Spinat oder dergleichen. Eierspeisen, Kartoffelpüree und solche Sachen. Na, Sie wissen schon. Und heute in einer Woche kommen Sie wieder, und da setzen wir dann die Plombe."

Birgler blieb nichts anderes übrig als zu nicken. Mühsam erhob er sich aus dem Behandlungsstuhl und wankte schwerfällig Richtung Tür. Da stellte sich ihm der Dentist in den Weg. Na bitte, er hatte sich nicht getäuscht. Aus irgendeinem Grund wusste dieser Mensch um seine Vergangenheit, und nun kam die Abrechnung. Birgler spannte jede Faser seines Körpers an, bereit, einen allfälligen Angriff abzuwehren. Doch der Zahnarzt fuhr nur die Rechte aus, um ihm die Hand zu schütteln. Birgler war irritiert, aber gleichzeitig auch erleichtert.

Er hatte bereits das Vorzimmer erreicht, als ihm der Dentist folgte. Jetzt?

„Verzeihen Sie, aber ich bräuchte noch Ihren Krankenschein!"

Birgler hob entschuldigend die Schultern. „Das tut mir jetzt leid, aber die Schmerzen kamen so überfallsartig, dass ich keine Zeit hatte, einen Krankenschein zu besorgen. Können wir das mit einer Kaution erledigen?"

Dinotti schien nicht lange zu überlegen.

„500 Schilling", sagte er prompt, „die bekommen Sie wieder, wenn Sie nächste Woche den Krankenschein vorbeibringen.“

Birgler zog sein Portemonnaie aus dem Sakko und fischte einen Ressel heraus, den er Dinotti in die Hand drückte.

„Wir sehen uns in einer Woche“, statuierte er und sah zu, dass er aus der Ordination kam.

Wien, 6. Mai 1986

Trotz des schönen Wetters begann der Dienstag nicht besser als der Montag. Die Euphorie, die Zedlnitzky kurz vor dem Einschlafen überkommen war, hatte sich über Nacht verflüchtigt. Bei Interpol anrufen! Das stellte er sich so einfach vor! Er kannte dort doch niemanden. Wie sollte er das überhaupt einfädeln? Er konnte ja unmöglich einfach so zum Hörer greifen und sich mir nichts, dir nichts mit irgendwelchen Topermittlern verbinden lassen, die nicht einmal wussten, dass jemand wie er überhaupt existierte.

Noch dazu, wo ihm eigentlich unmissverständlich klargemacht worden war, dass er in der Vergangenheit nicht länger herumstochern sollte. Und einen Anruf in Paris, den galt es schließlich zu begründen, weil der ja auch angemeldet werden musste. Von seinem Apparat aus erreichte er nicht einmal Mödling oder Baden, geschweige denn die französische Hauptstadt. Vor allem, so viel stand einmal fest, Schuchter würde ihm eine solche Aktivität nie bewilligen!

Missmutig rührte er in seinem Kaffee. Man müsste jemanden kennen, mit dem man den Dienstweg elegant umgehen konnte. Zedlnitzky zündete sich eine Zigarette an und blies den Rauch gedankenverloren aus. Warum hatte er sich nicht beizeiten um mehr Kontakte bemüht, dann säße er nun nicht so ratlos in seiner Küche herum. „Mach dich bei den Kollegen beliebt“, hatte ihm sein Vater immer geraten, „du weißt nie, wofür du sie einmal brauchen kannst.“ Ja, sein Vater! Der war mit Gott und der Welt bekannt.

Mo-ment! Zedlnitzky blickte auf die Uhr. Zehn nach sieben. Mit etwas Glück erwischte er ihn noch. Zedlnitzky sprang auf und lief ins Vorzimmer. Hektisch drückte er die erforderlichen Tasten und wartete ungeduldig auf das Läuten. Endlich hob jemand ab. Seine Mutter.

„Ist Vater noch da?“

„Er ist grad bei der Tür raus. Warte, vielleicht erwisch’ ich ihn noch.“

Er hörte in der Ferne, wie die Wohnungstür aufgerissen wurde, dann vernahm er Mutters Stimme, die den Vater rief. Eine Minute später klang dessen Bariton an sein Ohr.

„Was gibt es, mein Sohn?“

Und Zedlnitzky klagte ihm sein Leid.

„Ja mei, da redest am besten mit dem Ferdinand. Sag’ ihm, ich hab’ dich an ihn verwiesen und tät’ mich freuen, wenn er dir hilft. Dann stellt der weiter keine Fragen.“

„Der Ferdinand …?“

„Grubmüller. Der macht die internationalen Verbindungen bei uns. Den kenn ich schon seit 30 Jahren, als wir noch gemeinsam im Chargenkurs waren. Und natürlich von der FSG in der GÖD. Is’ eh klar.“

„Und du meinst, den kann ich einfach so angehen wegen derer G’schicht?“

„Sicher. Wennst ihm sagst, dass d’ mein Bub bist, ist alles andere klar.“

Zedlnitzky fasste neuen Mut. Er dankte dem Vater, trank seinen Kaffee aus und sah zu, dass er ins Büro kam.

Wie üblich schaffte er es auf den letzten Drücker und war heilfroh, dass Schuchter noch außer Haus weilte. So begab er sich umgehend in den 4. Stock, wo Grubmüller residierte.

„Servus, Kollege Grubmüller. Mein Vater hat g’sagt, ich könnt’ mich in einer Angelegenheit an dich wenden, die ein bisserl heikel ist.“

Grubmüller war ganz Ohr. Als Zedlnitzky geendet hatte, lachte er.

„Du bist also der kleine Pauli. Ich hab’ gar nicht gewusst, dass du auch beim Verein gelandet bist. Na ja, ich hab’ deinen Vater viel zu selten privat getroffen. Immer nur Polizei-

oder Gewerkschaftsarbeit, da redet man halt selten über's Familienleben, gelt. Dabei war ich ja bei deiner Taufe dabei. Und bei deiner Geburt hab' ich deinen Vater im Belvedere vertreten."

Grubmüller wurde sentimental.

„Ja, damals, beim Staatsvertrag, weißt. Da hätt' dein Vater ja dem alten Bronstein einen Zund geben sollen, aber dann hast du es so eilig g'habt, dass dein Vater ins Spital zu deiner Mutter ist. Und so hat er mich gebeten, dass ich an seiner statt ... Aber darum geht's ja gar nicht. Da red' ich und red' ich, und du willst, dass wir Paris anrufen, gelt. Na, dann schau' ma mal."

Grubmüller stieß sich von seinem Schreibtisch ab und begab sich zur Tür, die sein Büro mit dem der Schreibkräfte verband.

„Geh, Dagmar, legst mir eine Leitung zur Interpol nach Paris? Danke!"

Dann drehte er auf dem Absatz um und setzte sich auf seinen Stuhl.

„Kannst du überhaupt Französisch?", fragte er dann.

Zedlnitzky schüttelte den Kopf.

„Ojegerl, das wird dann aber zäh. Weil die Franzosen können außer Französisch genau gar nix. Na ja, vielleicht hamma ein Glück, und es hebt jemand ab, der kein Franzose ist."

Dieses Glück blieb ihnen jedoch verwehrt. Grubmüller versuchte es dennoch mit Englisch, wobei er allerdings die Worte „Police" und „Vienne" auf Französisch verwendete. Daraufhin ging ein französischer Wortschwall auf ihn nieder, von dem er kein einziges Wort verstand. Lediglich das „un moment" klang hoffnungsfroh in seinen Ohren.

Wenige Augenblicke später meldete sich eine andere Stimme, allerdings wieder auf Französisch.

„If you want, we can continue in English", sagte diese plötzlich, „oder auf Deutsch, wenn Sie wollen."

Jetzt war Grübmüller ehrlich erstaunt: „Sie können Deutsch?“

Der Mann am anderen Ende der Leitung erklärte sich. „Ich bin Belgier und komme aus dem äußersten Osten des Landes. Dort lernt man auch Deutsch.“

Grubmüller legte die Hand auf die Sprechmuschel und sah Zedlnitzky an.

„Wir haben Glück“, zischte er, „unser Hercule Poirot kann Deutsch.“

Zedlnitzky verstand die Anspielung nicht, fand aber die prinzipielle Information über die Sprachkenntnisse des Mannes erfreulich.

„Sagen Sie einmal, ist es richtig, dass ihr bei Interpol auch alte Fälle verfolgt?“

„Was meinen Sie konkret?“

„Bei uns ist …“ Grubmüller sah Zedlnitzky hilfesuchend an, der ihm die Zahl zuflüsterte, „1946 ein Naziverbrecher, der eigentlich schon rechtskräftig zum Tod verurteilt war, aus der Haft entflohen und wird seitdem gesucht. Jetzt behauptet jemand, der sei plötzlich wieder bei uns aufgetaucht. Wir würden nun gerne herausfinden, ob das möglich sein kann.“

Der Belgier erkundigte sich nach dem Namen und notierte die Angaben, die er von Grubmüller erhielt. Er versprach, Nachschau zu halten und sich dann zu melden. Das werde allerdings eine kleine Weile dauern. Grubmüller dankte ihm und legte auf. Er sah Zedlnitzky an.

„Wenn er anruft, schreib ich alles auf, was er mir sagt, und das geb’ ich dir dann. Ist das in Ordnung für dich?“

Zedlnitzky war mehr als einverstanden. Er dankte Grubmüller, der im Gegenzug Zedlnitzkys Vater beste Grüße ausrichten ließ.

Beschwingt marschierte Zedlnitzky wieder an seinen Arbeitsplatz.

„Ah, Zedlnitzky, da bist du ja. Ich such' dich schon. Kannst kurz einmal mitkommen?"

Schuchter winkte eifrig nach ihm. Zedlnitzky war zwar erstaunt, folgte aber seinem Chef ohne ein weiteres Wort in dessen Büro.

„Es geht", begann dieser, „noch einmal um den Reichenberger. Der hat jetzt gerade unsere Pläne umgeschmissen."

Zedlnitzky hob die Augenbrauen.

„Ja, der bekommt am Montag vom Minister einen Orden verliehen. Silberne Verdienstmedaille, was ich gehört habe. Und weil er am Freitag einen Gesundheitscheck hat, müssen wir unsere Verabschiedung jetzt schon am Donnerstag machen. Und das wiederum heißt, dass ich deine Redeunterlagen schon morgen brauche. Bekommst du das hin?"

Zedlnitzky hatte nicht die geringste Lust, seine Zeit mit solchem Kram zu verbringen, doch blieb ihm nichts anderes übrig, als Zustimmung zu signalisieren.

„Gut", sagte der Chef, „sehr gut. Ich wusste, ich kann mich auf dich verlassen. Dann schreib mir was z'samm und gib mir das morgen. Und ab Donnerstag darfst dich dann wieder mit dem Zahnarzt beschäftigen."

„Dentist."

„Was auch immer. Ich glaub' ja, ehrlich gesagt, nicht, dass wir da noch was zusammenbekommen. Der Fall wird wohl auf Frist landen, früher oder später. Du weißt ja, in der Regel haben wir nur 72 Stunden Zeit, einen Mörder zu finden. Danach wird es mit jedem Tag unwahrscheinlicher, dass man einen Fall noch löst. Das gelingt dann nur noch Kommissar Zufall."

Zedlnitzky sah keine Veranlassung, seinem Vorgesetzten zu widersprechen.

„Ist in Ordnung, Chef, dann geh' ich mal meine Unterlagen durch, wenn's recht ist."

„Ja, ja, mach das nur. Frisch ans Werk."

Zedlnitzky erhob sich und ging nun endgültig zu seinem Schreibtisch. Dort freilich überfiel ihn umgehend wieder der Trübsinn. Was konnte in einem Augenblick wie diesem langweiliger sein, als eine Rede über einen aufgeblasenen Bürokraten erarbeiten zu müssen. Gut, Patientenakten zu wälzen vielleicht. Aber das war eine Wahl zwischen Pest und Cholera.

Widerwillig griff er sich noch einmal den Personalakt. Es war schon erstaunlich, dass sämtliche persönlichen Dokumente Duplikate waren. Nun, genau genommen nicht einmal das. Alle offiziellen Schriftstücke, von der Geburtsurkunde über diverse Schulzeugnisse bis hin zum Staatsbürgerschaftsnachweis waren 1955 ausgestellt worden. Und abgesehen vom Geburtsort Liberec fand sich kein einziger Verweis auf Reichenbergers böhmische Herkunft. Natürlich war ihm bewusst, dass es nach dem Krieg viele Menschen gegeben hatte, die bar jeglicher Papiere nach Österreich hatten flüchten müssen. Doch hatten die damaligen Behörden nicht einmal ansatzweise nachgefragt, ob es jemanden gab, der die jeweiligen Angaben bestätigen konnte? Zedlnitzky kam das sehr nachlässig vor.

Er überlegte, ob es irgendwo eine Möglichkeit gab, von tschechoslowakischer Seite nähere Informationen zu erhalten. Sicher, die ČSSR war ein realsozialistischer Staat und dementsprechend eher wortkarg, wenn man von westlicher Seite ein Anliegen hatte. Außerdem würde eine Antwort wohl nie in einer so kurzen Zeitspanne erfolgen. Zedlnitzky verwarf seine Überlegung wieder. So kam er auch nicht weiter.

Also beschränkte er sich darauf, ganz allgemein festzuhalten, dass Reichenberger 1922 in eine sudetendeutsche Familie in Nordböhmen hineingeboren worden war und im heimatlichen Liberec das Gymnasium besucht habe. Danach … ja – was? Hatte der Mann studiert? Hatte er Kriegsdienst geleistet? War er frontuntauglich gewesen? Zedlnitzky wischte sich mit dem Handrücken über den Mund. Das war ja wirklich lästig. Da fehlten einfach fünf Jahre in der Vita dieses Mannes. Und selbst die Zeit davor war eigentlich nur eine Mutmaßung seinerseits. Gab es denn niemanden, den man über Reichenberger aushorchen konnte? Das würde die Arbeit an dieser Rede ganz entschieden vereinfachen. Doch leider fiel ihm niemand ein, den er fragen konnte. Zumindest niemanden, dem er vertraute.

Die Zeit verging quälend langsam, und Zedlnitzky ertappte sich dabei, schon kurz nach 10 Uhr vormittags die Menükarte zu studieren. Er hatte, wie er auf diese Weise erfuhr, die Wahl zwischen Fleischknödeln mit Sauerkraut und Augsburger mit gerösteten Erdäpfeln und Mischgemüse. Beides empfand er als reichlich üppig für die Jahreszeit, doch dass er deswegen wie einige der Sekretärinnen einfach nur einen großen Salat nehmen würde, so weit war es mit ihm noch nicht gekommen. Er zündete sich eine Zigarette an und wandte sich wieder Reichenbergers Lebenslauf zu.

Offenbar hatte sich der Mann aus kleinen Verhältnissen emporgearbeitet, denn er war erst mit 28 an die Universität gekommen. Just zu dieser Zeit hatte sich Reichenberger auch der SPÖ angeschlossen und somit auf das richtige Pferd gesetzt, denn ohne Partei wäre er wohl nie leitender Staatsanwalt geworden, sondern eher irgendwo in der Bürokratie verkümmert.

Und wieder folgte ein routinemäßiger Blick auf die Amtsuhr. Waren die Zeiger festgeschraubt?

Doch was, wenn er mit seiner Vermutung im Hinblick auf Birgler falsch lag? Was, wenn der Kerl längst nicht mehr lebte? Oder nach seiner Flucht tatsächlich in Südamerika untergetaucht war, um sich seitdem nie wieder in Österreich blicken zu lassen? Er hatte genau diesen einen Trumpf in der Hand, und wenn der nicht stach, dann stand er da wie der größte Vollidiot. Er hatte sich einer Anweisung Reichenbergers widersetzt, weil er überzeugt war, auf der richtigen Spur zu sein. Behielt jedoch Reichenberger recht, dann konnte er in zwei Tagen gemeinsam mit diesem Abschied nehmen. Und Zedlnitzky ertappte sich dabei, wie ihm schlecht wurde.

Angewidert legte er die Akten beiseite und griff sich die Zeitung vom Tag. Irgendwo musste sich doch ein Kreuzworträtsel befinden, und damit konnte man wenigstens die Phase bis zur Mittagspause überbrücken. Er lächelte. Na bitte, da war es. Ukrainische Stadt mit vier Buchstaben. Tschernobyl war das wohl nicht. Er hielt inne. Es war schon bemerkenswert. Diese Geschichte lag gleich dem Mord an Dinotti gerade einmal eine Woche zurück, doch niemand sprach mehr darüber.

Na ja, Dinotti war ja auch aus den Schlagzeilen verschwunden. Und so würde es wohl auch mit dem Präsidentschaftskandidaten sein, wenn er erst einmal definitiv gewählt war. Denn wie oft kam ein Bundespräsident schon in den Medien vor? Zur Neujahrsansprache vielleicht, und wenn er auf der „Welser Messe“ irgendetwas über Sümpfe sagte, die trockengelegt gehörten. Sonst war der Mann so anonym wie das Gros der Beamtenschaft.

Dreißig Minuten später betrachtete Zedlnitzky zufrieden sein Werk. Bis auf zwei, drei Fragen hatte er alles ausfüllen können, und die hätte er wohl auch noch geschafft, wenn es nicht eine neue Priorität gegeben hätte: die Mittagspause.

Als Zedlnitzky wieder an seinem Schreibtisch Platz nahm, fühlte er sich regelrecht gerädert. Er hätte nicht die Fleischknödel wählen sollen. Sie lagen ihm wie ein Stein im Magen, und nicht einmal der Kaffee und die Verdauungszigarette änderten etwas daran.

Da erreichte ihn ein interner Anruf. Es war Grubmüller. Sofort vergaß Zedlnitzky sein Völlegefühl und konzentrierte sich ganz auf die Informationen, die er von Grubmüller bekam.

„Also, in Frankreich haben sie nix über einen Birgler. Der Kollege hat mir aber g'sagt, er ist sich sicher, dass es damals, also 1946, einen internationalen Fahndungsbefehl gegeben hat, doch das ist jetzt 40 Jahre her, und so alte Daten werden in der Regel nicht in Evidenz gehalten."

Zedlnitzky schnaubte ärgerlich.

„Natürlich hat er sich denken können, dass er uns mit dieser Auskunft allein nur wenig Freude macht, und jetzt hat er von sich aus in Berlin angerufen. Dort gibt es ein eigenes Dokumentationszentrum, das die Alliierten betreiben."

Zedlnitzky schöpfte neue Hoffnung.

„Aber die haben auch nichts."

Wieder Schnauben.

„Allerdings hat er mich dann gefragt, warum wir so weit in die Ferne schweifen. Immerhin hätten wir doch das Wiesenthal-Zentrum in Wien, und wenn jemand etwas über untergetauchte Nazis wisse, dann der Wiesenthal."

Zedlnitzky klatschte sich mit der Hand auf den Schenkel. Natürlich! Dass er nicht gleich daran gedacht hatte! Er dankte Grubmüller und wählte danach sofort die Nummer der Auskunft. Drei Minuten später meldete sich das Wiesenthal-Zentrum am anderen Ende der Leitung. Zedlnitzky fragte, ob er im Rahmen einer polizeilichen Ermittlung vorbeischauen dürfe. Nachdem seine Frage bejaht worden war, sagte er nur noch, er sei praktisch schon auf dem Weg.

Das Wiesenthal-Dokumentationszentrum befand sich in relativer Nähe zum Sicherheitsbüro, sodass Zedlnitzky zu Fuß gehen konnte. Er ertappte sich dabei, dass er dabei immer schneller wurde, sodass er sogar ins Keuchen kam. Vor dem Haus angekommen, hielt er kurz inne, um seinen Atem wieder in den Griff zu bringen. Dann erst läutete er an. Er nickte dem Stehposten, der sich dort zum Schutz vor allfälligen Angriffen von Neonazis oder arabischen Terroristen aufhielt, kurz zu und ging dann durch die Sicherheitsschleuse, wo man ihn bereits erwartete. Eine hagere Dame von reichlich 50 Jahren fragte, was sie für ihn tun könne.

„Ich bin", antwortete Zedlnitzky, nachdem er Platz genommen hatte, „auf der Suche nach Materialien über einen ehemaligen Kriegsverbrecher aus den Reihen der SS. Sein Name ist Willi Birgler."

„Ah ja", entgegnete die Dame mit einem wissenden Gesichtsausdruck, „na, das haben wir gleich."

Sie erhob sich, ging zu einem Aktenschrank und hob dort, ohne lange suchen zu müssen, einen Aktendeckel hoch, mit dem sie zum Schreibtisch zurückkehrte.

„Willi Birgler wurde 1922 in Niederösterreich, und zwar in ..."

Zedlnitzky wehrte ab. „Die Eckdaten habe ich schon. Ich weiß auch, dass er zum Tode verurteilt wurde und 1946 aus dem Gefängnis flüchten konnte. Was mich interessiert, ist, ob es Wahrnehmungen zu seiner Person nach dieser Flucht gibt."

Die Dame sah kurz auf, nickte und begann dann, in ihren Unterlagen zu blättern.

„Für den Chef war dieser Birgler immer ein sehr wichtiger Fall. Er hat uns alles sammeln lassen, wo der Mann erwähnt wurde. Leider ist das nicht allzu viel gewesen. Einschlägige Zeugenaussagen Ende der 40er-Jahre behaupten, Birgler hätte sich von Bayern aus über die Schweiz nach Italien durchgeschlagen, wo er über die bekannten Vatikan-Kanäle ein Visum für Südamerika bekommen habe. 1955 wurde er angeblich in Buenos Aires gesehen und 1960 in Montevideo."

Zedlnitzky spürte, wie unruhig er war. Es konnte stimmen, dass Birgler in Südamerika gewesen war, aber das hatte noch nichts zu bedeuten. Möglicherweise war er eben später zurückgekommen. All das war er ja schon durchgegangen.

„Aber all diese Aussagen blieben letztlich unbestätigt. Der Chef hat vor allem nach dem Fall Eichmann in den 60ern versucht, Birgler dort drüben aufzuspüren, aber letztlich ohne Erfolg."

„Gab es auch irgendwelche Sichtungen hier in Österreich?", wollte Zedlnitzky wissen.

Die Dame blätterte das Dossier von vorn nach hinten durch und wieder zurück.

„Keine, die uns gemeldet worden wären", sagte sie dann.

„Das heißt, praktisch haben Sie nichts."

„Wissen Sie, wie viele Nazis es gab?", hielt dem die Archivarin entgegen. „Millionen! Allein hier in Österreich waren es an die 800.000. Und das sind nur die Parteimitglieder, müssen Sie wissen. Da kommen Sie mit SA, SS, SD, NSKK, BDM, HJ etc. locker auf weit mehr als eine Million. Und wenn davon nur jeder Hundertste Verbrechen begangen hat, so suchen wir immer noch mehr als 10.000 Leute. Verstehen Sie?"

„Ja, ja, das ist mir schon klar. Aber es wäre halt schön gewesen, wenn wir über diesen Birgler etwas aussagekräftigeres Material hätten finden können."

„Glauben Sie mir. Das wäre auch unser Wunsch. So viele Naziverbrecher leben selbstzufrieden und vergnügt an irgendwelchen Enden der Welt und erfreuen sich ihres Lebens, während ihre Opfer, selbst wenn sie überlebt haben sollten, für ihren ganzen weiteren Lebensweg gezeichnet bleiben. Dagegen können wir leider gar nichts tun. Wir können nur versuchen, eine oberflächliche Gerechtigkeit zu schaffen, indem die Peiniger irgendwie zur Rechenschaft gezogen werden. Aber das gibt den Opfern ihr ursprüngliches Leben auch nicht zurück. Es gibt ihnen höchstens die Gewissheit, dass die Verbrechen, die an ihnen begangen wurden, nicht völlig ungesühnt bleiben."

Zedlnitzky nickte heftig.

„Genau darum bin ich ja hinter diesem Birgler her", erklärte er noch einmal.

„Wir auch. Glauben Sie mir! Wir sind hinter all denen her", dabei zeigte sie auf die Karteikästen, die sich hinter ihr befanden. „Und wenn wir irgendwo auf eine Spur stoßen, dann setzen wir uns immer sofort mit den Behörden in Verbindung. Das gilt natürlich ab nun auch ganz besonders für die Person Birglers."

Zedlnitzky ahnte, dass hier weiter nichts mehr zu wollen war. Er dankte der Frau und erhob sich. Sie tat es ihm gleich. Er reichte ihr die Hand und verabschiedete sich. Bereits an der Tür angekommen, hielt er noch einmal inne. Er drehte sich um und sah die Archivarin an.

„Darf ich Sie abschließend noch etwas fragen?"

Sie nickte.

„Ich muss zugeben, ich war ein wenig überrascht, als Sie bloß aufstanden, da nach hinten gingen und den entsprechenden Akt sofort bei der Hand hatten. Ich meine, normalerweise suchen Archivare erst einmal ewig lang in irgendwelchen Dateikästen, kramen dann in diversen Schachteln, und man muss stundenlang warten, bis endlich ein konkretes Resultat vor einem liegt. Wieso hatten Sie das Dossier auf einen Griff?"

Die Dame lächelte. „Das ist Ihnen aufgefallen?"

„Ja", bestätigte Zedlnitzky, „das ist mir aufgefallen."

„Tja", führte sein Gegenüber mit einem Schmunzeln aus, „normalerweise ist das auch so. Ich müsste Sie bitten, in, sagen wir, zwei Stunden wiederzukommen, und bis dahin hätte ich in unseren Karteikästen nachgeforscht und dann einen Kollegen gebeten, das entsprechende Konvolut aus unserem Keller zu holen. Im gegenständlichen Fall aber liegen die Dinge etwas anders."

Zedlnitzkys Mundwinkel gingen nun ebenfalls nach oben: „Ja, das dachte ich mir schon.

„Aber warum?"

„Weil Herr Birgler in letzter Zeit anscheinend populär geworden ist. Ich hatte erst vor wenigen Tagen eine andere Anfrage seinetwegen. Und um ganz ehrlich zu sein, wir sind einfach noch nicht dazugekommen, das Dossier wieder zurück an seinen Platz zu räumen."

Zedlnitzky war mit einem Schlag hellwach.

„Eine andere Anfrage? Von wem?"

Die Dame lächelte schmal.

„Sie können sich vorstellen, dass ich Ihnen diese Frage unter normalen Umständen nicht beantworten dürfte. Aber da Sie ja von der Polizei sind, will ich Ihnen verraten, dass es sich dabei um einen ehemaligen KZ-Häftling handelte, der sich für seinen seinerzeitigen Peiniger interessierte."

„KZ-Häftling?", echote Zedlnitzky, „nicht etwa einen Insassen der Strafanstalt Stein?"

Er war so aufgeregt, dass er beiläufig registrierte, wie seine rechte Hand zu zittern begann.

Die Dame blickte derweilen auf einen Zettel und hob dann ihre Augenbrauen.

„Sie haben recht. Kein KZ-Häftling, ein Häftling aus Stein …"

„Und sein Name war Dinotti, richtig?"

Die Augenbrauen der Frau blieben oben. „Ja, woher wissen Sie …?"

„Gnädigste, Sie lesen wohl keine Zeitungen, oder?"

„Ich fürchte, ich verstehe die Frage nicht …"

„Herr Dinotti ist vor einer Woche ermordet worden. Das stand in fast allen Blättern. Und ich vermute nun, dass sein Tod etwas mit diesem Birgler zu tun hat. Nach meiner Meinung hat Dinotti den Birgler wiedererkannt. Möglicherweise sogar, als dieser ihn in seiner Praxis aufsuchte. Dinotti war nämlich Dentist, müssen Sie wissen. Und Dinotti wollte anscheinend durch seine Anfrage bei Ihnen seinen Verdacht bestätigt sehen. Doch noch ehe er dazukam, konkrete Schritte zu setzen, wurde er von Birgler ermordet, dem natürlich nicht entgangen war, dass Dinotti in ihm seinen ehemaligen Peiniger erkannt hatte."

Die Archivarin rang um Fassung.

„Sie meinen, dieser Birgler lebt und befindet sich hier in Wien?"

„So sieht es aus", replizierte Zedlnitzky lapidar.

Während der Heimfahrt arbeitete Zedlnitzkys Hirn auf Hochtouren. Dass Birgler sich in Wien aufhielt, daran hatte er nun keinen Zweifel mehr. Die Frage war allerdings, seit wann er in der Stadt war. Sollte er wirklich lange Jahre in Südamerika gelebt haben und erst durch die dortigen Umstürze vertrieben worden sein, wäre Hirsch eine unbrauchbare Quelle. Doch die Archivarin hatte selbst erklärt, dass die Auskünfte der Personen, die Birgler dort gesehen haben wollten, unbestätigt geblieben waren. Also war es durchaus möglich, erwog Zedlnitzky, dass Birgler das Land nie verlassen hatte. Noch einmal erinnerte er sich daran, wie viele Nazis sich all die Jahre unbehelligt in Deutschland oder Österreich aufgehalten hatten. Warum sollte das nicht auch für Birgler gelten?

Zedlnitzky war so in seine Gedanken vertieft, dass er am Karlsplatz fast einen Auffahrunfall verursacht hätte.

„Pass doch auf, du Trottel", rief ihm ein anderer Verkehrsteilnehmer zu, doch Zedlnitzky winkte nur müde ab. Es gab wirklich wichtigere Dinge als eine potenziell verbeulte Stoßstange.

Endlich zu Hause angekommen, legte er die Unterlagen über Reichenberger beim Telefon ab. Er hatte sie aus dem Büro mitgenommen, um sie nach dem Abendessen noch einmal durchzugehen, denn immerhin erwartete Schuchter am nächsten Morgen einen entsprechenden Spickzettel.

Und da er seinem Vorgesetzten verschwiegen hatte, dass er sich gleich in der Früh bei Hirsch einfinden würde, schien es vernünftig, unmittelbar nach dem Eintreffen im Büro dem Oberstleutnant eine fertige Arbeit in die Hand drücken zu können.

Vorerst aber gönnte er sich ein Bier und hörte sich dabei gottergeben an, was Jackie über ihren Schultag zu erzählen hatte.

Wien, 25. April 1986

Birgler lief auf und ab wie der sprichwörtliche Tiger im Käfig. Er war sich vollkommen sicher, dass der Mann ihn erkannt hatte. Wiedererkannt, um genau zu sein. Doch warum hatte der Dentist nicht irgendwie reagiert? Geld wollte er offenbar nicht, sonst hätte er gleich etwas verlauten lassen. Zur Polizei gehen konnte der Zahnklempner vorerst allerdings auch nicht, denn er wusste ja nichts über ihn. Ha, fiel es Birgler ein, der Krankenschein! Vielleicht hatte er deswegen so scheinheilig danach verlangt, denn dort standen sein Name und seine Adresse. Mit diesem Dokument bewaffnet konnte dieser Dinotti zum nächsten Revier gehen und sagen: „Ich habe einen Naziverbrecher aufgespürt. Hier ist sein Name, und hier ist seine Wohnanschrift. Sie brauchen ihn nur noch zu verhaften." Und wer weiß, vielleicht wusste der Dentist auch, dass er, Birgler, eigentlich zum Tod verurteilt worden war, sodass man ihm gar keinen neuen Prozess zu machen brauchte. Er würde einfach nach Stein – jawohl, ausgerechnet nach Stein! – verfrachtet werden, um dort zu verfaulen!

Die Justiz war ja, vor allem durch seinen BSA-Genossen Broda, deutlich lascher geworden, aber für seine Vergehen würde man ihn sicher für 20 Jahre wegsperren. Dann wäre er 84 und würde nicht einmal mehr im Stehen pinkeln können. Zahnärzte bräuchte er dann auch keine mehr, weil ihm alle Beißerchen längst ausgefallen sein würden. Und sein Haus am Meer, das wäre eine in sich zusammengestürzte Bruchbude, die allerhöchstens ein paar Passanten zu der Frage veranlassen würde, wer hier sein Hab und Gut so sträflich verfallen ließ.

Nein! Er hatte nicht diese vier Jahrzehnte überstanden, um sich jetzt, so kurz vor seinem Abschied nach Italien, noch von einem Ex-Knacki zur Strecke bringen zu lassen.

Nur dieser idiotische Katzelmacher stand noch zwischen ihm und seinem endgültigen Triumph. Er hatte nicht alle Widerstände aus dem Weg geräumt, um am Ende gesiebte Luft zu atmen. Also musste man dieses letzte Hindernis eben auch noch beseitigen.

Die ganze Woche erlebte Birgler wie in Trance. Bei den Sitzungen, an denen er teilnehmen musste, wirkte er wie ein Fremdkörper, und er bekam wie durch einen Schleier mit, wie die anderen über ihn tuschelten. Zum Glück gingen sie von einer Art Pensionsschock aus, sodass niemand den Mut hatte, ihn offen auf sein Verhalten anzusprechen. Vielmehr fieberte Birgler dem Wochenende entgegen, wo er sich außerhalb Wiens verkriechen wollte, um in Ruhe seine nächsten Schritte zu planen.

Dann jedoch hatte er kurzfristig umdisponiert. Spontan war er um zwei Tage Urlaub eingekommen, die ihm anstandslos gewährt worden waren. Warum auch nicht! So kurz vor der Pension nahm man es nicht mehr so genau. Sollte der alte Zausel doch schon einmal ausprobieren, wie es sich als Rentner lebte. Birgler tat, als merke er nicht, was man über ihn dachte, und fuhr am Freitag in aller Früh auf den Südbahnhof, um dort in einen Zug nach Italien zu steigen. Wie immer die Sache mit Dinotti auch ausgehen mochte, er wollte zumindest einmal sein neues Häuschen gesehen haben.

Kurz vor 7 Uhr rollte der Zug aus dem Südbahnhof und bewegte sich auf den Matzleinsdorfer Platz zu. Dem „Zugbegleiter“ entnahm Birgler, dass er acht Stunden später in Venedig eintreffen würde. Seine Anspannung löste sich jedoch nicht. Jedes Mal, wenn die Tür zum Abteil geöffnet wurde, rechnete er mit einem Polizeibeamten, der ihn aufforderte mitzukommen. Erst als der Zug bei Arnoldstein anhielt, um den Zollformalitäten Zeit zu geben, begann er, etwas freier zu atmen. Wenn Dinotti ihn verpfiffen hatte, dann suchte man ihn sicher nicht mittels Amtshilfeansuchens an die italienischen Behörden.

Der Zug passierte Tarvis und schlängelte sich durch das Kanaltal in Richtung Udine. Birgler nickte ein und hätte darob fast San Donà verpasst. Doch der Schaffner war aufmerksam gewesen und weckte ihn rechtzeitig, sodass er den Zug am richtigen Ort verlassen konnte.

Es war kurz vor 15 Uhr, und Birgler stürzte in die dem Bahnhof gegenüber liegende Bank, um sich noch schnell mit Lire einzudecken. Er ging davon aus, in naher Zukunft oft genug italienisches Geld zu benötigen, und so wechselte er zweitausend Schilling, wofür er fast eine Viertelmillion in der Landeswährung ausgefolgt bekam. Birgler fühlte sich beinahe reich und gab einer Stimmung des Augenblicks nach, indem er den Taxifahrer beim Bahnhof fragte, wie viel dieser für eine Fahrt nach Eraclea verlangen würde. Die 20.000 Lire schienen ihm gerade noch akzeptabel.

Es zeigte sich, dass der Fahrer veritabel Deutsch sprach, und so fragte er, ob sein Fahrgast wirklich nach Eraclea oder aber nach Eraclea Mare wolle. Die Frage verwirrte Birgler zunächst, doch die Erklärung, Ersteres liege sechs bis sieben Kilometer landeinwärts, ließ ihn zu der Vermutung gelangen, er wolle in Letzteres. Die 5.000 Lire Aufpreis nahm er zähneknirschend in Kauf.

Eine schnurgerade Fahrbahn führte durch eine Felderlandschaft, und schon lange, bevor sie ihr Fahrziel erreicht hatten, vermeinte Birgler, das salzige Aroma des Meeres schmecken zu können.

Doch just dort, wo er den Strand vermutete, sah er nichts als Bäume. Er war schon versucht, den Taxifahrer um Auskunft zu fragen, doch dann erkannte er, dass entlang der Uferpromenade offenbar eine Allee angelegt worden war. Dahinter war Sand zu erkennen, und gleich danach funkelte das Meer in der satten Nachmittagssonne. Der Wagen bog nach links, und direkt vor der ersten Ferienhaussiedlung ließ der Chauffeur seinen Fahrgast aussteigen.

Birgler sah sich ein wenig ratlos um. Dann ging er auf einen Kiosk zu, der Erfrischungen anbot. Er hielt der Verkäuferin den Zettel mit seiner Adresse hin und zuckte dazu erklärend mit den Schultern. Sie verstand sein Ansinnen und wies mit dem ausgestreckten Arm in die Ferne. „Dieci metri", meinte er zu verstehen, und „a sinistra". Er nickte dankbar und machte sich auf den Weg.

Tatsächlich tat sich nach etwa zweihundert Metern eine kleine Gasse auf, deren Name jenem auf seinem Zettel entsprach. Gleich das erste Haus an der Promenade trug seine Nummer. Er öffnete das Gartentor und ging auf die Tür zu. Etwas zögerlich holte er seinen Schlüssel hervor und führte ihn in das Schloss ein. Er passte. Birgler öffnete die Tür und trat ein. Merkwürdig steriler Geruch schlug ihm entgegen, als wäre das Domizil chemisch gereinigt worden. Er brauchte eine kleine Weile, um sich an die Dunkelheit im Haus zu gewöhnen, doch dann vermochte er zu erkennen, dass alles genau so aussah wie auf dem Prospekt, den er studiert hatte. Im Untergeschoss gab es ein großes Wohnzimmer, an dessen hinterem Ende eine Art Küche angebaut war. Ein Vorraum fehlte, man gelangte direkt von der Straße zur Sitzlandschaft, die aus einer großen Couch und zwei bequemen Fauteuils bestand. Ihnen gegenüber thronte ein Fernseher auf einem niedrigen Kästchen. Sonst gab es keine Möbel in diesem Bereich des Zimmers. Am anderen Ende des Raumes standen ein Kühlschrank, ein Herd und eine Spüle, dazu eine Anrichte und eine Arbeitsfläche, auf der Birgler einen Toaster, einen Wasserkocher und eine Kaffeemaschine ausmachen konnte. In den Kästchen, die an der Wand angebracht waren, vermutete er zusätzliches Geschirr.

Er wandte seinen Blick nach links, wo eine Tür in den hinteren Bereich des Hauses führte. Birgler durchquerte das Zimmer und trat durch besagte Öffnung. Linker Hand fand er eine Toilette, rechter Hand eine Treppe, die in den ersten Stock führte. Am Treppenabsatz machte er ein Bad aus, gleich daneben befanden sich zwei kleine Zimmer, in denen jeweils ein Bett samt Nachtkästchen stand. Beides betont einfach gehalten, doch das störte ihn nicht. Anstelle von Fenstern wiesen beide Schlafräume eine Tür auf, die, wie er gleich darauf feststellte, auf den geräumigen Balkon führten. Er trat wieder ins Freie und blickte zunächst auf die Promenade zu seinen Füßen, dann auf den Sandstrand und schließlich aufs Meer. Ja, hier konnte man alt werden.

Die Dämmerung senkte sich langsam über den Ort. Birgler hatte die Zeit genutzt und im nahe gelegenen „Supermercato" ein paar Nahrungsmittel gekauft. So saß er nun auf einem Plastiksessel am Balkon und blickte, während er gedankenverloren einige Pistazien knabberte, auf den Sonnenuntergang. Er öffnete eine Dose Thunfisch und entkorkte die Flasche Chianti. Eigentlich, so dachte er sich, war er glücklich. Es ging gar nicht um Aufstieg, Erfolg oder gar um Sieg. Nein, er saß einfach da, ließ sich von den letzten Sonnenstrahlen wärmen und merkte, dass ihm genau dieser Moment immer gefehlt hatte. Genau hier würde er seinen Gedanken nachhängen können, ein wenig spazieren gehen, sich vielleicht mit ein paar Nachbarn unterhalten und für alle nur ein gütiger alter Opa sein, der an diesem Ort seinen verdienten Lebensabend zubrachte. Und alles andere würde er zurückgelassen haben in diesem finsteren Norden, der ihm nie das Glück gebracht hatte, das ihm in seiner Jugend von seinen Führern verheißen worden war.

Nach drei Tagen war er vollkommen von Eraclea überzeugt. Er hatte geschlafen wie ein Baby, hatte ausgespannt wie nie zuvor in seinem Leben und dabei eine Leichtigkeit gespürt, die er nie zuvor gekannt hatte. Er wusste nun, er hatte zum ersten Mal überhaupt ein Ziel, für das es sich zu kämpfen lohnte. Dieses Paradies hier, das durfte ihm niemand wegnehmen. Schon gar kein krimineller Zahnschlosser.

Und als er am Montag den Zug zurück nach Wien bestieg, da war ihm vollkommen klar, er musste den kleinen Itaker mundtot machen. Und das war nur garantiert, wenn er ihn ganz tot machte.

Wien, 7. Mai 1986

Zedlnitzky hatte schlecht geschlafen. Dementsprechend mies war seine Laune, als er sich kurz nach 7 Uhr aus seinem Bett schälte. Länger als gewöhnlich blieb er unter der Dusche, als versuchte er, den Missmut einfach abzuwaschen. Am Frühstücktisch bat er sich lautstark Ruhe aus, was Jackie zusammenzucken ließ und seiner Frau ein tadelndes Kopfschütteln entlockte. Als die Kinder in ihre Zimmer eilten, um ihre Schulsachen zu packen, fragte Zedlnitzkys Frau nur, ob dieser Ausbruch wirklich notwendig gewesen war.

„Du glaubst gar nicht, wie ich mich unter Druck fühle", sagte er. „Ich habe genau eine einzige Spur, einen einzigen Verdacht. Ich spiele va banque, verstehst du? Wenn meine Vermutung falsch ist, bin ich petschiert. Aber voll und ganz. Ich denke, da ist es kein Wunder, dass ich etwas nervös bin, oder?"

Seine Frau gestand ihm das zu, schränkte aber gleichzeitig ein, es gebe keinen Grund, das an den Kindern auszulassen, die schließlich nichts dafür könnten.

„Hast ja recht", pflichtete er ihr bei, „aber ich muss jetzt gleich zu diesem Anwalt. Und eigentlich weiß ich gar nicht, was mir das bringen soll. Ich fahr da auf eine vage Vermutung hin, und alles, was dabei herausschauen wird, ist im besten Fall eine Phantomzeichnung, die so gut wie gar nichts wert sein wird. Also stehe ich neun Tage nach dem Mord immer noch bei null. Dem Schuchter wird das nicht gefallen und dem Reichenberger schon gar nicht. Die werden mich in der Luft zerreißen, und ich kann mir allfällige Beförderungen wieder einmal schnitzen."

„Ach, Paul, wer braucht denn eine Beförderung!"

Seine Frau war an ihn herangetreten und klopfte ihm begütigend auf den Unterarm. „Wir haben doch alles, was wir brauchen. Und das ist die Hauptsache."

„Na ja, vielleicht jetzt. Aber die Kinder werden größer, und damit auch ihre Ansprüche. Die wollen irgendwann einmal ans Meer, und Studieren ist auch nicht gerade billig. Ich mein', aus den Kleinen soll doch etwas werden, meinst du nicht? Und das geht nur mit Geld."

„Aber ja, das werden wir schon schaffen. Und außerdem wird bis dahin niemand mehr an diesen Fall denken. Hast du nicht selbst gesagt, dass dieser Reichenberger nächste Woche in Pension geht?"

Zedlnitzky nickte.

„Na eben, was soll der dir noch tun? Und der Schuchter ist eh ganz gemütlich. Der wird dir nicht den Kopf abreißen, wenn du einen Fall einmal nicht löst. Also entspann dich. Das wird schon."

„Dein Wort in Gottes Ohr", schloss Zedlnitzky die Debatte.

Fünf Minuten vor der verabredeten Zeit fuhr er am Haus des Anwalts vorbei und machte sich auf die Suche nach einem Parkplatz. Gleich in der Parallelstraße wurde er fündig. Zu Fuß eilte er zurück zu Hirschs Domizil und läutete an.

„Wie Sie sich vielleicht erinnern, Herr Hirsch", begann er, „haben wir bei unserer letzten Begegnung auch über Willi Birgler gesprochen. Ich bin mir mittlerweile sicher, dass der Mann der Dreh- und Angelpunkt der Geschichte ist. Nur ist es leider so, dass ich quasi einem Phantom hinterherjage. Ich habe leider so gar keine Vorstellung, wie der Mann aussehen könnte. Und so hege ich die Hoffnung, dass Sie mir dabei ein wenig helfen können."

Hirsch lächelte.

„Wenn ich kann, gerne. Nur wie, wenn ich fragen darf?"

Zedlnitzky räusperte sich.

„Es geht da", tastete er vorsichtig voran, „um einen Satz, den Sie beim letzten Mal eher so nebenbei gesagt haben."

Hirsch musterte ihn aufmerksam.

„Sie sagten, Sie hätten das Gefühl gehabt, Birgler immer wieder über den Weg gelaufen zu sein. Erst auf der Universität und später gar vor Gericht."

Zögerlich nickte Hirsch. „Ja. Und?"

„Nun, vielleicht hatten Sie nicht nur dieses Gefühl, vielleicht war er es wirklich."

Hirschs Gesicht zeigte pures Erstaunen.

„Sie glauben wirklich, ein rechtskräftig zum Tod verurteilter Mörder bewegt sich ganz offen und ungeniert in diesem Land und macht dabei auch noch Karriere? Also ich bin ja vieles gewohnt, aber das ginge dann ja wohl doch zu weit."

„Sie meinen also, Sie haben sich getäuscht?"

Zedlnitzkys Zuversicht schwand.

„Na, es würde mich zumindest sehr wundern. Wir reden ja nicht von einem hausierenden Scherenschleifer oder einem Wanderarbeiter. Der Mann, um den es hier geht, der war immerhin eine gewichtige Persönlichkeit des heimischen Justizwesens. Verstehen Sie? Des Justizwesens. Sie sind sich der Paradoxie dessen, was Sie hier insinuieren, hoffentlich bewusst. Ein Kapitalverbrecher als Stütze der heimischen Rechtsprechung. Das wäre … das … daran wage ich nicht einmal zu denken."

Zedlnitzky setzte noch einmal alles auf eine Karte.

„Erinnern Sie sich wenigstens an den Namen des Mannes, bei dem Sie eine Ähnlichkeit mit Birgler zu erkennen glaubten?"

Hirsch schüttelte bedauernd den Kopf. „Leider nein. Das ist immerhin schon über zehn Jahre her. Ich weiß nicht einmal mehr, welcher konkrete Fall das war. Und der Kerl hat ja nicht ein einziges Wort gesagt. Und gleich nach Prozessende ist er verschwunden."

„Könnten Sie ihn beschreiben? Vielleicht einem Phantomzeichner gegenüber. Damit wir eine Vorstellung bekommen, wie der Mann heute aussieht?"

Hirsch blieb abwartend.

„Oder vielleicht kann ich Ihnen eine Bildergalerie mitbringen, von führenden Repräsentanten der Justiz. Vielleicht erkennen Sie ihn darunter wieder."

Zedlnitzky klammerte sich buchstäblich an einen Strohhalm.

Hirschs Blick bekam etwas Merkwürdiges. Er starrte an Zedlnitzky vorbei, als hätte er nun buchstäblich einen Geist gesehen.

„Das brauchen wir nicht", sagte er tonlos, „das ist er ja."

Zedlnitzky meinte, sein Gegenüber hätte den Verstand verloren.

Und doch machte er sich die Mühe, dem Blick des Mannes zu verlängern. Auf der Tischplatte traf er auf. Direkt auf dem Dossier, das Zedlnitzky dort zu Beginn des Gesprächs achtlos abgelegt hatte. Er brauchte eine kleine Weile, bis der Groschen fiel. Dann aber schlug er mit voller Wucht ein! Direkt im Blickpunkt von Hirsch lag ein Foto von Staatsanwalt Reichenberger!

Zedlnitzky begann zu zittern.

Mit einer fahrigen Handbewegung deutete er auf das Bild. „Der Reichenberger?", stammelte er.

„Ja. Genau so sieht … sah er damals aus. Vollbart und Brille. Aber die ganze Körpersprache, die Physiognomie, das alles hat mich so an Birgler erinnert, dass ich mir sicher war, den SSler vor mir zu haben."

Zedlnitzky traute seinen Ohren nicht. Hektisch schnappte er die Fotografie und hielt sie Hirsch unter die Nase.

„Sind Sie ganz sicher? Sehen Sie genau hin. Das ist der leitende Staatsanwalt Reichenberger. Und der ist kein Niederösterreicher, der kommt aus dem Sudetenland."

„Sagt er?"

„Steht überall. Geboren 1922 in Liberec."

Hirsch schmunzelte.

„Liberec. Wissen Sie, wie das auf Deutsch heißt?“

Zedlnitzky war verwirrt. Was sollte die Frage? Natürlich wusste er das nicht. „

Reichenberg“, sagte Hirsch.

„Sie glauben also …“

Zedlnitzky blieb der Mund offen. Mit dieser Entwicklung hatte er nun wahrlich nicht gerechnet. Er lehnte sich zurück, um diese neue Erkenntnis in sich einsickern zu lassen. Dann schnellte er ganz plötzlich wieder nach vor.

„Wirklich? Kein Zweifel?“

„Kein Zweifel“, beharrte Hirsch.

Zedlnitzkys Atem ging unregelmäßig, und er dachte daran, seit der Geburt von Peter nicht mehr so aufgeregt gewesen zu sein. Wenn Birgler als Reichenberger Karriere gemacht hatte, dann ergab mit einem Mal alles einen Sinn. Kein Wunder, dass es keinerlei Informationen über Reichenbergers Jugend und seine frühen Jahre gab. Weil Birgler den Namen Reichenberger erst nach seiner Flucht aus dem Gefängnis angenommen hatte!

„Aber wie soll denn das gehen?“, fragte er endlich. „Glauben Sie, der hat irgendeinen Fälscher gefunden, der ihm die entsprechenden Dokumente produziert hat?“

Hirsch zuckte mit den Schultern. „Wozu denn. Damals, nach Kriegsende, kamen doch alle Daumen lang Flüchtlingstrecks aus dem Osten an. Die meisten von diesen armen Kerlen waren über Nacht aus ihrer angestammten Heimat vertrieben worden. Viele von denen hatten keine Papiere. Birgler wird sich einfach unter sie geschmuggelt haben. Und glauben Sie mir, die damaligen Behörden haben keine langen Fragen gestellt. Wenn einer behauptete, auf der Flucht vor den Bolschewiken zu sein, dann bekam er ganz schnell einen Pass von unseren Leuten ausgefolgt.“

„Und mit dem Pass dann alles Weitere“, vollendete Zedlnitzky den Gedanken.

Er nahm sein Dossier an sich.

„Herr Hirsch, Sie haben mir mehr geholfen, als Sie ahnen. Allerdings kommt jetzt der wirklich heikle Teil der Sache."

„Und der wäre?"

„Dem Kerl nachzuweisen, dass er es war."

„Tja, da wünsche ich Ihnen viel Glück."

„Danke", lächelte Zedlnitzky, „das werde ich brauchen."

Am Weg zurück ins Büro beschäftigte ihn vor allem eines: Sie hatten bislang noch immer keine Tatwaffe. Ging man nun davon aus, dass Birgler-Reichenberger der Täter war, dann musste man sich fragen, womit er seine Tat ausgeführt hatte. Und da gab es zwei Möglichkeiten. Entweder, er hatte bereits eine Waffe mitgebracht. Das war aber überaus riskant. Jemand wie Reichenberger hätte in einem solchen Fall wohl zu einer anderen Methode gegriffen. Etwa einem Messer. Das war leicht zu transportieren und, richtig angewendet, überaus effizient. Ein Tod durch Erschlagen deutete jedoch eher darauf hin, dass sich der Staatsanwalt eines Gegenstands bedient hatte, den er in der Ordination vorgefunden hatte. Einer Statue oder eines Briefbeschwerers oder dergleichen. Allerdings konnte er, Zedlnitzky, nur nach etwas suchen, von dessen Abwesenheit er wusste. Und genau da wurde es schwierig.

Ohne weiter zu überlegen, wendete er seinen Wagen. Statt ins Sicherheitsbüro fuhr er hinaus nach Liesing. Zu seinem Glück war die Witwe zu Hause. Umständlich erklärte er ihr sein Begehr. Die Frau winkte ab. Sie sei ganz und gar nicht in der Verfassung, mit ihm in die Ordination zu fahren. Es würde ihr endgültig das Herz brechen, und dann habe der Täter zwei Tote auf dem Gewissen. Zedlnitzky drang noch ein wenig in die alte Dame, gab dann aber auf und stellte sich darauf ein, sich der Tochter bedienen zu müssen. Da hielt die Frau plötzlich inne.

„Aber vielleicht ist Ihnen damit geholfen", sagte sie und griff nach einer großen, gerahmten Fotografie, die hinter dem Sofa hing. Sie zeigte Dinotti an seinem Schreibtisch. Die Fotografie war offenbar von der Tür des Behandlungszimmers aus aufgenommen worden, denn man sah praktisch den gesamten Raum, inklusive des Behandlungsstuhls und der Karteikästen.

„Das ist erst im Vorjahr aufgenommen worden. Zu seinem Geburtstag", erklärte sie.

Immerhin, dachte Zedlnitzky, das war ein Anfang.

Er dankte der Frau und versprach ihr, das Bild so schnell wie möglich zu retournieren. Dann stieg er wieder in seinen Wagen und fuhr in die Krongasse.

Er betrat die Ordination, stellte sich in die Tür zum Behandlungszimmer und hielt das Foto vor der Brust, während er gleichzeitig den Raum studierte. Punkt für Punkt arbeitete er ab. Zuerst konzentrierte er sich auf den rechten Teil des Fotos. Alles im Raum schien ident. Auch links dasselbe Ergebnis. Es blieb die Mitte. Zedlnitzky seufzte. Nirgendwo ein schwerer Gegenstand. Auch auf dem Schreibtisch nicht. Keine Büste, kein Briefbeschwerer, kein Tintentrockner. Nichts. Nur … Moment! Zedlnitzky kniff die Augen zusammen, starrte auf das Foto und dann auf den Schreibtisch. Richtig. Da stand ein Aschenbecher rechts von Dinotti, der selig in die Kamera grinste. Ein ziemlich massives Teil, wie Zedlnitzky erkannte. Aus Glas. Und genau das fehlte auf dem Schreibtisch, der vor ihm stand.

Er zwang sich zur Ruhe. Keine voreiligen Schlüsse jetzt, sagte er sich. Das Foto war, wie es hieß, ein Jahr alt. In dieser Zeit konnte Dinotti den Aschenbecher weiß Gott wie oft wieder weggenommen haben. Sein Fehlen bedeutete keineswegs einen Beweis. Er brauchte Gewissheit.

Zedlnitzky legte das Foto weg und kramte in seinen Taschen nach der Telefonnummer von Dinottis Tochter. Als er diese endlich gefunden hatte, trat er an den Schreibtisch und wählte direkt von Dinottis Apparat. Zu seinem Glück meldete sich die Tochter umgehend.

„Entschuldigen Sie die Störung, Zedlnitzky hier. Sie wissen schon, der …"

„Kieberer, ja, ich erinnere mich", kam es unwirsch zurück, „was wollen Sie? Haben Sie endlich den Mörder meines Vaters gefunden?"

„Beinahe", begütigte er sie, „aber im Augenblick habe ich eine wichtige Frage an Sie. Erinnern Sie sich an einen Aschenbecher im Ordinationszimmer Ihres Vaters?"

„Der große gläserne? Na aber sicher. Den habe ich selbst ihm zum siebzigsten Geburtstag geschenkt. Er hat sich wie ein Schneekönig darüber gefreut."

„Können Sie sich erinnern, ob er ihn irgendwann einmal aus der Ordination entfernt hat?"

„Sicher nicht! Den hat er gleich nach seinem Geburtstag dort auf dem Schreibtisch abgestellt und nicht mehr von dort wegbewegt. Was, müssen Sie wissen, eigentlich ziemlich absurd war, weil mein Vater ja schon lange nicht mehr rauchte. Aber mir hat er gesagt, so ein dekoratives Stück hat er sich immer schon gewünscht. Also beließ er ihn auch dort."

„Kein Zweifel möglich?"

„Als ich das letzte Mal bei ihm war, Mitte des Vormonats, stand er jedenfalls noch dort, denn ich habe ihn selbst benutzt."

Zedlnitzkys Gemüt erhellte sich. Das war nun schon ein mehr als deutlicher Hinweis.

„Ja", fuhr die Tochter fort, „ich weiß noch, wie ihm fast das Herz stehen geblieben ist, weil er mir beim Ausleeren aus der Hand gefallen ist. Ist aber zum Glück nichts passiert. Nur am linken Eck gab es eine klitzekleine Absplitterung. Die sieht man aber praktisch nicht. Nur, wenn man mit der Lupe hinschaut, sozusagen. ... Warum? Was ist mit dem Aschenbecher?"

„Ich fürchte, er war die Tatwaffe, gnädiges Fräulein. Können Sie mir sagen, ob er sonst noch irgendwelche Besonderheiten aufweist?"

Die Dinotti brauchte eine Weile, um diese Information zu verarbeiten. Erst nach einigen Minuten hatte sie sich wieder erfangen. „Ja", sagte sie leise, „am Boden befindet sich eine Art Gravur. Die habe ich in das Glas einätzen lassen. Die sieht man auch nur, wenn man das Stück gegen das Licht hält. Es ist die 70."

„Für den 70. Geburtstag?"

„Genau."

„Liebe Frau Dinotti, seien Sie mir bitte nicht böse, dass ich so kurz angebunden bin, aber ich denke, jetzt ist jede Minute kostbar. Sie haben mir außerordentlich geholfen. Mit etwas Glück kann ich Ihnen schon morgen berichten, dass der Fall gelöst ist und wir den Mörder Ihres Vaters dingfest gemacht haben."

Einen Augenblick hatte er gehofft, dass von der Dinotti ein ermutigender Kommentar kommen würde, doch als dieser ausblieb, dankte er noch einmal und verabschiedete sich. Er legte auf und nahm wieder das Foto zur Hand. So gut es ihm möglich war, fixierte er den Aschenbecher auf dem Bild. Und nach einigen Momenten des genauen Betrachtens war er sich sicher, das Stück schon einmal gesehen zu haben.

Wien, 29. April 1986

Er war erst spätabends aus Italien zurückgekehrt. Dennoch näherte er sich ganz vorsichtig seinem Wohnhaus. Alle paar Meter sah er sich um, ob er vielleicht beobachtet wurde. Er schalt sich einen Narren. Wie hätte der Dentist seine vorgetäuschte Identität enthüllen sollen? Er zwang sich zur Ruhe. Und dennoch benötigte er zwei Anläufe, um seine Wohnungstür aufzusperren. Eilig verschloss er die Pforte wieder und begab sich ohne Umschweife in sein Schlafzimmer, wo er sich sofort in sein Bett legte.

Doch er fand keinen Schlaf. Das war merkwürdig. Wurde er wirklich alt und kleinmütig? In seiner Jugend hatte es für ihn kein Zaudern und kein Zagen gegeben. Einen Menschen zu töten war für ihn nicht mit mehr Skrupel verbunden gewesen als eine Fliege zu erschlagen. Warum war er jetzt auf einmal so nervös?

Birgler konnte sich selbst die Antwort geben. Weil es jetzt keine Instanz mehr gab, die ihn dafür offiziell exkulpierte. Damals war ihm das Töten gleichsam befohlen worden, und wenn er dabei über das Ziel hinausschoss, dann hatte es auch niemanden gestört. Immerhin hatte es sich stets um Feinde der deutschen Volksgemeinschaft gehandelt. Und dass er für seine Tat einmal von einem Gericht zur Verantwortung gezogen werden könnte, das hatte er noch bei seiner Gefangennahme nicht im Traum gedacht. Umso überraschter war er dann von dem Schuldspruch gewesen.

Mit einem Mal standen jene Tage wieder ganz lebendig vor ihm. Wie betäubt er gewesen war! Wie er die ganze Welt nicht mehr verstanden hatte! Wie er bis zuletzt an einen äußerst üblen Scherz gedacht hatte! Und dann die Nachricht, dass die ersten Todesurteile vollstreckt worden waren. Mit einem Mal wurde ihm bewusst, dass auch sein eigenes Leben nach nur 23 Jahren jäh abgeschnitten werden sollte. Zum ersten Mal in seinem Leben hatte er nur noch aus Angst bestanden, war unfähig gewesen, irgendeine Nahrung zu sich zu nehmen, geschweige denn, sie bei sich zu behalten. Jede Sekunde erschien ihm wie ein einziger Albtraum, aus dem er nicht und nicht zu erwachen vermochte.

Und dann ganz plötzlich dieser Zettel im matschigen Brei. Und das anschließende Treffen mit den Volksgenossen, die ihn genau instruierten, wie er sich zu verhalten habe, wenn er wirklich flüchten wollte. Bis zuletzt hatte er daran gezweifelt, dass der Fluchtplan funktionieren würde, doch gleichzeitig war ihm bewusst gewesen, dass nur die Hoffnung darauf ihn am Leben hielt.

All das lag nun 40 Jahre zurück. Damals war ein Menschenleben buchstäblich keinen Pfifferling wert gewesen. Jetzt aber würde die gesamte Exekutive ausrücken, um einen Mordfall an einem Dentisten aufzuklären. Er musste also mit äußerster Vorsicht vorgehen, wenn ihm das perfekte Verbrechen gelingen sollte.

Er wälzte sich unruhig hin und her. Was, wenn dieser Dinotti schon jemandem von seiner Vermutung berichtet hatte? Würde dann nicht sofort der Verdacht auf ihn fallen? Ach was, woher sollte der Dentist wissen, hinter welcher Identität er sich verbarg?

Damit verschaffte er sich endlich ein wenig Ruhe. Doch einschlafen konnte er deshalb noch lange nicht. Immer wieder schreckte er hoch, und erst, als sich die Dämmerung allmählich über die Stadt legte, fand er ein klein wenig Ruhe.

Dennoch war er Punkt 6 Uhr früh wieder hellwach. Er zog sich rasch an und war keine zehn Minuten später auf der Straße. Es galt, den Dentisten unbedingt allein anzutreffen. Das Haus, in dem sich die Ordination befand, hatte er beim letzten Mal sorgfältig studiert. Er würde es ungesehen betreten können, um dann einfach im Stiegenhaus auf den Mann zu warten. Und genauso machte er es auch.

„Sie sind schon da?“, zeigte sich Dinotti erstaunt, als er Punkt 7 seine Tür aufschloss und Birgler im Halbdunkel des Flurs bemerkte. „Konnten es wohl nicht erwarten, das Provisorium endlich aus dem Mund zu bekommen, was? Na, das kann ich verstehen.“

Und er bedeutete Birgler, ihm zu folgen. Der stand nun unschlüssig im Behandlungsraum und musste sich eingestehen, an alles gedacht zu haben, nur an eines nicht. Womit sollte er den alten Mann ins Jenseits befördern? Er besaß keine Waffe, hatte daher auch keine mit. Was, so fragte er sich, hatte er sich eigentlich gedacht? Dass der Mann sich verdienstvollerweise gleich selbst entleibte? Dass er Messer in seiner Praxis herumliegen hatte, derer man sich bedienen konnte? Oder dass er ihn einfach so erwürgen würde. Birgler spürte, wie ihm die Beine weich wurden. Er musste eine Entscheidung treffen, und das schnell, bevor Dinotti Verdacht schöpfen konnte.

Der hatte in der Zwischenzeit seinen weißen Kittel angelegt. „Bitte“, sagte er im Vorübergehen, „so nehmen Sie doch Platz. Haben Sie den Krankenschein dabei? Ich hole nur schnell die 500 Schilling, die habe ich in meinem Schreibtisch.“

Birgler folgte dem Mann mit den Augen. Dinotti beugte sich vor, um die Schreibtischschublade auf der anderen Seite des Möbels aufzuziehen. Rechts neben Dinotti stand ein schwerer Glasaschenbecher, wie er vor zehn, fünfzehn Jahren modern gewesen war. Birgler konnte erkennen, dass es sich dabei um sehr dickes Glas handelte. Das Gefäß musste eine entsprechende Schwere aufweisen. Blitzschnell trat er an den Älteren heran, schnappte den Aschenbecher, und noch ehe Dinotti auch nur den Mund aufbekam, schlug Birgler mit voller Wucht zu.

Wie erhofft hatte er sein Gegenüber an der Schläfe getroffen. Dort klaffte nun ein stark blutendes Loch. Dinotti taumelte. Sein Blick brach aus. Er öffnete den Mund, doch kam kein Laut heraus. Der Dentist machte einen wackeligen Schritt auf Birgler zu, der ihn aufmerksam beobachtete. Dinotti bemühte sich, den rechten Arm nach oben zu bekommen, doch gleich darauf begann er wie wild zu zittern. Die Beine schlackerten nach links und nach rechts, ein Zucken ging durch den Körper, und endlich sackte der Getroffene in sich zusammen. Dinotti verdrehte die Augen und rührte sich nicht mehr.

Umständlich ging Birgler in die Knie. Sicher, der Schlag war mit großer Wucht ausgeführt worden. Doch das war noch keine Garantie, dass der Mann auch wirklich tot war. Tatsächlich, er atmete noch. Birgler erhob sich wieder und sah sich um. Gummihandschuhe! Benutzten Zahnärzte und ihresgleichen nicht solchen Handschutz, um hygienischer arbeiten zu können? Waren die nicht sogar vorgeschrieben?

Er konnte sich nicht daran erinnern, dass Dinotti in der Vorwoche welche übergezogen hatte. Aber das bedeutete noch nicht, dass er nicht welche in der Ordination hatte. Hektisch sah Birgler sich um. Er konnte unmöglich danach suchen, sonst hinterließ er mehr Fingerabdrücke, als ihm lieb sein konnte. Einem spontanen Impuls folgend ging er auf die Toilette. Erleichtert atmete er auf. Dort stand ein Kübel mit einem Putzlappen und einem Besen. Und über den Rand des Kübels hingen zwei Gummihandschuhe, die wohl von der Putzfrau verwendet wurden, wenn sie sauber machte. Nun, in diesem Fall mussten eben die reichen.

Es kostete ihn einige Mühe, sie überzustreifen, denn sie waren ihm deutlich zu klein. Und er musste vorsichtig sein, damit sie nicht rissen. Nach einer halben Ewigkeit war er endlich erfolgreich. Er wischte die Türschnalle ab, schloss die Klotür und ging zurück in den Behandlungsraum.

Dort kam eben Leben in den Niedergeschlagenen. Er stöhnte leise, und sein Fuß bewegte sich. Birgler trat eilig auf ihn zu, ging noch einmal in die Knie und umfasste mit der linken Hand Dinottis Hinterkopf. Dann legte er die rechte Hand auf den Mund und schloss mit Daumen und Zeigefinger die Nasenlöcher. Dinotti riss die Augen auf und begann zu strampeln. Aber nicht allzu lange. Seine 71 Jahre warer auf einen solchen Überlebenskampf nicht eingestellt. Die Bewegungen wurden fahriger, ließen nach und hörten nach einigen Minuten ganz auf. Dinottis Blick wurde starr, und Birgler war, als hätte er den Augenblick mitbekommen, an dem Dinottis Seele seinen Körper verlassen hatte.

Sicherheitshalber behielt er seine Stellung noch einige Minuten bei, ehe er die Hände von Dinotti nahm. Da war keine Reaktion mehr. Birgler legte die Finger an den Hals des Opfers. Kein Puls. Er atmete auf. Das war geschafft. Er sah sich um, ob es irgendetwas gab, auf das er noch achten musste. Dann verstaute er den Aschenbecher in seiner Manteltasche, streifte die Handschuhe ab, steckte diese in die andere Manteltasche und sah zu, dass er auf den Gang kam.

Kaum auf dem Flur, hörte er rasch näher kommende Schritte. Irgendjemand war auf der Treppe. Er eilte nach links und erklomm die Stiege ins nächste Stockwerk. Sich hinter dem Treppenpfeiler versteckend, linste er vorsichtig um die Ecke. Eine Frau war im Stockwerk angelangt und ging tatsächlich in die Ordination. Birgler hatte es eilig. Auf Zehenspitzen schlich er an der Tür vorbei, aus der ein erstickter Schrei drang.

So schnell, wie er es sich selbst gar nicht zugetraut hätte, lief er die Stufen hinunter, gelangte ins Erdgeschoss, sah sich noch einmal links und rechts um und hastete dann auf die Straße. Erst als er um die nächste Ecke gebogen war, erlaubte er sich wieder ein normales Tempo. Er ging am Rubenspark vorbei und hielt auf die Wiedner Hauptstraße zu. Als er dort ankam, fuhr gerade eine Badner Bahn in die Station ein, und ohne nachzudenken stieg er ein. Er fuhr bis zum Matzleinsdorfer Platz, von wo aus er ein Taxi nahm. Von diesem ließ er sich in sein Büro führen. Erst als er auf seinem Sessel saß, wurde sein Puls allmählich wieder ruhiger.

Als am Abend niemand mehr außer ihm im Haus war, holte er vorsichtig den Aschenbecher aus der Manteltasche und untersuchte ihn eingehend. Er tauchte ein Tuch in die chemische Reinigungsflüssigkeit, die er irgendwann einmal für seine Brillen erworben hatte, und wusch damit das Blut ab. Immer wieder hielt er den Aschenbecher gegen das Licht, und erst, als er sich ganz sicher war, dass nichts mehr zu erkennen war, stellte er ihn ab. Das Tuch verbrannte er später in seinem Ölofen, die Gummihandschuhe hatte er unterwegs in einen Mistkübel gestopft.

Er konnte nicht behaupten, dass er sich wesentlich besser fühlte, als er am Abend zu Bett ging. Aber so oft er auch über das Geschehene nachdachte, er konnte nirgendwo einen Fehler ausmachen. Wie er es auch drehte und wendete, es fiel ihm nichts ein, das ihn verraten könnte. Nach aller Logik musste die Polizei von einem Verbrechen im Familien- oder Verwandtenkreis ausgehen. Damit wäre sie die erste Woche lang beschäftigt, und wenn sich die Ermittler dann endlich eingestanden, auf der falschen Fährte gewesen zu sein, dann war jede Spur schon kalt. Auch die, welche möglicherweise zu ihm führen könnte.

Wien, 8. Mai 1986

Zedlnitzky war spät nach Hause gekommen. Noch in der Ordination hatte er seine nächsten Schritte genau geplant. Jetzt war, so fand er, jede weitere Minute kostbar, da durfte er nicht auf den Dienstschluss achten. Daher hatte er seine Frau angerufen, um ihr mitzuteilen, dass er nicht zum Abendessen nach Hause kommen könne. Aber es wäre schön, wenn Brot und Wurst und Bier zu Hause wären, damit er vielleicht noch eine kleine Jause hätte, falls der Hunger doch übermächtig würde. Seine Frau war zwar nicht begeistert von dieser Ankündigung, aber letztlich wusste sie aus Erfahrung, dass ihr Mann in solchen Augenblicken einfach nicht anders konnte.

Gleich danach rief Zedlnitzky Pospischil an und bestellte ihn für 17 Uhr ins „Café Schottenring". Er erzählte dem Kollegen in aller Ausführlichkeit, was er in Erfahrung gebracht hatte. Und vor allem wies er auf seine Idee hin, wie man den Staatsanwalt überführen könnte.

„Bist du dir sicher, dass du weißt, worauf du dich da einlässt?", fragte Pospischil zweifelnd.

„Tja, ich weiß, dass ich da jetzt hoch pokere. Vor allem geht, was ich vorhabe, nur mit deiner Hilfe."

„Du hast also schon einen Plan?"

Zedlnitzky nickte.

„Er ist riskant, zugegeben. Wenn ein kleines Detail nicht funktioniert oder er zu früh gewarnt wird, sind wir aufgeschmissen. Aber mit ein bisschen Glück funktioniert's."

Pospischil bestellte sich noch ein Bier und gab sich dann einen Ruck.

„Also gut, dann lass einmal hören."

Und Zedlnitzky weihte seinen Mitarbeiter in sein Vorhaben ein. Der zögerte ein wenig, wiegte skeptisch den Kopf, meinte aber dann, einen Versuch sei es wert.

„Du hilfst mir also?“, fragte Zedlnitzky hoffnungsfroh.

Pospischil nickte.

Eine Stunde später saß Zedlnitzky an seinem Schreibtisch und ging noch einmal jeden Schritt genau durch. Er wusste, er hatte letztlich nur das Überraschungsmoment auf seiner Seite. Würde er zu Beginn nur ein klein wenig ins Stocken geraten, dann hieße ihn Schuchter schweigen, und Reichenberger könnte sich aus der Situation herauswinden. Einen Haftbefehl würde er gerade für einen Staatsanwalt nie bekommen, und wenn Reichenberger das Sicherheitsbüro unbehelligt verlassen konnte, dann war er für immer dahin. Denn der Mann würde niemals so dumm sein, nicht sofort das Land zu verlassen. Und dann käme er ungeschoren davon, und ein weiterer Mord bliebe ungesühnt.

Die Dunkelheit war bereits über die Stadt gesunken, als Zedlnitzky zu dem Schluss kam, nichts weiter mehr unternehmen zu können. Ab diesem Zeitpunkt hieß es nur noch zu warten, ob sein Plan tatsächlich aufgehen würde. Er fühlte sich unendlich einsam, als er das Sicherheitsbüro verließ und auf seinen Wagen zuging, der allein auf dem Parkplatz stand. Aus irgendeinem Grund fiel ihm eine englische Phrase ein: *Hero oder zero*. Nun, in ein paar Stunden würde er es wissen.

Der Ring war für diese Uhrzeit erstaunlich stark befahren, und Zedlnitzky fragte sich, wo all diese Menschen hinwollten. Am Schottenring, am Schwedenplatz und vor der Urania, gleich dreimal geriet er in einen veritablen Stau, der ihm Gelegenheit bot festzustellen, dass er mittlerweile doch ziemlich hungrig geworden war. Aber das war auch weiter nicht verwunderlich, dann immerhin hatte er seit dem Frühstück nur eine Leberkässemmel auf dem Weg von Hirsch zur Ordination gegessen. Er erwog, unterwegs noch irgendwo bei einem Würstelstand anzuhalten, doch dann sagte er sich, dass er ohnehin in Bälde zu Hause sein würde, wo ein akzeptables Abendbrot seiner harrte. Und so bewegte er sich, wenn auch langsam, weiter vorwärts.

Irgendwie, so fand es, sah das „Imperial“ in seiner Nachtbeleuchtung wirklich beeindruckend aus. Kein Wunder, dass dort alle Staatsgäste abstiegen. Er würde sich so etwas nie leisten können, selbst wenn er eines Tages zum Gruppenleiter aufstiege. Aber wenn er keinen Fehler gemacht hatte, dann würde Reichenbergers Logis in Bälde das ultimative Gegenteil des „Imperial“ sein. Und wieder ging Zedlnitzky jeden Punkt seines Plans durch, auf der peniblen Suche, ob er nicht doch noch irgendwo etwas übersehen hatte.

Endlich in den eigenen vier Wänden, gab er seiner Frau im Vorübergehen einen Kuss auf den Kopf, ehe er in die Küche marschierte. Er schnitt sich eine dicke Scheibe Brot ab, die er mit reichlich Butter beschmierte, ehe er Krakauer darauf platzierte. Schließlich schnitt er noch zwei Gewürzgurken auf, die er obenauf drapierte. Er öffnete eine Flasche Bier und ließ sich schwer auf einen der Küchensessel fallen. Nach einem kräftigen Schluck schlug er die Zähne in das Brot, und nachdem er die ersten Bissen verdaut hatte, kam endlich so etwas wie Ruhe in ihm auf.

Und doch war ihm wohl schon während dieses Nachtmahls bewusst gewesen, dass er in der Nacht keinen Schlaf finden würde. So verwunderte es ihn nicht, dass er sich lange nach Mitternacht durch die Wohnung geistern sah. Er holte sich eine Zigarette, öffnete das Wohnzimmerfenster und rauchte in völliger Dunkelheit in die Nacht hinaus. Es brachte nichts, gestand er sich ein, die Sache immer und immer wieder im Kopf durchzugehen. Entweder sein Plan funktionierte, oder er funktionierte eben nicht. Es gab nichts, was er jetzt noch ändern konnte. Er konnte nur darauf vertrauen, alles richtig gemacht zu haben.

Zedlnitzky schlich auf Zehenspitzen zurück ins Bett, wo

er sich auf den Rücken legte und die Hände hinter dem Kopf verschränkte. Er starrte auf den Plafond und ging davon aus, in exakt dieser Position bis zum Morgengrauen zu verharren, um dann aufzustehen und für die Familie Frühstück zuzubereiten. Er hatte den Gedanken kaum zu Ende gedacht, da war er bereits eingeschlafen.

Es fiel ihm schwer, seiner Nervosität Herr zu werden. Schon bis zu seinem Eintreffen im Büro hatte er fünf Zigaretten geraucht. Eilig hastete er ins Gebäude, hoffend, er könnte sich unbemerkt unter die Kollegenschaft mischen. Tatsächlich kam er neben Hackl zu stehen, der ihm aufmunternd zunickte. Zedlnitzky sah sich um, Pospischil war nirgends zu sehen. Da ging auch schon die Tür auf, und Schuchter betrat, begleitet von Reichenberger, den Raum.

„Liebe Kollegen", begann er, nachdem der Gesprächslärm abgeebbt war, „wir haben uns heute hier versammelt, um einen überaus verdienstvollen Vertreter der heimischen Justiz und, ich möchte sagen, einen verlässlichen Partner im gemeinsamen Bemühen um mehr Sicherheit in den wohlverdienten Ruhestand zu verabschieden."

Die Kollegen wussten, was man an dieser Stelle von ihnen erwartete, und so applaudierten sie artig. Schuchter leierte dann die von Zedlnitzky gesammelten Daten aus Reichenbergers Lebenslauf herunter, was diesen ebenso zu langweilen schien wie die anwesenden Polizisten. Auch Schuchter entging dies nicht, und so kürzte er seine Rede kurzerhand ab.

„Und darum, lieber Kollege Reichenberger, ist es uns ein aufrichtiges Bedürfnis, für viele Jahre gedeihlicher Zusammenarbeit danke zu sagen."

Er schüttelte Reichenberger die Hand, der dies widerwillig geschehen ließ.

„Und, was soll ich sagen", fuhr Schuchter fort, „die Kollegen haben ein wenig zusammengelegt. Ich meine, es ist nicht viel, aber es soll unsere Wertschätzung zum Ausdruck bringen."

Umständlich kramte Schuchter in seiner Sakkotasche und förderte eine kleine quadratische Schachtel zutage. Just in diesem Augenblick ging die rechte Seitentür auf, und Pospischil schlüpfte eilig herein. Zedlnitzky starrte ihn durchdringend an. Pospischil fing den Blick auf und nickte. Dann zwängte er sich durch die Kollegenschaft und kam endlich neben Zedlnitzky zu stehen.

„Hat's funktioniert?", zischte der.

„Es war, wie du es vorhergesagt hast", gab Pospischil flüsternd zurück. „Ich bin einfach zu seiner Sekretärin hin und hab' behauptet, der Reichenberger schickt mich, weil er etwas vergessen hat."

Zedlnitzky grinste. Das war der erste Teil seines Plans gewesen. Den Staatsanwalt im Sicherheitsbüro wissend, konnte er davon ausgehen, dass dessen Büro im Justizpalast verwaist sein würde. Und auch wenn sich Reichenberger weiß Gott wie wichtig fühlte, so würde er dennoch zu einer Ehrung allein im Präsidium auftauchen. Hätte er also tatsächlich etwas im Büro vergessen, musste zwangsläufig ein Polizist ausgeschickt werden, das Vergessene zu holen, denn der Staatsanwalt wurde ja bei seiner Feier gebraucht. Von dieser Überlegung ausgehend, hatte Zedlnitzky Pospischil auf den Schmerlingplatz geschickt.

„Und, hast du ihn?"

Pospischil zog einen schweren Gegenstand aus seiner Manteltasche und drückte ihn Zedlnitzky in die Hand. Der atmete auf. Tags zuvor hatte er noch darüber nachgegrübelt, dass er nie und nimmer einen Haftbefehl für Reichenberger bekommen würde. Doch selbst ein Durchsuchungsbefehl war ein Ding der Unmöglichkeit. Also musste man sich das Corpus Delicti eben anders beschaffen.

Zedlnitzky fuhr mit der Fingerkuppe langsam die Ecken des Aschenbechers ab. Tatsächlich, da war eine Unebenheit. Er atmete heftiger, während um ihn neuerlich Applaus aufbrandete. Zedlnitzky nahm den Aschenbecher in die linke Hand und fuhr ganz sachte mit der rechten über den Boden. Wenn man ganz genau darauf achtete, dann war da wirklich eine feine Linie zu spüren. Und in einiger Entfernung eine zweite. Zedlnitzky war sich sicher, dass es sich dabei um die Ziffern sieben und null handelte. Doch er brauchte Gewissheit. Er ließ sich leicht zurückfallen und schlüpfte dann eilig durch die Tür. Im Flur angelangt stellte er sich an eines der Fenster. Die Sonne schien hell durch das Glas und tauchte den ganzen Bereich in warmes Licht. Zedlnitzky hob den Aschenbecher hoch und betrachtete den Boden. Kein Zweifel. Da war sie, die 70. So schnell er konnte, eilte er zurück in den Versammlungsraum und stellte sich wieder an seinen Platz neben Pospischil.

„Und das mit der Kamera?"

„Hat auch funktioniert."

Zedlnitzky hatte Pospischil mit einer Sofortbildkamera, wie sie vor einigen Jahren modern gewesen waren, ausgestattet, um den Schreibtisch Reichenbergers zu fotografieren und so die Präsenz des Aschenbechers dort zu dokumentieren.

„Man sieht auf einem der Bilder sogar den Staubrand, nachdem ich den Aschenbecher eingesteckt hatte."

Zedlnitzky musste sich einen Triumphschrei verkneifen. Damit war alles ganz eindeutig. Diese Beweise hielten, gemeinsam mit der Aussage Hirschs, vor jedem Gericht. Reichenberger war geliefert.

Der hielt mittlerweile seine Dankesrede. An den Gesichtern der anderen Polizisten konnte Zedlnitzky ablesen, dass sie als überaus fade und überflüssig wahrgenommen wurde. Er selbst freilich konnte sich auf die Worte des Staatsanwalts nicht konzentrieren. Er wartete nur noch auf seinen entscheidenden Auftritt.

Endlich kam Reichenberger zu einem Ende, und ein drittes Mal hob Applaus an. Noch einmal folgte allgemeines Händeschütteln, und Schuchter lud ein, man möge sich bei den bereitgestellten Sektgläsern bedienen. Augenblick leerte sich Zedlnitzkys Umgebung. Alle strebten den Getränken zu. Zedlnitzky atmete noch einmal tief durch, dann trat er auf Schuchter und Reichenberger zu, die über seine Annäherung sichtlich erstaunt waren.

„Wissen Sie, Herr Staatsanwalt, was das ist?“, fragte er und hielt Reichenberger den Aschenbecher unter die Nase.

Schuchter schickte seinem Mitarbeiter einen giftigen Blick.

„Ein Aschenbecher, nehme ich an“, kam es derweilen mit gespielter Ironie von Reichenberger.

„Richtig“, sagte Zedlnitzky mit bemühter Leichtigkeit, „der Aschenbecher, mit dem Sie Dinotti erschlagen haben.“

„Bist du vollkommen übergeschnappt“, brüllte Schuchter so laut los, dass alle im Raum sich zu den dreien umdrehten.

„Leider nein … Oder zum Glück, nein, wie man es nimmt. Ich bin bei absolut klarem Verstand. Und ich bin hier, um den Herrn Staatsanwalt Reichenberger, der in Wirklichkeit Willi Birgler heißt, wegen des Mordes an Walter Dinotti zu verhaften. Die Tatwaffe haben wir in seinem Büro sichergestellt.“

„Wir? Hat dein Wahnsinn noch jemanden angesteckt?“

Schuchter war immer noch fassungslos.

„Der Kollege Pospischil war mir bei der Lösung des Falles sehr behilflich“, antwortete Zedlnitzky sachlich. „Sehen sie, dieser Aschenbecher stammt aus dem Besitz von Dinotti. Er stand …“

Reichenberger hatte endlich seine Stimme wiedergefunden.

„Wie wollen Sie dann das beweisen?“

„Nun, es gibt ein Bild, das den Aschenbecher auf Dinottis Schreibtisch zeigt. Ich habe es in meinem Büro. Er war ein Geschenk seiner Tochter zu seinem 70. Geburtstag. Und das Lustige daran ist, dass in Dinottis Aschenbecher unten die 70 eingraviert ist. In diesem hier auch. Sie wollen mir doch nicht sagen, dass Sie schon 70 sind, Herr Birgler, oder?“

„Das beweist … gar nichts“, presste Reichenberger hervor.

„Das allein vielleicht noch nicht. Aber dieser Aschenbecher hat auch eine leicht ramponierte Ecke. Genau wie jener von Dinotti. Diese Delle rührt daher, dass der Aschenbecher Dinottis Tochter vor wenigen Wochen aus der Hand gefallen ist. Sie wird ihn also zweifellos als Eigentum ihres Vaters wiedererkennen.“

„Den … kenne ich gar nicht. Den haben … sie mir untergeschoben“, stammelte Reichenberger, der sich einer immer näher rückenden Gruppe von Polizisten gegenübersah. Auch Schuchter wurde nun skeptisch, was er dadurch zum Ausdruck brachte, dass er einen Schritt zur Seite trat.

Pospischil hatte sich hinter Zedlnitzky gestellt und reichte ihm nun die Fotos. Zedlnitzky hielt sie Reichenberger und Schuchter unter die Nase.

„Auf diesem Bild sieht man den Aschenbecher auf dem Schreibtisch des Staatsanwalts. Ich habe ihn selbst dort vor ein paar Tagen stehen sehen, darum habe ich mich überhaupt erst an dieses Stück erinnert. Und damit Sie nicht behaupten, wir hätten Ihren Schreibtisch dekoriert, hier noch ein Bild. Deutlich sieht man die Staubränder auf der Arbeitsplatte. Glauben Sie wirklich, wir hätten auch den Staub präpariert?“

Schuchter kratzte sich verlegen am Hinterkopf.

„Das schaut gar nicht … also gut schaut das nicht aus. … So sagen S’ doch was, Herr Staatsanwalt!“

Der aber verharrte in Schweigen.

„Tja, und wissen Sie was, Herr Staatsanwalt Birgler, ich habe meine Hausaufgaben gemacht. Ich habe einen Zeugen, der Sie als jenen SS-Mann wiedererkannt hat, der für das Massaker von Stein mitverantwortlich war und dafür 1946 zum Tode verurteilt wurde, ehe ihm die Flucht gelang. Das heißt, noch einen, der Sie wiedererkannt hat. Denn Dinotti hatte Sie ja auch wiedererkannt. Darum musste er ja auch sterben. Aber den anderen Zeugen werden Sie nicht mehr beseitigen können, denn ich nehme Sie hiermit fest."

Alle Polizisten blickten unverwandt auf Reichenberger. Würde der nun seine Chancen abwägen und überlegen, wie er aus dem Raum flüchten könnte? Der Weg zu den Türen war ihm versperrt. Aber vielleicht aus dem Fenster? Man war im ersten Stock, unter Umständen würde das jemand riskieren. Oder sich einfach den Weg freiprügeln? Auch eine Möglichkeit.

Reichenberger entschied sich für nichts von alledem. Er dachte noch kurz an sein Häuschen in Eraclea, dann klappte er bewusstlos zusammen.

Kleine Lesehilfe: österreichisch – deutsch

„A Eitrige mit an Bugel und a 16er Blech“ – Käsekrainer (Wurstsorte) mit einem Eckstück eines Brotlaibes und eine Dose Ottakringer Bier (Ottakring ist „der 16. Hieb“, der 16. Wiener Gemeindebezirk)

„Da samma“ – Hier sind wir, wir sind da

„Mit dem Kinderzeugs kannst mich jaucken“ – jaucken: vor sich her treiben, vertreiben

„Na servas“ – Ausruf im Sinne von „Halleluja“, positiv wie negativ (ironisch) verwendet

„St. Hanappi“ – Stadion des Fußballclubs Rapid Wien; der ehemalige Spieler Gerhard Hanappi, nach dem das Stadion benannt ist, wird von den Fans quasi als Heiliger verehrt.

„Wir waraten da wengan Telefon!“ – wir wären wegen des Telefons hier

„ZiB“ – Zeit im Bild, die tägliche Nachrichtensendung im österreichischen Fernsehen

Benya Toni – Anton Benya, 1963–1987 Präsident des Österreichischen Gewerkschaftsbundes

Beuschel – Lungenragout

Blitzgneißer – schnell von Begriff, meistens ironisch gebraucht

bunkern – sammeln, lagern

Döblinger Schnösel – Döbling ist eine der noblen Gegenden von Wien

ein Fußmaroder – jemand mit Fußbeschwerden

Gfries – Gesicht, aber auch Fratze, Miene

Gizi – Wutanfall, Zornausbruch

Grantler – missmutiger Mensch

Grantscherm – andauernd missmutiger Mensch

Hatscherei – langer Fußmarsch